基于"生命观念"的
普通高中生物学单元教学设计

郑晓萍◎著

世界图书出版公司

图书在版编目（CIP）数据

基于"生命观念"的普通高中生物学单元教学设计 /
郑晓萍著 . -- 北京：世界图书出版公司，2020.6
　　ISBN 978-7-5192-7487-0

　　Ⅰ . ①基… Ⅱ . ①郑… Ⅲ . ①生物课－教学设计－高
中 Ⅳ . ① G633.912

中国版本图书馆 CIP 数据核字（2020）第 069462 号

书　　　　名	基于"生命观念"的普通高中生物学单元教学设计
（汉语拼音）	JIYU "SHENGMINGGUANNIAN" DE PUTONG GAOZHONG SHENGWUXUE DANYUAN JIAOXUE SHEJI
著　　　者	郑晓萍
总　策　划	吴　迪
责　任　编　辑	冯晓红　刘贝贝
装　帧　设　计	刘　岩
出　版　发　行	世界图书出版公司长春有限公司
地　　　址	吉林省长春市春城大街 789 号
邮　　　编	130062
电　　　话	0431-86805551（发行）　0431-86805562（编辑）
网　　　址	http://www.wpcdb.com.cn
邮　　　箱	DBSJ@163.com
经　　　销	各地新华书店
印　　　刷	北京虎彩文化传播有限公司
开　　　本	787 mm×1092 mm　1/16
印　　　张	17.75
字　　　数	320 千字
印　　　数	1—5 000
版　　　次	2022 年 6 月第 1 版　　2022 年 6 月第 1 次印刷
国　际　书　号	ISBN 978-7-5192-7487-0
定　　　价	45.00 元

编 委 会

序 言
PREFACE

课堂教学是学校教育中普遍使用的一种手段，也是目前新课程改革实施的主渠道。当前生物学课堂教学存在着很多问题，需要进行转型性的变革。转型是指事物的结构形态、运转模型和人们观念的根本性转变过程，是主动求新求变的过程，是一个创新的过程。当代教育名家钟启泉教授明确指出：课堂转型是学校改革的核心。

"把核心素养落实到学科教学中，促进学生全面而有个性的发展"已成为自上而下的教育共识。随着新课程标准的落地，各学科都在抓紧出版相应教材，而与教材配套的教学设计尤其是单元教学设计还处于空白状态。本书既能因应目前教育改革的发展趋势，也能为一线教师落实核心素养提供切实的教学指导，因此本书的出版必将受到一线教师的欢迎，对高中生物学教学具有巨大的现实意义与理论指导意义。

生物学核心素养由四个要素组成：生命观念、科学思维、科学探究、社会责任。其中生命观念是生物学核心素养的基础和支柱，因而明确生命观念并在中学生物教学中进行落实，是发展学生生物学核心素养的重要任务。由于生命观念的形成具有系统性与渐进性，在教学中仅靠一课时的容量显然是无法达成的，教学应从"课时结构"走向"单元结构"，通过"单元教学"实现目标与内容的递进性和整体性，促进学生生物学核心素养全面和谐的发展。

基于这一想法，本书在编写时，体现出以下特色：

由"知识中心"走向"素养中心"。过去的教学过于强调学科知识，缺乏由知识转化为学科素养的过程。本书的教学设计就是善于将知识进行转化、内化和升华，促使学生形成相应的能力或素养，从而使培养学生核心素养的教育理念得到真正的落实。

由"课时设计"走向"单元设计"。"课时设计"把教学内容碎片化，导致知识点的处理缺乏全局性，而且孤立、片面的课堂也往往会造成学科素养的培养挂一漏万、顾此失彼。"单元设计"就是要打破"课时设计"的束缚，从

1

核心素养的角度来整合不同的知识内容与教学策略。通过"单元教学"实现目标与内容的递进性和整体性，促进核心素养的全面发展。

由"零碎性"走向"整体性"。在本轮课程改革深化过程中，对基于核心素养的教学设计，许多学科或教师都有着可贵的探索和思考，在杂志或网络上偶尔会见到一些章节的设计或教学，但大多比较零碎，不成体系。本书充分发挥名师工作室成员的团队力量，集中一线优秀教师来共同设计课程标准中的必修课程和选修性必修课程中模块1与模块2的所有章节，因而，对教师的指导更全面，也更有体系。

由"抽象知识"走向"具体情境"。教材是学科知识的载体，囿于篇幅和其本身的编排特性，它往往主要呈现学科研究的静态结果，没有兼顾到学生认知发展的特点和规律，导致知识生动活泼的生成过程难以体现，学生也很难形成解决实际问题的能力。而本书的教学设计，就是将抽象知识与真实情境结合起来，让高中生物课堂回归本真生活，实现学生现实生活与学习领域的统一，引导并促使学生发现、思考并解决实际问题。

由"浅层学习"走向"深度学习"。"深度学习"强调让学生在真实情景中，通过自主与合作学习，迁移所学知识，解决实际问题。杜威曾说，思想、观念不可能以观念的形式从一个人传给另一个人。当一个人把观念告诉别人时，对听到的人来说，不再是观念，而是另一个已知的事实——只有当他亲身考虑问题的种种条件，寻求解决问题的方法时，才算真正在思维，进而形成观念。在学习过程中，要想让学习真实发生，并形成生命观念，就应该让学生深度学习，这是基于真实情境、基于高质量问题、基于高阶思维的学习。本书的教学设计强调真实情境下的深度学习，帮助学生综合知识、形成观念，进而能灵活解决问题。

本书是由一线教师在深度解读有关核心素养理念与内涵的基础上，结合自己的教学经验编撰而成的，希望能对每位高中生物学科教师都有所裨益。在编撰过程中，得到了一些教育专家与同行的指导，在此表示深切的感谢！

郑晓萍

2018年12月

目 录

CONTENTS

单元四：生命的发展观

单元五：生命的进化观

单元六：生命的稳态观

单元七：生态观

单元一：生命的物质观

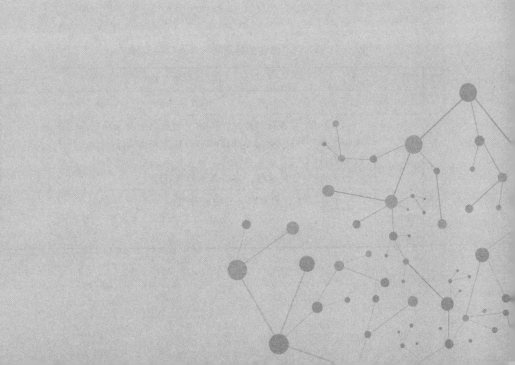

单元概述

　　丰富多彩的生物界和各种奇妙的生命现象都离不开物质基础。作为生命活动的基本单位，细胞就是由各种物质构成的。各种无机物或有机物依据各自的特性共同组成了细胞，并在细胞中发挥着不同的作用。本单元内容在高中生物教材中主要体现在必修1"分子与细胞"模块的第一章中，教材依次安排了第一节分子和离子、第二节无机物和第三节有机物及生物大分子三部分内容。教材设计上，让学生按"元素→分子→无机物→有机物"的思路进行思考学习，但这种设计只是按照从简单到复杂的逻辑来铺陈知识体系，没有体现出生命系统组成物质的独特性与有序性，不利于学生形成生命的物质观。生命的物质观有别于其他物质观主要应体现在以下三个方面：

　　（1）共同的物质基础。

　　（2）物质有序的组合。

　　（3）物质运动的特殊性。

　　为此，从培养学生生命物质观着手，我们进行了如下表所列的教学安排。

"生命的物质观"单元教学安排

第一章　细胞的物质基础			
分　节	名　称	教学要求	课　时
第一节	体验生命的物质性	在进行"活动：检测生物组织中的油脂"和"活动：检测生物组织中的糖类和蛋白质"时，徒手制作切片，使用高倍镜验证生命的物质性，养成讲究证据、实事求是的态度	1
第二节	生命物质的统一性	1.说出水在细胞中的作用。 2.举例说出生物体内无机盐的存在形式与生理作用	1

第一章　细胞的物质基础			
分节	名称	教学要求	课时
第三节	生命物质的有序性	1.概述糖类与脂质的种类，并说出分类的依据。 2.概述蛋白质的结构。 3.说出核酸的种类及相应结构	2
第四节	生命物质的运动性	1.举例说出糖类与脂质的作用。 2.解释蛋白质分子结构多样性与功能复杂性的关系，形成事物统一性的观点，认同生物体的一切生命活动都与蛋白质有关。 3.说出核酸的作用	1

第一章 细胞的物质基础

第一节 体验生命的物质性

【教学活动】

检测生物组织中的油脂、糖类和蛋白质。

【教学目标】

生命观念：通过实验活动，体验生命的物质性，认同化合物是构成细胞的物质基础。

科学思维：基于实验原理和基本方法，运用推理来确定生物组织中存在的物质。

科学探究：根据生活常识判断哪些生物组织中有较多的油脂、糖类和蛋白质，提出自己的假设，分析解决方案，通过实验探究，组内成员共同合作得出结论，逐步养成科学探究的习惯。

社会责任：验证生命的物质性，养成讲究证据、实事求是的科学态度。

【学情分析】

在本节课之前学生已学过化学元素、无机化合物、有机化合物中的糖类、脂质和蛋白质等有关知识，有了良好的基础。学生在初中阶段学习过显微镜的使用，具备了一定的观察能力、实验动手能力和分析思考能力，但由于间隔的时间过长，学生的实际操作水平还是比较低，徒手制作切片技术也已遗忘。实验活动时让学生自己去动手操作，可培养学生的实验能力。教师在课堂上要善于利用学生已掌握的知识、技能激发学生的积极性。

【重点、难点】

重点：掌握鉴定生物组织中的油脂、糖类和蛋白质的基本方法。

难点：显微镜的使用、实验时间的把握、徒手制作切片。

【课前预习】

实验：明确检测生物组织中的还原糖、油脂、蛋白质的基本原理。

【教学过程】

学生们在了解实验原理和实验方法后，根据生活常识判断哪些生物组织中有较多的还原性糖、淀粉、油脂和蛋白质，提出自己的假设，分析解决方案，通过实验来探究自己的假设是否正确。实验由组内成员相互合作完成。

1. 问题情境导入

食物中含有各种营养成分，这些营养成分包含哪些呢？我们如何去判断食物中是否含有这些营养物质呢？

2. 演示引导展开

教师引导：要判断这些物质的存在可以通过这些物质与某些化学试剂产生特定的颜色反应来检测，从而引出实验原理：糖类中的还原糖（如葡萄糖、果糖、麦芽糖等）与本尼迪特试剂发生作用，生成红黄色沉淀；油脂被苏丹Ⅲ染液染成橙黄色；蛋白质与双缩脲试剂发生作用，产生紫色反应。

教师给出的实验材料有富含脂肪的花生种子、新鲜的肥猪肉、梨、白萝卜、胡萝卜、马铃薯、豆浆、牛奶，并提问：如果我们要检测生物组织中的油脂，根据我们的生活常识，应该选择什么材料？

学生毫无疑问会选择花生种子和肥肉。那该怎么操作才能检测出油脂？学生探究讨论，教师以花生种子为例进行演示，引导学生徒手制作切片、染色及制片并请各小组讨论显微镜的使用方法及高倍镜的使用步骤。

教师提问：食物中除了有油脂还有糖类、蛋白质，后两者如何检测？学生讨论并思考，明确实验的基本原理及糖类、蛋白质的检测方法。

3. 动手探究

请每组成员（6人）选取实验材料进行检测。为避免时间不足的问题，组内成员根据自己的生活常识可以先判断与筛选含糖类和蛋白质较多的材料，这些材料中糖类和蛋白质含量最多的物质，并一起讨论设计实验，然后分工合作。每人测一种物质，所有成员一起观察现象，由一名学生负责记录实验现象并完成以下表格（见表1-1-1）。

表1-1-1 检测还原糖、淀粉和蛋白质记录表

检测样品	所含物质					
	淀　粉		还原性糖		蛋白质	
	预　测	实验结果	预　测	实验结果	预　测	实验结果

完成表格后，学生讨论：

（1）什么材料比较容易检测？材料本身的颜色对实验结果有影响吗？

（2）还原糖检测过程中为什么不用酒精灯直接加热？

（3）这几种物质检测分别选用什么样的材料较好？

【巩固与拓展】

例：将低倍镜换成高倍镜后，一个视野内（　　　）。

A. 细胞数目增多，体积变大，视野变暗，视野变小

B. 细胞数目减少，体积变小，视野变暗，视野变大

C. 细胞数目增多，体积变小，视野变亮，视野变大

D. 细胞数目减少，体积变大，视野变暗，视野变小

参考答案：D

第二节　生命物质的统一性

【教学目标】

生命观念：认同生命系统都由相同种类的分子组成，在分子层次上存在着高度统一性。理解生命的物质观。

科学思维：基于水和无机盐的结构特点，归纳并概括出它们的作用。

科学探究：以广告"高钙片，一片顶两片"为课题，尝试进行科学探究设计。

社会责任：对某些营养品广告的真伪进行判断，关注生物学知识在生活中的应用。

【学情分析】

学生在初中和高一阶段已经掌握了化学物质的分类，特别是无机物的分类。虽然生活中随处可见水和无机盐，学生对此也并不陌生，但对于水和无机盐在细胞中的作用，基础知识薄弱的学生掌握起来还是有点难度的。本节内容主要是引导学生运用已学的化学知识来进一步认识生命现象背后的知识，并认识到生命组成物质的统一性。

【重点、难点】

重点：水及无机盐在细胞中的作用。

难点：从化学和物理角度解释水的作用。

【课前预习】

任务：学生自主学习教材第一节并绘制元素、分子、原子、离子的概念层次图。

【教学过程】

水和无机盐是学生在生活中时常遇到的物质，结合PPT进行多媒体教学，通过学生身边熟悉的生活例子来贯穿教学过程，让学生真正理解水和无机盐在生命中的作用。

1. 情境导入

PPT展示学生军训时挥汗如雨和喝盐水后的表情的照片。这两张照片马上勾起了学生对各种军训场景的回忆，包括有些学生对喝不惯盐水留下的深刻印象，激发学生的学习兴趣。

2. 问题情境展开

教师提问：为什么军训时学校提供盐水给大家喝呢？学生回答：因为有水

和无机盐。教师继续问：那水和无机盐在生物体内有什么作用？让学生自学教材，找到相关答案。

教师设计问题串：为什么水是良好的溶剂？水为什么具有调节温度的作用？要求学生相互讨论，从水分子的结构特点说明水具有极性，极性物质可以在极性溶剂中溶解。同时用PPT展示每个水分子通过氢键与另外四个水分子连接的模型，并指出水分子之间氢键的形成使得液态水成为生命在地球上存在和发展的主要环境。

教师出示广告，如"健康体魄，来源于'碘碘'滴滴！""高钙片，一片顶两片！"等，请学生思考广告中提到的无机盐，然后出示一瓶运动员饮料的成分列表，请学生分析：

（1）表中哪些成分属于无机盐？含量如何？

（2）无机盐以什么方式存在于细胞中？

（3）为什么要在运动员的饮料中添加无机盐？无机盐在生物体中起什么作用？

（4）如何设计一个实验来证明高钙片的作用？学生分析与尝试后，教师点评。再请学生举出生活中因缺乏相关无机盐导致生病的例子，例如，严重腹泻引起虚脱、缺铁导致贫血、缺钙发生抽筋。

最后展示无机盐与生活的联系，如患急性肠炎的病人（腹泻）脱水时需要及时补充水分，同时也需要补充体内丢失的无机盐，因此输入葡萄糖盐水是常见的治疗方法。

3. 总结归纳

小节本节课所讲的主要知识内容，强调学生平时要养成健康的生活习惯。

【巩固与拓展】

例：水在生物体的许多化学反应中可充当（　　　　）。

A. 溶剂　　　　　　　　　　B. 催化剂

C. 还原剂　　　　　　　　　D. 载体

参考答案：A

第三节　生命物质的有序性

第❶课时

【教学目标】

生命观念：阐述有机物的结构组成与功能特性，明确物质组成的层次性与生命结构的有序性。

科学思维：对糖类、脂质的种类和作用进行列表比较，培养学生的分析比较和类比推理的科学思维。

科学探究：探究不同生物组织的物质组成，提出自己的假设，形成探究方案，通过组内成员的合作进行探究，得出结论。

社会责任：理解糖类、脂质的作用，养成良好的饮食习惯。

【学情分析】

在本节内容学习前，学生还没有接触过有机化合物和生物化学等知识，学生对于糖类的种类和生物大分子以碳链为骨架等内容不太理解，而且部分学生的化学知识并不扎实。由于本节内容紧密联系生活，如平日膳食的主要食物、油脂在人体内的分布等，学生也有一定的经验基础，因而利用学生的生活经验展开教学，可以有助于学生更好地理解知识，也便于他们在之前概念的基础上构建相关知识体系。

【重点、难点】

重点：糖类和脂质的种类和功能。

难点：糖类的分类、生物大分子以碳链为骨架。

【课前预习】

任务：梳理糖类和脂质的种类、作用。

【教学过程】

1. 情境导入

请学生回忆早餐所吃的食物并分析其中含有的糖类物质，学生积极发表自己的意见，激发学习兴趣。

2. 问题展开

教师提问：早餐所吃的这些糖都是同一类型的糖吗？糖都是甜的吗？不甜的糖有哪些？根据学生提出的糖进行分类，并投影不同种类糖的结构，让学生归纳糖类组成的元素为C、H、O。并请学生对糖的种类、分布和功能进行列表比较，投影展示学生所做的列表。

教师提问：单糖、二糖、多糖怎么区分？师生一起梳理：单糖是不能水解的糖。二糖是由两分子单糖脱水缩合而成的。多糖是由许多的单糖分子连接而成的。展示教材P8图1-5，教师继续提问：植物组织中的纤维素、淀粉，动物肌肉中的糖原都是多糖，水解后的单糖都是葡萄糖，为什么它们的性质和功能相差那么远？可引导学生从图中可知：由于分子内部排列不同，导致结构不同而造成的。教师追问：人在患急性肠胃炎浑身乏力时，往往采用静脉输液的方法进行治疗。药液中含有葡萄糖，这是为什么吗？输液时能用蔗糖来代替葡萄糖吗？请各小组学生讨论并分析原因，最后总结出葡萄糖是生命活动所需的最重要的能源物质，从中体会到结构与功能相适应的生命观点。

教师再提出问题：有人认为吃的糖过多或过饱，即使不吃肥肉也很容易引起肥胖，你认为对吗？油脂属于脂质，脂质还包含哪些物质？让学生分组学习"细胞中的脂质"，并就种类、作用、分布三方面进行列表归纳，展示学生的表格并进行评价。

Flash动画演示甘油和脂肪酸形成甘油三酯的过程，让学生讨论：组成油脂的基本结构单元是什么？请分析细胞中的脂质分子和糖类分子在化学组成、供能方面有何共性和区别？师生一起归纳得出油脂是细胞中良好的储能物质，而糖类是细胞中主要的能源物质。如果过多地摄入油脂食物，缺少运动，就有可能肥胖，肥胖会引起一系列的健康问题。

3. 归纳、总结

教师出示教材P8～P9中的单糖、二糖、多糖、甘油三酯的分子结构图，并提问：如何理解单体以碳链为骨架？如何理解碳原子在组成生物大分子中的作用？学生讨论，最后归纳总结出"碳是所有生命系统中的核心元素"。

【巩固与拓展】

例：下列脂质中对植物细胞起保护作用的是（　　　）。

A. 油脂　　　　　　　　　　　　B. 磷脂

C. 胆固醇　　　　　　　　　　　D. 植物蜡

参考答案：D

第❷课时

【教学目标】

生命观念：通过学习氨基酸的结构特点与氨基酸形成蛋白质的过程，加深结构和功能相统一的生命观点，并认同蛋白质是生命活动的体现者和承担者。

科学思维：运用模型建构的理性思维完成氨基酸形成肽链的过程，从中体验建模的科学思维。

科学探究：探究氨基酸结构通式时，通过观察、分析不同氨基酸的共性，归纳得出结论，逐步养成科学探究的习惯。

社会责任：通过介绍我国科学家第一次人工合成结晶牛胰岛素，培养学生的民族自豪感和爱国主义精神，增强学习的动力与对科学的热爱。

【学情分析】

学生在初中阶段已对蛋白质的功能有了一定的了解，所以这部分内容是初高中知识的衔接。对于部分学生而言，氨基酸的结构、肽链的形成比较抽象，也比较枯燥，教师可以在教学过程中采用多媒体技术展示肽链的形成过程，并用自制的氨基酸模型让学生动手完成氨基酸脱水缩合形成肽链的过程，以提高学生的动手能力与探究能力。

【重点、难点】

重点：氨基酸的结构特点及氨基酸形成肽链的过程。

难点：氨基酸形成肽链的过程。

【课前预习】

任务：预习蛋白质的组成元素、基本单位及结构。

【教学过程】

1. 情境导入

视频播放"1965年人工合成牛胰岛素"，引导学生了解我国是世界上第一个用化学方法合成蛋白质的国家，邹承鲁先生是我们的骄傲，我们从他们身上看到了那种为理想奋斗的执着精神。当然这必须以掌握相应的知识背景为前提，那么蛋白质的合成涉及哪些知识呢？

2. 问题展开

教师提问：我们日常吃的哪些食物富含蛋白质？学生讨论并总结：

（1）大豆制品：豆腐、豆浆、腐乳等。

（2）奶类制品：奶粉、酸奶、牛奶等。

（3）肉蛋类食品：牛、羊肉、鸡蛋等。

组成细胞的各种有机物里含量最多的就是蛋白质，蛋白质是一种大分子化合物。蛋白质分子质量的范围很大，从几千到100万以上。例如，牛的胰岛素的相对分子质量是5 700，人的血红蛋白的相对分子质量是64 500。

教师再问：食物中的蛋白质能否被人体直接吸收呢？从而引出氨基酸。自然界中的氨基酸约有20种，出示其中的三种氨基酸，如甘氨酸、丙氨酸、天冬氨酸，并让学生思考讨论氨基酸的结构，总结出氨基酸的结构通式及相应特点，进而得出蛋白质的元素组成。

教师追问：一个蛋白质分子可能由成百上千个氨基酸连接而成，那么如何形成呢？动画演示氨基酸形成蛋白质的过程。看完动画后让学生讨论：肽键是怎么形成的？脱去的水分子中的H来自哪儿？教师提供简易材料，让学生自制氨基酸，然后用自制的四种氨基酸演示形成一条肽链的过程。教师在黑板上展示学生制作的肽链，然后强调脱水缩合的概念及肽键的分子结构式。教师把其中的一条肽链进行分级演示——氨基酸形成二肽、三肽、四肽的过程，强调二肽、三肽、多肽的含义并归纳肽链的命名特点，指出肽链末尾的氨基和羧基没有参与脱水缩合。

3. 总结提升

总结氨基酸个数、肽键数、失去的水分子数三者的关系。学生通过讨论，得出结论：肽键数=失去的水分子数=氨基酸数–肽链数。从而延伸出蛋白质分子量的计算方式：蛋白质分子量=氨基酸数×平均分子量–失去水分子数×18。

【巩固与拓展】

例：同为组成生物体蛋白质的氨基酸，酪氨酸几乎不溶于水，而精氨酸易溶于水，这种差异的产生，取决于（　　　）。

A. 精氨酸的氨基多   B. 酪氨酸的羧基多

C. 两者的结构完全不同   D. 两者R基团的不同

参考答案：D

第四节　生命物质的运动性

【教学目标】

生命观念：举例说明有机物质的合成与分解，认同生命物质体现出的运动性。

科学思维：列表比较细胞中的不同物质，归纳总结出它们的不同点与相同点。通过问题，鼓励学生大胆猜想，对一个问题的结果做多种假设和预测，训练学生的发散性思维。

科学探究：上网查找并搜集资料，了解各种营养物质及其作用，并进行相互交流。

社会责任：理解蛋白质分子功能的多样性对于生命的重要性，养成健康的饮食习惯。

【学情分析】

本节内容是在前一课时学习的基础上对蛋白质的空间结构及生物活性进行更深入的学习，同时初步了解细胞内核酸的分类和作用。但是本节内容和本章其他知识一样都是在分子水平上认识细胞的组成成分的，内容抽象，学生缺乏相应的感性认识，单凭教师的讲解学生是不容易接受和理解的，必须要借助多媒体和教具使抽象知识具体化，以便于学生理解和掌握。

【重点、难点】

重点：蛋白质的空间结构与功能、核酸的分类及功能。

难点：蛋白质的空间结构和主要功能。

【课前预习】

任务：梳理蛋白质的结构与功能。

【教学过程】

1. 复习旧知导入

通过问题"蛋白质的基本组成单位是什么？氨基酸之间是怎样形成肽键的？"复习上节课的内容，便于进行新知识的学习。

2. 问题情境展开

请八名学生代表八种氨基酸进行角色表演，展示多肽的形成过程，展示后，教师提问：形成的肽链只有一种类型吗？学生很直观地发现同学的排列次序改变即氨基酸的排列次序改变，可引起多肽的改变。

教师再问：还有哪些原因也会引起多肽的改变？让八名学生展示出来。通过八名学生的展示，学生可以很直观地找到原因：氨基酸的种类和数目不同会引起肽链的不同，肽链的不同就会引起蛋白质的空间结构不同。

教师继续问：引起蛋白质空间结构多样性的原因除了以上三点，还有什么？出示胰岛素和血红蛋白的空间结构图，让学生进行讨论分析，最后得出结论：蛋白质结构多样的原因还与肽链条数及盘曲肽链间的化学键有关。正是蛋白质独特的三维结构才使其具有独特的功能，因此蛋白质分子的结构多样性决定了蛋白质分子功能的多样性。让学生结合实际谈谈蛋白质有哪些功能，最后师生一起归纳出"没有蛋白质就没有生命"这个结论。

针对"蛋白质的结构是否一成不变"这个问题，学生讨论物质的运动性。物质有合成也有分解，也会出现不同的变化。列举鸡蛋煮熟后其中的成分发生了改变，提出热变性现象，并指出高温、过酸、过碱的环境会改变蛋白质的空间结构，进而改变蛋白质的生物活性。

在细胞的组成成分中，还有一种起着重要作用的生物大分子——核酸。请学生阅读教材P16并构建概念图：C、H、O、N、P→核苷酸→核酸→核酸的功能。

3. 总结归纳

虽然各种成分都有其相应的生理功能，但是任何一种化合物都不能单独地完成某一种生命活动，而是按照一定的方式有机（有序）地组织起来。只有这样，才能表现出细胞和生物体的生命现象，即水、无机盐、糖类、脂质、蛋白质和核酸等化学物质是细胞结构和生命活动的物质基础。

【巩固与拓展】

例：下列各项与蛋白质分子多样性无关的是（　　）。

A. 氨基酸的种类和数目　　　　　B. 氨基酸的排列顺序

C. 肽键的结构　　　　　　　　　D. 蛋白质的空间结构

参考答案：C

单元二：生命的结构与功能观

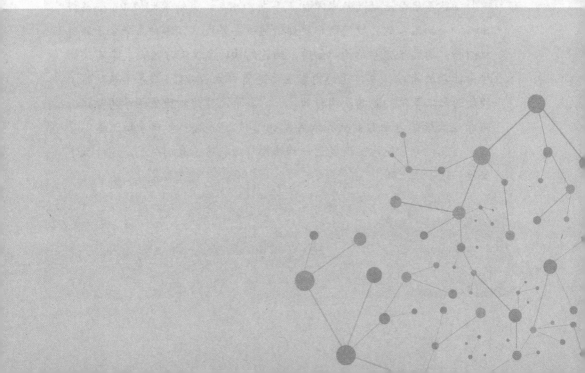

单元概述

　　生命的物质观是结构与功能观的基础，物质组成结构，结构体现一定的功能。从系统论的观点来看，结构是指系统内部要素在空间和时间方面的耦合关系与连接方式，各要素只有通过结构才能组成有机整体；功能则是指系统与外部环境之间相互作用的关系，系统只有通过功能才能呈现出与外界的联系方式。结构与功能分别从内部和外部反映对象的整体性质。两者之间存在着对立统一的关系。一方面结构是功能的基础，不同的结构具有不同的功能；另一方面功能是结构的外部表现，在一定的条件下反过来影响结构的变化。生命系统的结构与功能观包括三个方面：

　　（1）结构决定功能。

　　（2）结构与功能是统一和相适应的，是进化的必然结果。

　　（3）整体结构的功能大于局部结构的功能，即整体功能大于部分功能之和。

　　细胞是生命活动的基本单位。早在1925年，生物学大师Wilson就提出："一切生命的关键问题都要到细胞中去寻找。"各种生命分子的有机组合，构成了完整结构的细胞，细胞结构的高度有序性是复杂有序的生命活动的基础。本单元的内容主要是高中生物必修1"分子与细胞"模块的第二章《细胞的结构与功能》。本单元作为细胞生物学的开篇，为学生后续学习细胞的代谢和细胞的增殖、分化、衰老等知识奠定基础。为此，为了使学生形成生命的结构与功能观，我们做了以下的教学安排。见下表所列。

"生命的结构与功能观"单元的教学安排

第二章　细胞的结构与功能				
分 节	名 称	教 学 要 求		课 时
第一节	细胞概述	1.简述细胞学说的基本观点。 2.举例说出细胞的大小、数目和种类		1
第二节	细胞膜和细胞壁	1.概述细胞膜结构模型的基本内容,举例说明细胞膜的选择透性。 2.说出植物细胞壁的组成成分和生理功能。 3.解释植物细胞质壁分离及质壁分离复原现象,说明红细胞和植物细胞吸水与失水的原因。 4.说明渗透、被动转运和主动转运;描述细胞胞吞、胞吐的过程		3
第三节	细胞质	1.识别几种细胞器的形态,举例说出几种细胞器的结构和功能;说出细胞溶胶的功能。 2.概述细胞核的结构和功能,认同细胞核是细胞的控制中心。 3.比较动植物细胞的结构,运用模型的方法清晰地展示细胞的结构;学会运用比较、分析、归纳、综合等科学思维方法		3
第四节	细胞核	1.说明真核细胞和原核细胞的异同点。 2.举例说出细胞核的结构组成和功能		1

第二章 细胞的结构与功能

第一节 细胞概述

【教学目标】

生命观念：通过小组合作学习，体会细胞学说的建立过程，形成多样性与统一性的辩证观和结构功能观。

科学思维：在对经典实验分析、比较、归纳和认同的基础上，理性分析细胞学说建立的过程。

科学探究：通过"探究细胞表面积与体积关系"活动，培养实验分析和探究能力，逐步养成科学探究的习惯。

社会责任：通过对相关科学家主要研究成果的整理，认同科学家对细胞发现和细胞学说建立过程的执着信念和求真务实的科学态度。

【学情分析】

本节内容首先介绍了在细胞学研究史中，相关科学家的主要研究成果，使学生在了解细胞的发现和细胞学说建立的同时，体会科学和技术的关系。如细胞的发现和细胞学说的建立，依赖于显微镜的发明和发展。关于细胞，学生在初中已有初步认识，可以作为学习本节课的基础；同时前面所学的细胞分子组成也是本节课的学习基础，在教学时，可以通过复习旧知来学习新知。

【重点、难点】

重点：细胞学说。

难点：活动"观察多种多样的细胞"。

【课前预习】

任务：预习教材P21～P22，并思考以下问题：

（1）细胞学说主要阐明了细胞的多样性还是生物界的统一性？

（2）细胞学说的要点是什么？

【教学过程】

1. 设置情境，激发兴趣

通过第一章的学习我们了解了生物体都有相同的物质组成，即由相同的元素构成的化合物。

教师提问：那么这些化合物又是怎样构成生物体的呢？学生回答：细胞是生物体结构和功能的基本单位，除了少数病毒，生物体都是由细胞构成的。

教师简单概述从发现死细胞（细胞壁）到观察活细胞，再到细胞学说的提出、建立及完善，其间经历了将近200年的历程，涉及的科学事件及历史人物众多。让学生明确学习目标，尊重史料事实，不主观臆测妄下结论，从繁杂的科学史料中抽丝剥茧，理出头绪，沿着细胞发现的历史轨迹，探寻细胞学说创立历程的波折与艰辛。

2. 细胞学说的建立

教师提问：最早发现细胞的科学家是谁？他是怎样发现的？向学生介绍胡克发现细胞的过程，并说明胡克发现的是死细胞的壁，而不是活的细胞。

教师继续问：接下来，细胞的研究发展趋势怎样呢？学生讨论，最后得出结论：三位科学家的研究结果共同形成了细胞学说，即所有的生物都是由一个或多个细胞组成的，细胞是所有生物结构和功能的单位，所有细胞必定是由已存在的细胞产生的。

因此，生物学的研究就有了细胞学。伴随着科学技术的发展，特别是电子显微镜的使用，细胞学的研究迅速发展，成为细胞生物学。

3. 细胞的大小、数目、种类

教师投影展示各种细胞结构，并提问：比较大象和蚂蚁，它们的细胞体积谁大呢？学生自学并回答：它们的细胞体积大小差不多，只是构成大象的细胞数目比蚂蚁多。同时也让学生明白：不同的生物体，细胞形态、大小、数目都不一样；最小的细胞是细菌类的支原体细胞，最大的是鸵鸟蛋的卵黄；一般来说，细胞只有借助显微镜才能看见，可见细胞的体积一般比较小，以微米为单位。

教师再问：为什么细胞的体积总是很小呢？假设有三个正方体，边长分别是1 cm、2 cm、3 cm，代表三个不同大小的细胞。它们表面积与体积的比值分别是多少？师生一起探讨，得出结论：随着边长增大，表面积与体积的比值依次减小。因此，为了保证活细胞正常的物质交换，细胞的体积总是很小。

4. 动植物细胞的比较

投影展示植物细胞、动物细胞、细菌细胞，让学生开展活动，利用显微镜分别观察、比较各种细胞。

5. 总结提升

以科学史为线索，让学生回顾并描述细胞的发现及细胞学说建立的历史进程，深入思考和体验科学家的工作过程，领悟科学家是如何一步步阐明问题，理论与实验相结合，揭开细胞神秘的面纱的。通过观察各种各样的细胞，让学生说出不同生物的细胞在结构上的异同，同时，也明确细胞为什么都比较小的原因。

【巩固与拓展】

例：细胞学说主要阐明了（　　　　）。

A. 细胞的多样性　　　　　　　　　　B. 细胞的统一性

C. 细胞的多样性和统一性　　　　　　D. 生物界的多样性

参考答案：B

第二节　细胞膜和细胞壁

第❶课时

【教学目标】

生命观念：认识结构与功能观在生物膜结构的探索历程中所起的作用。

科学思维：通过细胞膜结构模型的学习，培养综合分析与建模能力。

科学探究：讲述、分析膜结构与功能的科学史，培养实验分析和科学探究能力。

社会责任：学习科学家对细胞膜结构与功能探究的执着信念和求真务实的科学态度，正确认识科学技术发展在生物学研究中起的作用。

【学情分析】

从磷脂的作用中，学生已初步了解细胞膜的组成成分。从初中所学的细胞结构中，学生大致也了解了细胞膜包裹在细胞的最外面，具有保护细胞及控制物质交换的作用，这些基础都有利于学生更好地掌握这部分知识。但由于本节课的内容涉及细胞的亚显微结构，需要学生具备一定的空间想象力，如果个别学生能力欠缺，就无法理解细胞膜的结构模型。这就需要教师善于让学生从感性认识上升到理性认识。

【重点、难点】

重点：质膜的结构及质膜具有选择透性。

难点：质膜的流动镶嵌模型。

【课前预习】

任务：预习教材P28～P31细胞膜的相关内容。

【教学过程】

1. 创设情境，引入新课

创设情境：多媒体展示细胞图片，包括植物细胞、动物细胞、细菌细胞、酵母菌，要求学生比较不同细胞的差异。

实验探究：验证活细胞吸收物质的选择性。学生实验后，师生一起总结：活细胞吸收物质具有选择性。活细胞的选择性与细胞膜有关。细胞膜又叫质膜，是细胞的边界，物质的进出由质膜掌控。质膜有允许某种物质透过的特性，称为质膜对该物质的透性。

2. 质膜的成分和结构

教师讲述：质膜为什么有选择透性？这应该与质膜的结构成分有密切关系。下面我们就来了解质膜的成分和结构。

3. 质膜的取材

教师提问：要分析质膜的成分，首先要分离出质膜，再做研究分析。那么取哪一种细胞来分离质膜是最好的？为什么？学生回答：人的红细胞。因为该细胞成熟后只有质膜的膜结构，没有细胞核和其他结构的膜，分离容易，便于取材。

投影展示人的成熟红细胞图片。教师继续提问：用什么方法可以获得红细胞的质膜？学生回答：加蒸馏水，让红细胞吸水涨破，经过离心提取较纯净的质膜。

4. 质膜的成分和结构的探究

展示材料一：1895年，欧文顿曾用500多种化学物质对植物细胞膜的通透性进行了上万次的实验，发现细胞膜对不同物质的通透性不一样，凡是可以溶于脂质的物质，都比不能溶于脂质的物质更容易进入细胞膜。

展示材料二：磷脂分子的结构示意图——亲水性头部和疏水性的尾部。

教师提问：磷脂分子置于水中的排列形式怎样？学生回答：头部朝内，尾部朝外。

展示材料三：1925年，E.Gorter和F.Grendelet用有机溶剂丙酮提取人的红细胞膜中的脂质，当将它在空气—水界面上展开时，这个单层分子的面积相当于原来细胞表面积的两倍。教师提问：该实验结果能说明什么问题？学生回答：质膜是由脂双层组成的，并不是由一层脂质物质组成的。

教师讲述并提问：脂肪酸分子的尾部可以摇摆，使得整个磷脂分子能发生侧向滑动，所以质膜具有一定的流动性。那么，质膜中除了含磷脂，还有其他成分吗？学生回答：质膜中含有蛋白质、胆固醇。

展示材料四：Danielli和Harvey分别于1931年和1935年发现细胞膜的表面张力显著低于油–水界面的表面张力，由此得知脂滴表面如吸附有蛋白质成分时，表面张力则降低。

展示材料五：1959年，Robertson用高锰酸钾或酸固定细胞时，电镜超薄切片中细胞膜显示出暗–亮–暗三条带。通过此材料让学生得出结论：两层蛋白质夹着中间的脂双层。

展示材料六：科学家将质膜冰冻，然后将其撕裂，用电子显微镜观察，发现撕裂面上有许多颗粒。由学生得出结论：这些颗粒就是镶嵌在脂双层中的蛋白质。

教师提问：综合以上的结论，描述一下质膜的成分和结构。学生回答：质膜除了有磷脂与蛋白质，还含有糖类等物质，质膜的结构特点是具有一定的流动性，其功能特性是具有选择透性。

5. 结构与功能相适应

教师提问："流动镶嵌模型"对于"结构功能相适应"的思想有没有体现呢？学生经过讨论认识到这一思想有所体现。例如，"流动镶嵌模型"认为膜骨架是由脂双层构成的，这就能解释为什么脂溶性物质比非脂溶性物质容易通过细胞膜。

让学生继续思考，水和脂质是不亲和的，根据水的脂溶性推算，水分子应该很难通过细胞膜，但事实上水分子却能通过细胞膜快速扩散。根据结构适应功能的思想，这又该如何解释呢？激发学生进一步探究的兴趣，为下一节物质出入细胞方式的学习打下基础。

6. 小结提升

总结细胞膜的研究史用到的技术：确定膜的成分用到了提取、分离、鉴定技术，确定蛋白质的分布用到了电镜技术、红外光谱技术、冰冻蚀刻电镜技术，确定膜的流动性用到了免疫荧光染色技术。由此使学生体会到，没有这些技术的支持，人类对膜结构的认识便不能发展，因此，实验技术的进步对科学发展起到了重要作用，并且通过对膜的透性的研究，认识到膜是由脂质组成的；通过对细胞融合的研究，又寻找到膜是流动着的证据，从而让学生进一步树立结构和功能相适应的观念。

【巩固与拓展】

例：变形虫可以吞噬整个细菌，这一事实说明（　　　）。

A. 细胞膜具有选择透过性　　　　　　B. 细胞膜具有全透性

C. 细胞膜具有一定的流动性　　　　　D. 细胞膜具有保护作用

参考答案：C

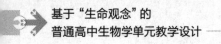

第❷课时

【教学目标】

生命观念：通过对物质进出细胞膜的方式的学习，了解细胞膜的选择透过性现象，明确生命在物质吸收上所表现出的自主性。

科学思维：从细胞吸水和失水现象，推理出水分的渗透作用及其发生的条件与原理。

科学探究：尝试进行植物细胞吸水和失水的实验设计和操作。

社会责任：通过思考、讨论，培养学生主动参与、合作学习的态度。

【学情分析】

观察"植物细胞的吸水和失水"是教材的探究实验，对高中阶段生物学实验教学有着重要的指导作用。学生已有显微镜的操作能力，也有临时装片的制作能力，对这个实验的完成有了一定的实验基础，在教学上可以让学生进行自主探究并合作完成。另外，通过演示渗透装置中漏斗管内液面上升的现象，使学生认识水分子是顺浓度梯度扩散（渗透）的。这种具体的实验有利于学生形成"细胞的吸水和失水"的感性认识。

【重点、难点】

重点：简单扩散（渗透）概念的理解。

难点：简单扩散和渗透的区别。

【课前预习】

任务：明确什么是渗透作用和渗透作用发生的条件。

【教学过程】

1. 实验设疑，激趣导入

教师演示自制的渗透装置：长颈漏斗内是0.3 g/mL的蔗糖溶液，烧杯内是清水，开始时液面一致，请学生仔细观察长颈漏斗内的液面变化情况。随着长颈漏斗内的液面开始升高，教师接着提问：同学们想不想探究长颈漏斗内的液面为什么会升高？从而以未知的实验现象激发学生的探究欲望和学习兴趣，引出课题"物质跨膜运输的实例"。

2. 探究渗透作用发生的条件

教师用课件展示教材演示实验的示意图，并提问：①漏斗管内的液面为什么会升高？②如果用一层纱布代替玻璃纸，漏斗管内的液面还会升高吗？③如果烧杯与半透膜内放的是同样浓度的蔗糖溶液，结果会怎样？让学生先独立思考，然后小组讨论得出结论，并总结出渗透现象发生的实质：漏斗管内的液面升高是单位时间内从膜外进入膜内的水分子数目比从膜内跑到膜外的水分子数目多，这样漏斗内的液面由于水分子的不断进入而不断升高，这个现象叫作渗透作用。发生渗透作用的条件：要有半透膜，半透膜两侧的溶液存在浓度差。那么渗透作用的原理能不能解释细胞的吸水和失水呢？我们来分析一组动物细胞的实验。

3. 探究动物细胞的吸水和失水

课件展示案例一：哺乳动物的红细胞在不同溶液中的变化。请学生根据图中的实验现象，尝试完成实验设计（提出问题"红细胞的细胞膜是否相当于一层半透膜？"→做出假设→设计实验、进行实验→分析结果、得出结论）。

学生根据提示首先自己独立完成实验设计，然后在学习小组内进行交流，各组推选代表用投影仪进行展示，学生互评、教师给予点评，最后得出结论（红细胞的细胞膜相当于一层半透膜，细胞质与外界溶液之间存在浓度差，才能出现红细胞吸水膨胀或失水皱缩的现象）。接着，归纳科学的探究过程一般包括以下几个步骤：提出问题、做出假设、设计实验、进行实验、分析结果、得出结论等。教师继续提问：动物细胞是通过渗透作用吸水和失水的，植物细胞是否也是通过渗透作用吸水和失水的呢？

4. 探究植物细胞的吸水和失水

课件展示案例二：植物细胞的结构简图。请学生将此图与渗透装置比较，回答问题：①植物细胞的哪些结构相当于一层半透膜？②浓度差指的是何种溶液浓度之间的差异？③细胞壁对植物细胞的吸水和失水有没有影响？

学生结合教材分析讨论，得出结论：细胞膜、液泡膜以及两者之间的细胞质，相当于一层半透膜，可以把它们看作一个整体，称为原生质层；细胞液与外界溶液之间存在浓度差；细胞壁是全透性的，不影响水分子的通过，但能防止吸水后植物细胞的破裂。教师接着指出，学生们的结论是否科学，要用实验来进行验证，请学生利用提供的材料、用具完成探究实验。

5. 探究实验：植物细胞的质壁分离和复原

教师指导学生利用紫色洋葱等实验材料进行实验，同时用课件展示参考案例，让学生根据提示完成实验。

探究课题：植物细胞的原生质层相当于一层半透膜。

（1）提出问题：植物细胞的原生质层是否相当于一层半透膜？

（2）做出假设：原生质层相当于一层半透膜，水分子可以自由透过，蔗糖分子不能透过。因此，植物细胞的中央液泡在蔗糖溶液中会变小，在清水中会变大。

（3）设计实验：设计实验包括实验材料的选取、观察工具的选择、观察指标的确定、实验变量的控制、实验步骤的制订、操作过程的注意事项等。

（4）实施实验：按照实验方案，在低倍镜下观察原生质层的初始位置和紫色的中央液泡的大小，然后滴加蔗糖溶液，观察原生质层位置的变化和液泡大小的变化，最后滴入清水，继续观察原生质层位置的变化和液泡大小的变化，做好记录。

（5）分析结果，得出结论：原生质层相当于一层半透膜。

（6）表达和交流：各小组将探究的问题、实验过程、实验结果和结论与其他小组进行交流，继续完善实验方案。

教师总结：当外界溶液的浓度大于细胞液的浓度时，细胞就会失水，由于原生质层的伸缩性大于细胞壁，出现质壁分离的细胞，原生质层就会与细胞壁分离，这种现象叫作质壁分离。如果外界溶液的浓度小于细胞液的浓度，细胞就会吸水，这种现象叫作质壁分离复原。那么，是不是所有的物质都像水分子一样是顺浓度梯度运输的呢？

6. 物质跨膜运输的其他实例

课件展示案例三：水稻和番茄分别在Ca^{2+}、Mg^{2+}、SiO_4^{4-}培养液中培养，培养液中出现离子浓度的变化。提出问题：①番茄、水稻对这三种离子的吸收有什么特点？②这些物质的运输也是顺浓度梯度的吗？③从这个事例你能否得出细胞对物质的吸收具有选择性？

学生讨论，给出结论：相对而言番茄培养液中Ca^{2+}和Mg^{2+}浓度下降明显，水稻则下降不明显；水稻吸收大量的SiO_4^{4-}，番茄几乎不吸收，说明不同生物对同一种离子的吸收具有差异性，同种生物对不同离子的吸收也具有差异性。从上述例子可以看出，水分子的跨膜运输是顺浓度梯度的，但有的离子的跨膜运输是逆浓度梯度的。细胞对物质的吸收具有选择性，有的物质可以通过，有的物质不能通过，这体现了生命的自主性。

7. 课堂小结

本节课通过观察渗透现象，了解了渗透作用的原理以及发生渗透作用必须具备的两个条件；通过探究活动，知道了动物细胞通过渗透作用进行吸水和失水的实质；通过探究"植物细胞的吸水和失水"实验，证明了成熟的植物细胞的原生质层也是一个渗透系统；通过分析水稻和番茄对不同离子的吸收具有差异性的案例，掌握了细胞膜是选择透过性膜的事实。

8. 课后探究，能力提升

生活中有许多与渗透作用有关的实例，如糖渍番茄、盐渍黄瓜、清水浸泡蔬菜、过量施肥使农作物"烧苗"、海带中碘含量较多等，请用本节课学过的相关知识解释这些现象，下节课进行交流。

【巩固与拓展】

例：要使红细胞破裂，以便观察寄生在红细胞内的微生物，应把红细胞放置在（　　　）。

A. 30%的蔗糖溶液中　　　　　　　　B. 9%的盐水中

C. 0.9%的盐水中　　　　　　　　　　D. 蒸馏水中

参考答案：D

第**3**课时

【教学目标】

生命观念：从各种物质进出细胞膜的方式，进一步理解细胞膜的选择透过性特点，体验生命的自主性。

科学思维：列表比较各种物质进出细胞膜的异同点，培养学生科学比较的能力。

科学探究：积极思考大分子与小分子进出细胞膜的区别与联系，并尝试进

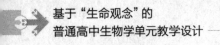
行探究。

社会责任：树立自主学习、合作学习的意识，形成严谨求实的科学态度。

【学情分析】

初中阶段，学生对物质交换有了浅层的了解，通过前面几章的学习，学生已经初步具备了细胞膜结构、水分跨膜运输、蛋白质多样性的基础知识，这为新知识的学习奠定了认知基础。本节课着重介绍细胞膜控制物质进出这一重要功能，包括小分子或离子进出细胞的方式和大分子物质进出细胞的过程。通过对几种跨膜运输方式的探究和运用数学坐标图来表达三种方式的规律和特征，可以培养学生对图表数据的解读能力，即信息解读和知识迁移转化能力。经过前阶段的学习，学生已具备了群体讨论、大胆说出自己的想法和理论依据的能力，以及对事物的探究热情，这些都可以在教学中好好地加以利用。不过学生对探究的目的、过程及结论的形成还缺乏理性的思考与相关的能力，需要教师进一步引导与培养。

【重点、难点】

重点：被动转运、主动转运概念的理解。

难点：跨膜运输和非跨膜运输的区别。

【课前预习】

任务：理解渗透、被动转运、主动转运。

【教学过程】

1. 复习回顾

复习细胞膜的成分和结构，让学生对基础内容进行回顾，为本节课的学习做好铺垫。

2. 创设情境，导入新课

利用多媒体展示，提出问题：

（1）脂双层模拟的是不是生物膜？

（2）什么样的分子能够通过脂双层？什么样的分子不能通过？

（3）葡萄糖不能通过脂双层，但是小肠上皮细胞能大量吸收葡萄糖，如何解释?

3. 几种物质运输方式

（1）小分子和离子的跨膜运输

多媒体展示扩散现象，引出物质运输的两种方式——被动转运和主动转运，让学生分析水分子进入细胞的原因和方式，总结出扩散的概念。多媒体动画展示扩散的过程，组织学生讨论，得出扩散的特点。

教师进一步提出问题：葡萄糖不能通过人工合成的脂质双分子层，但对于细胞来说，葡萄糖又是必需的，它是怎样通过细胞膜进入细胞的？激发学生的学习兴趣和探究热情，让学生尝试做出解释，再指出载体蛋白的作用，总结出易化扩散的概念。多媒体动画展示易化扩散的过程，组织学生讨论，得出易化扩散的特点。

教师提问：①扩散与易化扩散都需要消耗能量吗？②扩散与易化扩散有什么相同点？有什么不同点？③扩散与易化扩散为什么被称为被动转运？如果只有被动转运能满足细胞生命活动的需要吗？

多媒体展示"物质逆浓度梯度跨膜运输"的现象。教师进一步提出问题：为什么这些物质可以逆浓度梯度运输？组织学生讨论，得出主动转运的概念与特点。

教师继续提问：主动转运与被动转运的区别是什么？主动转运对于生命现象有什么重要意义？师生一起讨论，并得出结论。

那么，扩散、易化扩散和主动运输有哪些异同？影响扩散、易化扩散和主动转运速度的主要因素分别是什么？教师组织学生分析填表，反馈和纠正，并要求学生尝试画出细胞对某些物质的扩散、易化扩散和主动转运速度随细胞外浓度的改变而变化的曲线图。

（2）大分子的运输

教师提问：白细胞是如何吞噬病菌的？胞吞和胞吐体现了细胞膜的什么结构特点？展示有关图片，让学生理解胞吞与胞吐，并得出细胞膜具有流动性的结构特点。

4. 课堂小结

教师让学生列表比较并总结出跨膜运输与非跨膜运输的方向、特点、是否需要载体、是否需要能量及相关实例。

【巩固与拓展】

例：物质进出细胞的过程中需要消耗能量，但不需要载体的是（　　）。

A.根吸收矿质元素离子　　　　B.红细胞吸收钾离子，排出钠离子

C.小肠对钙的吸收　　　　　　D.腺细胞分泌的酶排出细胞

参考答案：D

第三节　细胞质

第❶课时

【教学目标】

生命观念：了解细胞器的结构与功能，树立结构与功能相适应的观念。

科学思维：通过各细胞器结构与功能的梳理，学会科学比较与分析。

科学探究：了解分离细胞器的科学方法，培养实验分析和探究能力，逐步养成科学探究的习惯。

社会责任：体会科学研究离不开探索精神、理性思维和技术手段的结合，培养学好知识更好地服务于社会的责任感。

【学情分析】

初中学生已学过细胞的基本结构，但对细胞质的了解还是比较粗浅的，学过的细胞器只有叶绿体与液泡，这在光学显微镜下就可以看到，且以目前大部分学校的实验条件是可以观察到的。而在本节课的学习中除了这两个细胞器，还要学习线粒体、高尔基体、核糖体、内质网、溶酶体、中心体等各种细胞器，而且有些细胞器必须借助电子显微镜才能观察到，所以介绍这些结构时，教师必须借助多媒体或教具模型，增强教学的直观性，从而有利于学生更好地理解与掌握。

【重点、难点】

重点：核糖体、内质网、高尔基体、线粒体的结构与功能。

难点：内质网、高尔基体的功能。

【课前预习】

任务：预习教材P34～P38细胞质的相关内容。

【教学过程】

1. 问题探究，导入新课

创设情境：放映某玩具厂忙碌的车间动画片。

教师提问：①一件优质的产品是如何通过各个车间和部门之间的配合生产出来的？②细胞内也存在类似工厂的各种车间吗？③细胞内的各种"车间"是怎么样的？

课件展示：各种细胞器图解。

学生讨论并回答：细胞在生命活动中发生着物质和能量的复杂变化。细胞内部就像一个繁忙的工厂，在细胞质中有许多不停运作的"车间"，这些"车间"都有一定的结构如线粒体、叶绿体等，它们统称为细胞器。

2. 细胞质的组成

教师提问：细胞质由哪些组成？学生回答：细胞质由细胞器与细胞溶胶组成。

3. 细胞器的认识

引导学生带着思考阅读P34～P39的课文内容，并提问：①细胞内有哪些细胞器？②动植物细胞有哪些共有细胞器？学生总结并回答出动植物细胞相同的与不同的细胞器。

4. 各种细胞器的结构和功能

将学生分成四个组，在规定的时间内分别完成内质网、核糖体、高尔基体、溶酶体、线粒体结构和功能的知识学习，然后完成相应任务卡内容，结合细胞器图片，让小组代表或两人组合来介绍本小组任务卡上细胞器的相关知识。

5. 分泌蛋白质合成与运输过程

教师放映某玩具生产的图片并提问：玩具生产有哪几个基本工序？结合教

材知识，以及刚才玩具生产工序的启示，你们知道蛋白质的合成和运输过程又是怎样的吗？

播放分泌蛋白合成和运输的Flash动画。结合教材与动画，要求学生设计蛋白质分泌合成与运输过程的模式图。

6. 课堂检测

精选有代表性的练习题，检测学生本堂课的学习效果。

7. 课后延伸

各小组课后利用常见材料制作各种细胞器模型，并尝试构建完整的动植物细胞模型。

【巩固与拓展】

例：下面的细胞器中，参与有机物合成作用的是（　　）。

①核糖体　②线粒体　③内质网　④高尔基体　⑤叶绿体

A. 只有①②⑤　　　　　　　　　B. 只有①②③⑤

C. 只有①③④⑤　　　　　　　　D. ①②③④⑤

参考答案：D

第❷课时

【教学目标】

生命观念：从细胞器的结构出发来阐述功能，使学生更好地明白细胞器的功能与结构相适应的观点。

科学思维：梳理各种细胞器的结构与功能，寻找它们的共性与个性，学会分析与综合。

科学探究：选择其中的一个细胞器，尝试从结构上探究它的功能。

社会责任：通过细胞器的科学发现史，学习科学家为追求真理锲而不舍的精神。

【学情分析】

虽然学生对细胞质的知识有一定的了解，但是一下子要学习这么多的细胞器，可能会觉得知识比较零碎，各种细胞器很容易混淆，对此，教师要教会学生善于去梳理知识，用列表的方式将各种细胞器进行比较与分析。同时也可以从是否具有膜、动植物细胞的分布、是否有能量转换等角度对这些细胞器进行总结，并借助一些习题，让学生学会知识的综合与运用。

【重点、难点】

重点：液泡、叶绿体、中心体、溶酶体的功能。
难点：中心体、溶酶体的功能。

【课前预习】

预习教材P34~P38细胞质的相关内容，明确液泡、中心体、溶酶体的结构与功能。

【教学过程】

1. 复习旧知，引入新课

回顾第一课时所学习的核糖体、内质网、高尔基体、溶酶体和线粒体等细胞器，并请学生指出模式图中的内质网、高尔基体和线粒体。教师提问：这个模式图中还有哪些细胞器？它们的结构和功能又是如何的？这就是本节课所要探究的内容。

2. 叶绿体

PPT呈现：在光学显微镜下观察到的叶绿体形态和电子显微镜下看到的叶绿体结构图片。让学生识别叶绿体的结构。师生一起总结叶绿体的相关知识，包括分布、形态、结构、功能、所含的物质等。同时让学生区分显微结构和亚显微结构。

教师讲述：叶绿体其实是质体中有色体的最重要一类，所有的有色体均含有色素，但色素的颜色可以不同（举例红辣椒果皮细胞中的有色体）。结合图片教师介绍另一类质体——"白色体"的分布和功能，并指出质体是植物和藻类细胞所特有的一类细胞器。

3. 中心体——高等植物没有的细胞器

教师提问：在高等植物黑藻中哪一种细胞器是没有的？让学生答出"中心体"。
PPT呈现：中心体的结构。教师借助图片和模型讲述中心体的组成和结

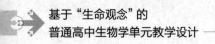
构，并描述中心体的分布、结构和功能。

4. 细胞器归类

针对以下问题让学生讨论分析并进行总结。

（1）双层膜、单层膜、无膜的细胞器分别有哪些？

（2）与能量转换有关的细胞器是什么？

（3）动植物细胞共有的细胞器是什么？

（4）与分泌蛋白的合成、加工和分泌有关的细胞器有哪些？

5. 小结提升

生命的奥秘离不开细胞，细胞的奥秘离不开各种细胞器的分工合作。在日常的学习、生活和工作中，我们既要发挥各自的能力，又要相互协作，要培养自己的合作意识与责任意识。

【巩固与拓展】

例：线粒体、叶绿体和内质网都具有的结构是（　　）。

A. 基粒　　　　　　　　　　　　B. 基质

C. 膜结构　　　　　　　　　　　D. 少量DNA

参考答案：C

【教学活动】

观察叶绿体。

【教学目标】

生命观念：通过观察叶绿体的结构，进一步体验结构与功能相适应的观点。

科学思维：通过实验观察叶绿体，学会操作的有序性与条理性。

科学探究：熟练掌握高倍显微镜的操作方法和临时装片的制作技巧，学会一般的生物学绘图技能，掌握实验的基本方法。

社会责任：认同科学结论来源于科学实验研究，体会脚踏实地的科研精神。

【学情分析】

学生已观察过各种各样的细胞，已掌握了显微镜的操作方法与临时装片的制作技巧，但没有专门观察过叶绿体。实验活动的选材来自黑藻，但不同的取材部位，效果是不同的，可以让学生进行自主探究。叶绿体比较小，借助于光学显微镜只能观察到一个绿色的小点，所以一定要让学生通过亲身实验来观察叶绿体的结构，不要与电子显微镜下观察到的叶绿体双层膜、基粒等结构混淆起来。因为实验观察的细胞是一个活细胞，可以让学生通过叶绿体的移动感受活细胞的胞质环流现象。

【重点、难点】

重点：观察叶绿体的形态与分布特点。

难点：叶绿体临时装片的制作。

【课前预习】

明确质体的种类、结构与功能。

【教学过程】

1. 设置情境，导入新课

课件展示：郁郁葱葱的绿色植物。说明万物生长靠太阳，绿色植物利用光能进行光合作用的场所在叶绿体，今天我们一起来观察真实的叶绿体。

2. 展示实验材料

黑藻、植物叶片、水绵、梨、马铃薯等，让学生自己探究，选择合适的材料，并说明原因。

3. 学生实验

实验步骤：选材→制作临时装片→显微镜观察→绘制叶绿体图。

4. 实验结果呈现、原因分析

教师展示：学生绘制的叶绿体图。让学生比较光学显微镜下的叶绿体与电子显微镜下的叶绿体的亚显微结构模式图。

让学生观察黑藻、水绵的叶绿体形态，并思考叶绿体是否一定是绿色的，是否一定是椭球形或球形的。

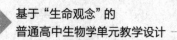
让学生观察黑藻细胞的胞质环流现象，推断显微镜下的胞质环流方向与实际的胞质环流方向是否相同。

【巩固与拓展】

例：在光学显微镜下能观察到的黑藻细胞结构有（　　　）。

A. 叶绿体双层膜　　　　　　　　B. 叶绿体基粒

C. 叶绿体类囊体　　　　　　　　D. 呈椭球形或球形的叶绿体

参考答案：D

第四节　细胞核

【教学目标】

生命观念：通过细胞核结构与功能的学习，进一步明确结构与功能观，并形成局部和整体相互关系的辩证观。

科学思维：在对经典实验分析、比较、归纳和认同的基础上，进行抽象思维训练，形成细胞核三维结构的形象思维。

科学探究：通过对细胞核结构与功能的科学史料分析，培养实验分析和探究能力，逐步养成科学探究的习惯。

社会责任：学习科学家对细胞核结构与功能探究的执着信念和求真务实的科学态度。

【学情分析】

学生已学习了细胞膜的成分与功能、细胞器的结构与功能等知识，明确了细胞中的各种结构各司其职又相互配合，理解了有序的各种生命活动离不开细胞核的控制作用。通过本节内容的学习，学生对于细胞是一个有序、精密的生命系统的认识会更加深刻。关于细胞核的结构和功能，学生在初中已有初步认识，可以作为本节课学习的基础。

【重点、难点】

重点：细胞核的结构与功能，动物细胞和植物细胞结构上的区别，原核细胞的特点。

难点：细胞核的结构，原核细胞的特点。

【课前预习】

任务：预习教材P41～P42伞藻的实验。

【教学过程】

1. 设置情境，激发兴趣

通过播放视频——The cell，呈现细胞内部的微观结构，对细胞核的结构与功能有一个大体的认识，激发学生强烈的求知欲。

2. 复习旧知，引入新知

教师设置问题情境复习本章已学知识：①细胞膜有哪些功能？②细胞质中主要有哪些细胞器？它们各自有什么功能？在学生回答后，教师及时总结和追问，细胞膜是细胞生命系统的边界，细胞质中的各个细胞器就像工厂的各个车间，行使着各自的功能，它们之间既分工明确又互相合作。那么是谁在控制着它们，使之能有条不紊地进行着各种生命活动？（学生回答是细胞核）继续追问，如果没有细胞核，细胞还能存活吗？还能合成蛋白质吗？还能继续分裂与生长吗？

3. 细胞核功能的实验研究

分析变形虫去核及核移植实验，学生得出实验结论，即细胞核是代谢的控制中心。

在伞藻实验中，通过问题串设计，步步设疑，层层深入启发学生思考，引导学生总结出细胞核的功能。

问题1：新生的"伞帽"的形状是由伞藻的"伞柄"还是"足"决定的？学生思考并回答：新长出的"帽"的形状只与"足"的种类有关。

问题2：是伞藻"足"中的"细胞核"或"细胞质"起作用还是两者共同起作用呢？教师继续追问：该实验能否说明"伞帽"的形状由细胞核控制？（不能）若要说明细胞核的作用，还需要如何设计？（核移植）根据后续实验，你能得出什么结论？（细胞核是遗传的控制中心）细胞核为什么能成为细胞代谢和遗传的控制中心呢？（这要从细胞核的结构上去寻找答案）

4. 细胞核结构的探索

任务：要求学生阅读教材P42，结合教材图2-16，思考并回答问题。

（1）细胞核由几层膜构成？比较核膜和细胞膜的异同。

（2）小组合作绘制细胞核的平面结构模式图。

（3）与细胞核功能关系最密切的是核中的什么结构？

展示科学史：1879年，德国生物学家弗莱明用碱性染料对细胞核进行染色。

图像呈现：染色质—染色体—染色质。

分裂前—分裂中—分裂后。

从中可以得出什么结论？让学生进行讨论分析，最后明确染色质与染色体的关系。

5. 细胞是一个统一的整体

通过特例分析，呈现哺乳动物成熟红细胞和植物筛管细胞示意图，得出核质相互依存的结论。

6. 区别真核细胞与原核细胞

让学生列表比较真核细胞与原核细胞的异同点。

7. 课堂总结

对本节课所学的主要知识点进行总结，并从物质→结构→功能的线索中找出这些知识点的内在联系。进一步阐明细胞核的结构和功能及其联系，形成物质组成结构、结构决定功能的观点；明确细胞核是系统的控制中心。

【巩固与拓展】

例：真核细胞单位面积的核孔数目与细胞类型和代谢水平有关。以下细胞中核孔数目最少的是（　　　）。

A. 胰岛细胞　　　　　　　　　　B. 造血干细胞

C. 效应B细胞（浆细胞）　　　　　D. 口腔上皮细胞

参考答案：D

单元三：生命的能量观

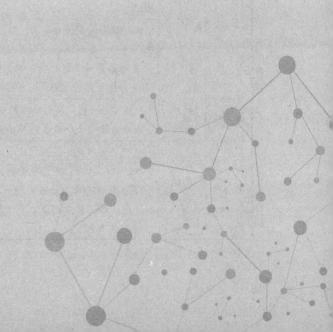

单元概述

　　对于生命系统来说，物质是本源的存在，能量是运动的存在，物质与能量相伴而生。任何一个生命系统都是物质和能量的统一体，它们相互依存、相互制约。生命的存在过程就是物质代谢、能量转化的对立统一过程。本单元的知识主要是必修1第三章《细胞的代谢》，教材依次安排了ATP（三磷酸腺苷）、酶、细胞呼吸与光合作用等内容。各个内容之间的关系如下：细胞代谢是细胞内各种生化反应的总和，反应往往伴随着能量的变化——ATP，反应离不开各种各样物质的变化，反应需要生物催化剂——酶，物质和能量总是相伴相随的，物质的合成与分解总是伴随着能量的储存和释放，其中光合作用和呼吸作用是最基本的物质和能量代谢。为此，本单元的教学安排见下表。

"生命的能量观"单元的教学安排

第三章　新陈代谢			
分　节	名　称	教学要求	课　时
第一节	细胞与能量	1.举例说出细胞内的吸能反应和放能反应。 2.简述ATP的化学组成和特点；解释ATP在能量代谢中的作用	1
第二节	酶	1.描述酶的发现过程。 2.在进行"建议活动：探究酶的专一性与探究pH对过氧化氢酶的影响"时，尝试对假设中的重要变量下操作性定义并体验实验过程	2
第三节	细胞呼吸	1.概述需氧呼吸及厌氧呼吸的概念、反应式和反应过程。 2.比较需氧呼吸和厌氧呼吸的异同	1
第四节	光合作用	1.说明光合作用的概念、反应式、阶段、场所和产物。 2.在进行"活动：光合色素的提取和分离"时，对实验中观察到的现象和结果进行科学的分析。 3.分析外界因素对光合速率的影响，比较细胞呼吸和光合作用的异同	3

第三章 新陈代谢

第一节 细胞与能量

【教学目标】

生命观念：明确ATP是生命活动的直接供能物质，是生命系统中物质和能量的直观体现。

科学思维：从ATP的结构中归纳出ATP的作用特点，并培养学生分析概括的思维能力。

科学探究：从萤火虫的对照实验提出值得探究的问题，培养学生的好奇心与科学探究能力。

社会责任：通过阅读、思考、讨论，培养学生主动参与与相互合作的学习态度。

【学情分析】

本节内容与前面所学的糖类、脂肪、蛋白质等能源物质有着密切联系，且有关知识在后续的学习中也将多次涉及，所以十分重要。本节篇幅不大、内容简单，但相对枯燥，学生不易理解"ATP是直接的能源物质"和"ATP是细胞的能量通货"。在教学过程中，一方面可通过创设情境来激发学生的学习兴趣，增加课堂的趣味性；另一方面可通过设计问题串、资料解读、自主学习、实验探究等手段来突破教学重难点，帮助学生加深对知识的理解和掌握。

【重点、难点】

重点：ATP的分子结构及其特点，ATP的分子简式，分析ATP—ADP的循环及其对细胞内能量代谢的意义，能理解"ATP作为能量通货"的含义。

难点：ATP—ADP的循环及其对细胞内能量代谢的意义，理解"ATP作为能

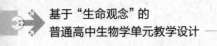

量通货"的含义。

【课前预习】

任务：
（1）生物体内或细胞中的各种能量形式是如何进行相互转变的？
（2）细胞内的吸能反应和放能反应主要有哪些？

【教学过程】

1. 创设情境，设问激疑

播放夜晚萤火虫和萤火虫运动痕迹的组图，展示暴风雨后萤火虫交配的情景，同时附上旁白："夏秋之夜，在乡间幽静的小路上和庭前屋后的空地上，一群群飞舞着的小小萤火虫，像一只只流光溢彩的小灯笼在起伏跌宕。这些'流萤之光'把静谧的夜幕点缀得既庄重肃穆，又令人心旷神怡，浮想联翩。"顺势提出疑问："萤火虫发出'流萤之光'的生物学意义是什么？仅仅是为了照明吗？萤火虫发光需要能量吗？所需的能量是由什么物质提供的？"结合资料一的解读，引出本节课的学习对象——ATP。

资料一：萤火虫尾部的发光细胞中含有荧光素和荧光素酶。荧光素接受ATP提供的能量后就被激活。在荧光素酶的催化作用下，激活的荧光素与氧发生化学反应，形成氧化荧光素，并发出荧光。

2. 实验分析，解疑释惑

提出疑问"主要的能源物质糖类、良好的储能物质油脂能否为萤火虫发光提供能量？"激发学生的求知欲望。通过对探究实验的分析，让学生明白糖类、脂肪不能为萤火虫发光直接供能，但ATP可以，力图帮助学生直观理解"ATP是直接的能源物质"，突破教学难点。

探究实验：用小刀将数十只萤火虫的发光器割下，干燥后研磨成粉末，取4等份分别装入4支试管，各加入少量水使之混合，置于暗处，可见试管内有淡黄色荧光出现，约过15 min荧光消失，然后分别在4支试管内加入等量的蒸馏水、葡萄糖溶液、脂肪溶液、ATP溶液，置于暗处，观察实验现象。

3. 自主学习，明确结构

指导学生阅读教材，完成学案的相关内容。明确ATP的中文名称、元素组成、结构简式以及简式中各个符号代表的含义和数目。设计问题串：如果ATP

去掉两个磷酸基团，剩下的部分构成什么物质？储存在高能磷酸键中的能量是怎样被释放出来的？夏天，萤火虫的发光时间一般在晚上7：00—12：00，能持续这么长时间发光，萤火虫细胞内应该含有很多的ATP吧？既然含有的ATP并不多，为什么还能持续发光？

4. 解读资料，检验猜测

资料二：人体内约有ATP0.5 kg。成年人细胞内ATP和ADP的总量仅有2～10 mg。氰化钾是阻止人体内新的ATP合成的药物，人中毒后3～6 min内死亡。

资料三：一个正常成年人在平静状态下24 h消耗40 kgATP，在剧烈运动状态下，每分钟约有0.5 kg的ATP分解释放能量，供运动所需。

资料四：用^{32}P标记磷酸加入细胞培养液中，短时间内快速分离出ATP，ATP的总量变化不大，但是大部分ATP末端磷酸基团却已经带有放射性标记。

通过对比资料二和资料三容易发现，ATP在细胞中的含量确实很少，但对它的需求却极大。教师因势利导：如何解决这个矛盾？而对资料四的解读，则可完全验证学生的猜想：ATP与ADP是可以相互转化的，并且这种转化十分迅速，细胞内的ATP含量始终处于动态平衡之中，从而保证了细胞内能量的持续供应。

以"ATP和ADP的相互转化是否为可逆反应"这一问题承上启下。学生大多知道此反应为非可逆反应，因为反应条件不同（酶不同），也知道此过程中物质是可逆的，但不甚了解能量是否可逆。指导学生阅读教材中的相关内容，引导学生合作学习，小组讨论能量的来源和去向，并完成学案中的相关问题，借此培养学生获取信息及分析问题、解决问题的能力，促进学生交流与合作能力的发展。

5. 应用比喻，强化理解

结合教材，师生共同总结：ATP水解释放的能量除转化为光能，还能转化成渗透能、电能、机械能、热能、化学能。由化学能引出吸能反应和放能反应，并引导学生思考：吸能反应所需的能量来自哪里？放能反应释放的能量去了哪里？学生很容易得出ATP分子是吸能反应和放能反应之间的纽带，以此突破"ATP是细胞的能量通货"这一重点和难点。通过"实验再探究"，组织学生分析总结，明确有机物必须先转化为ATP后才能用于各项生命活动。用"存折""现金"直观、形象地阐述"有机物中稳定的化学能"与"ATP中活跃的化学能"的关系，帮助学生更好地掌握两者之间的内在联系，并再次说明"ATP是细胞的能量通货"以及"ATP是直接的能源物质"，以此强化学生对教学难点的理解。实验再探究：有学生重复前面的探究实验，但是没有把萤火虫尾部干燥，研磨成粉末，而是用了完整的刚切下的萤火虫尾部发光结构进行实验。结果发现加葡萄糖和油脂溶液的试管也有荧光产生，试分析原因。多媒体展示1997年三位科学家因对ATP的研究取得巨大成就而获得诺贝尔化学奖，力图让学生知道人类对ATP的认识还是有限的，对ATP与ADP相互转化的机制也并不是完全了解，科学研究是无止境的。

6. 情感升华——支持环保

展示萤火虫主题公园的照片，提出疑问：为何即使身在农村，也越来越难以看到萤火虫？问题不难回答，是环境污染所致。但学生脸上明显的遗憾在酝酿发酵，引发深思。这有助于增强学生的环保意识，形成一定的社会责任感。强调如果人类继续破坏环境，那么消失的将不仅仅是萤火虫……让学生领悟一个物种的消失，一定会为另一个物种遭遇危机埋下伏笔。帮助学生理解人与自然和谐发展的意义，树立可持续发展的观念，从而实现情感态度与价值观目标。

【巩固与拓展】

例：生物体内既能贮存能量，又能为生命活动直接提供能量的物质是（ ）。

A. 葡萄糖   B. 糖原

C. 腺苷三磷酸   D. 脂肪

参考答案：C

第二节　酶

第①课时

【教学目标】

生命观念：通过对酶的认识，进一步理解生物体内化学反应随时随处都会发生，并在物质变化的同时，伴随着能量变化，从而进一步明确生命的物质与能量观。

科学思维：从酶的科学史可知，人类对酶的认识是一个不断质疑、发现、深入的过程，从而培养学生的批判性思维。

科学探究：描述酶的发现过程，认同科学是在观察、实验、探索和争论中完善的，让学生进一步体验科学探究的严谨性。

社会责任：理论联系实际，用学到的知识解释或解决生活中的现象或问题，做到学以致用。

【学情分析】

学生在初中阶段已经学习过多种消化酶对食物的消化，因而关于酶的概念以及催化作用具有高效性的特点，学生已有初步的印象，这是学生学习这部分知识的基础。有了这些基础，本节知识的学习难度不大。但本节的实验是典型的对照性实验，对照性实验是目前的高频考点，如何通过这些实验培养学生的实验设计能力，是本节的教学难点。在教学中教师应尽量放手让学生自己设计实验，自主进行探究，在实验中明确什么是自变量、因变量及无关变量，明确实验的基本步骤应该怎样安排，实验结果如何观察，如何得出实验结论等。只有让学生亲自操作，亲身感受，好好体悟，才有利于学生探究能力与实验能力的培养。

【重点、难点】

重点：酶的概念，酶的催化作用具有高效性、专一性，并且需要适宜的条件。

难点：组织和引导学生完成"酶具有高效性、专一性"的实验。

【课前预习】

任务：

（1）了解酶的发现过程。

（2）理解酶在细胞代谢中的作用、本质。

（3）明确酶的专一性和高效性。

【教学过程】

1. 创设情境，导入新课

生活中我们和酶是否有过"亲密接触"？（请学生出示课前搜集的生活中酶的应用实例）

2. 酶的发现

教师提问：我们的前人对酶的研究可谓是一波多折，请同学们归纳主要有哪些方面？

教师指导：

（1）酶的化学本质方面的研究：科学家首先发现有多种分解淀粉、脂肪、蛋白质的酶，1926年，美国萨姆纳尔指出酶的蛋白质本质，20世纪80年代美国科学家切赫和奥特曼发现极少数酶是RNA。

（2）酶的催化机理方面的研究：认为生化反应与某种物质有关→争论：酿酒必须依靠活细胞的代谢活动，还是酒精发酵仅仅是一种化学反应，与酵母菌的活动无关→促使酒精发酵的是酵母菌中的某种物质——酶→酶是活细胞产生的，只要条件适宜，在细胞内外都可发挥催化作用。

3. 酶是生物催化剂

教师要求学生根据以上所说的酶的作用、化学本质，归纳酶的概念。教师适时点拨，组织学生评价，最后归纳：酶是由活细胞产生的具有催化能力的有机物。

师生一起分析比较无机催化剂与酶的作用特点，明确酶的催化机理：

底物+酶→酶–底物复合物→酶+分解产物。

4. 酶的特性

（1）酶的催化活性极高（高效性）

教师提供信息资料和实验材料，引导学生对酶与无机催化剂的催化效率进行比较。

资料一：过氧化氢可被无机催化剂二氧化锰分解为水和氧气，在体内可被过氧化氢酶分解为水和氧气。

资料二：过氧化氢酶可从动植物体内获得，如新鲜动物肝脏或新鲜的马铃薯。

实验材料：过氧化氢溶液、动物肝脏研磨液（或马铃薯块茎小块）、二氧化锰、卫生香等。

让学生上台帮助教师完成演示实验；教师提醒学生注意实验设计原则：可重复性、可操作性、对照、控制单一变量……引导学生利用不同的实验材料进行实验探究。师生一起得出结论：①与无机催化剂相比，过氧化氢酶的催化效率要高许多；②动物肝脏中的过氧化氢酶的活性比马铃薯中的强。

教师补充讲解：①一般来说，酶的催化效率是无机催化剂的$10^7 \sim 10^{13}$倍，这是酶的高效性；②鼓励学生提出新的问题；③学生设计其他实验，证明酶具有高效性。

（2）酶的专一性

教师提供实验材料，引导学生进行实验探究：一种酶能催化各种生化反应吗？先让学生按实验方案进行实验。利用实验保温的空余时间，组织学生对实验方案进行分析讨论，如引导学生分析几次水浴的目的，分析本尼迪特试剂的作用等。评价学生的实验情况，随时指出存在的问题。得出结论：①有红黄色沉淀出现说明有还原糖产生；②淀粉酶只能水解淀粉，蔗糖酶只能水解蔗糖。

教师补充讲解：生物体中每一种酶只能催化一种化合物或一类化合物的化学反应，这就是酶的专一性。

5. 课堂小结

根据所学内容，总结本节知识。

【巩固与拓展】

例：几名同学在探索pH对α-淀粉酶活性的影响时，设计的实验方案如下。其中操作顺序最合理的是（　　　　）。

① 在三个试管中各加入可溶性淀粉溶液2 mL；

② 在三个试管中各加入新鲜的α-淀粉酶溶液1 mL；

③ 置于适宜温度下保温5 min；

④ 分别置于100 ℃、60 ℃、0 ℃环境中保温5 min；

⑤ 加入本尼迪特试剂后，水浴加热，观察现象；

⑥ 将试管中溶液的pH分别调到3、7、11，保持5 min。

A.①⑥②③⑤　　　　　　　　　　B.①④②③⑤

C.①②⑥③⑤　　　　　　　　　　D.②③①⑥⑤

参考答案：A

【教学目标】

生命观念：体会酶的作用，理解化学反应过程中物质与能量的变化，及其中蕴含着的物质与能量观。

科学思维：在探究影响酶活性因素的过程中，初步训练学生的逻辑思维能力、分析实验现象的能力及设计实验的能力。

科学探究：通过设计与开展"pH值对过氧化氢酶活性的影响"的实验，提高学生的实验设计能力、表达交流能力、动手操作能力。

社会责任：通过讨论分析酶在生产、生活中的应用，使学生认识到生物科学技术与社会生产、生活的关系；举例说明酶的专一性和高效性，逐步形成运用所学知识解决日常生活中实际问题的能力。

【学情分析】

通过前面两章的学习，学生已经了解了细胞的分子组成和细胞结构，为继续学习细胞的代谢知识奠定了基础。在本节的第一课时学生对酶已经有了初步的了解，但对酶所催化的反应以及酶的活性受多种因素影响等知识，学生理解起来还有一定的困难，因此，教师应通过引导学生联系实际生活进行分析，以及设计并实施实验等探究活动，将微观的生命现象转化为宏观的、可观察的现象，有力地促进学生对"酶的作用受许多因素的影响"这一核心内容的理解，让学生更加深刻地感受细胞代谢是高效、有序、可控的，且是在温和的条件下进行的。

【重点、难点】

重点：探究pH值对过氧化氢酶活性的影响。
难点：依据实验目的，设计并严格地完成实验。

【课前预习】

任务：明确影响酶作用的因素有哪些。

【教学过程】

1. 创设情境，导入新课

小故事：一条仿旧牛仔裤为什么价格不菲？——售货员介绍说仿旧牛仔裤制作流程中有生物制剂的参与，并且这种生物制剂的使用条件比较严格，过冷、过热、过酸、过碱均会对其活性有影响。

教师提问：请猜测这种生物制剂是什么？学生回答：这种生物制剂就是酶，是纤维素酶。

展示图片酶的各种应用，并讲述酶的各种应用的前提是要保证酶有活性。那么影响酶活性的因素有哪些？

2. 探究pH值对过氧化氢酶的影响

教师提问：pH值如何影响过氧化氢酶的活性？保证过氧化氢酶活性最高时的pH值可能是多少？让学生自己设计实验，在设计实验时，要求思考以下问题：

（1）过氧化氢酶如何获得？

（2）发生怎样的反应？

（3）设置怎样的pH值？

（4）酶的活性如何测量？

（5）其他条件如何保证？完成实验时要进行数据的记录，要记录什么？怎样记录？

阅读教材P66～P68内容，师生共同分析实验步骤：

（1）实验是直接将鲜肝匀浆液滴在过氧化氢溶液中吗？如何处理的？

（2）取滤纸片时要尽量将液体沥干，为什么？滤纸如何放置？为什么不能接触下方液体？

（3）何时计时？

指导学生开始实验，记录数据并分析结果：

（1）本组实验数据说明什么？

（2）尝试根据所记录数据绘出pH值与酶催化效率的关系曲线图。

（3）每隔30 s的读数说明什么？

最后由学生得出结论：

（1）过氧化氢酶的最适pH值大约为7。

（2）偏酸偏碱都会降低酶的活性。

让学生继续思考并讨论：

（1）要研究pH值对酶活性的影响，这样的曲线完整吗？应该怎么做？

（2）统计结果，每组相同pH值下反应所得到的气体体积不尽相同，为什么？

（3）观察教材P66的曲线图，分析得出怎样的结论？如果酶所处的环境过酸或过碱会出现什么情况？

（4）唾液淀粉酶随着食物进入胃以后，还会不会有催化作用呢？

3. 温度对酶活性的影响

课件展示：加酶洗衣粉使用说明。教师提问：为什么使用加酶洗衣粉时要用温水洗涤？为什么用过热的水反而洗涤效果不好呢？学生回答：温度也会影响酶的活性。教师出示酶的最适温度曲线图，请学生分析图示能得出什么结论。明确低温抑制酶的活性，最适温度活性恢复；高温使酶失活，最适温度活性无法恢复。

4. 小结

师生一起总结：

（1）影响酶作用的主要因素是酸碱度、温度、某些化合物以及酶抑制剂和激活剂等。

（2）低温、偏酸、偏碱的环境下酶的活性降低，但适宜条件下又可以恢复其活性；高温、过酸、过碱时酶的空间结构被破坏，酶的活性不能恢复。

（3）特殊的酶需要特殊的条件：胃蛋白酶pH值为1.5～2.2，市场上出售的 α–淀粉酶的最适温度为50～75 ℃。

【巩固与拓展】

例：下列关于酶的表述，正确的是（　　　）。

A. 温度过高或过低都会破坏酶的空间结构，使酶失活

B. 探究温度对酶活性的影响实验，既能用过氧化氢酶，也可以用淀粉酶

C. 能水解淀粉酶的酶是蛋白酶

D. 酶的活性与温度成正相关关系

参考答案：C

第三节　细胞呼吸

【教学目标】

生命观念：通过细胞呼吸过程进一步认识物质的变化过程伴随着能量的改变，认同生命过程中的物质与能量观。

科学思维：学会比较分析需氧呼吸与厌氧呼吸的异同。

科学探究：尝试从线粒体的结构与功能的角度探究需氧呼吸的过程。

社会责任：运用呼吸作用的知识，分析与解决生活、生产实际中相关的问题。

【学情分析】

学生在初中已学过细胞呼吸的知识，虽然掌握的内容相对比较浅显，但也为本节课的学习打好了基础。教师可利用学生学过的这些知识进行设问，如呼吸作用的实质就是分解有机物、释放能量吗？教师可继续追问呼吸作用分解的是什么有机物，释放的是什么能量，在什么场所分解，如何释放，在无氧环境下又是如何分解、如何释放的，等等。通过问题串，让学生步步深入，最后达到理解细胞呼吸原理和本质的目的。

【重点、难点】

重点：需氧呼吸的场所和过程。

难点：需氧呼吸与厌氧呼吸的曲线。

【课前预习】

任务：明确细胞呼吸的概念和特点。

【教学过程】

1. 创设情境

以"葡萄糖里真的含有能量吗？"导入，演示"葡萄糖燃烧"的小实验，学生观看葡萄糖燃烧的现象，教师引导学生体会葡萄糖能够燃烧是因为它含有能量，燃烧的过程中化学能转化为光能和热能，剧烈的燃烧现象说明能量的快速释放。在燃烧勺上罩一个干燥的烧杯，杯壁上会有小水珠产生，说明葡萄糖燃烧后产生了水；在燃烧勺上罩一个杯壁涂有澄清石灰水的烧杯，瞬间还可看到杯壁浑浊的现象，说明燃烧的产物还有二氧化碳。

2. 需氧呼吸的过程

设置问题葡萄糖在细胞内是如何分解并释放能量的呢？引导学生对比体外燃烧的过程，推测需氧呼吸应该是个缓慢的过程（否则太热了，细胞受不了），在这个过程中化学能转变为热能和ATP。具体场所发生在细胞的什么位置？怎么缓慢地分解？

学习活动一：学生自学教材，了解线粒体的结构，并圈出线粒体各部分的结构名称，教师在黑板上通过板画边画边检验学生对各结构的认识。接着，教师提问：线粒体的哪些结构含有酶？（学生再次查阅教材，找出线粒体内膜和线粒体基质里含有酶，也暗示这是需氧呼吸的场所。）

学习活动二：教师先从人体细胞如何获得葡萄糖导入，引导学生边思考边回答，让学生勾勒出认知框架图：食物中的多糖经过消化分解，在小肠被吸收后进入血液，通过血液循环运输到每个细胞。

学习活动三：细胞如何分解葡萄糖获得能量呢？教师引导学生分析教材中的相关内容，让学生找关键词，熟悉反应过程。接着，边让学生复述边板书梳理需氧呼吸三个阶段的反应式，对丙酮酸、[H]、氧的作用和ATP的形成做重点讲解，讲清内涵，并引导学生对每个反应式配平，进行思维训练。

学习活动四：让学生利用几分钟时间记忆需氧呼吸过程，争取让学生当堂记住需氧呼吸过程，为课后减负。

学习活动五：根据板书的三个阶段的反应式总结出需氧呼吸总的反应式（方法是三个反应式左边相加，右边相加，丙酮酸和[H]左、右抵消掉，剩余的就是需氧呼吸总的反应式）。

3. 厌氧呼吸的过程

教师提问：在无氧条件下，细胞还能够通过分解葡萄糖释放能量吗？能不能长时间进行厌氧呼吸？为什么不同生物厌氧呼吸的方式不同？教师让学生阅读教材，自学厌氧呼吸过程，并提问：同样是分解葡萄糖，为何厌氧呼吸只能释放少量能量？（点明未分解的有机物中仍贮存着大量能量）教师归纳不同生物细胞呼吸的方式：需氧型的高等动植物以需氧呼吸为主，厌氧型微生物只进行厌氧呼吸（又叫作发酵），兼性厌氧型微生物细胞两种呼吸方式都有。

4. 需氧呼吸与厌氧呼吸的比较

先让学生思考：可以从哪些方面比较需氧呼吸与厌氧呼吸的不同特点？（学生很快想到从反应条件、反应场所、释放能量的多少等方面比较），让学生参考教材自己列表进行比较。

【巩固与拓展】

例：下列关于葡萄糖分解成丙酮酸过程的叙述，正确的是（　　　）。

A. 不产生二氧化碳　　　　　　B. 必须在有氧条件下进行

C. 能释放大量能量　　　　　　D. 反应速度不受温度的影响

参考答案：A

第四节　光合作用

【教学目标】

生命观念：叶绿体的类囊体中含有大量的色素，有利于吸收光能，这说明叶绿体的结构与功能相适应，从而明确生命的结构与功能观。

科学思维：通过叶绿体中色素吸收光能的演示实验，分析各种色素吸收的光谱，并尝试形成曲线图，培养学生数据分析的科学思维。

科学探究：在"活动：光合色素的提取与分离"实验中，学会实验方法，提高学生的探究能力。

社会责任：通过大棚种植果蔬的光照条件，明确知识要应用于实践，树立为社会服务的责任感。

【学情分析】

在初中阶段学生已经掌握了光合作用的基本过程，即无机物转变成有机物，光能转变成化学能，再加上前面所学的ATP、酶、细胞呼吸及叶绿体结构等，都已经为学生学习光合作用打下了良好的基础。但毕竟光合作用的过程复杂，概念众多，要想更好地理解光合作用的光反应与碳反应，还需要教师借助多媒体的动画演示，或让学生直接进行实验操作等手段，才能让学生真正地理解与掌握好这部分内容。为了能使学生更好地明确光反应的过程，理解光能与色素的关系及其作用，本节内容须通过实验让学生直接感知叶绿体中的色素。

【重点、难点】

重点：叶绿体中色素的种类和作用。

难点：色素的提取和分离。

【课前预习】

任务：了解自养生物和异养生物。

【教学过程】

通过色素分离的学生实验和演示实验，学习叶绿体的色素，并进一步学习叶绿体的结构。

1. 提出问题，引入课题

教师讲述：我们经常听到这样的一句话"万物生长靠太阳"。为什么这么说呢？请同学们观察以下数据：据统计，①地球表面上的绿色植物每年大约制造4.4×10^{11} t有机物；②地球表面上的绿色植物每年储存的能量约为$7.11 \times 1\ 018$ kJ，这个数字大约相当于24万个三门峡水电站每年所发出的电力，相当于人类在工业生产、日常生活和食物营养上所需能量的100倍。

教师提问：根据以上资料，我们可以得出什么结论？对绝大多数生物来说，活细胞所需能量的最终源头是什么？太阳的光能又是通过什么途径进入植物体？

2. 色素的分离实验

这里有老师课前准备的各种材料与器材，接下来我们一起来动手做"叶绿体中色素的提取与分离"这个实验。

由学生自学教材内容，两名学生合作一起做实验。实验后，学生一起探讨问题：

（1）在研磨时，除了绿色叶片，还需加入什么物质？分别有何作用？

（2）研磨时，为什么要做到迅速而充分？

（3）我们做了两种滤纸条：一种是剪去两个角的，一种则不剪去两个角。色素在滤纸条上的扩散有什么不同？剪去两个角的目的是什么？有同学把滤液细线浸入层析液中，会出现什么结果？为什么？通过探讨，学生能进一步明确实验的要求、目的及注意事项。

教师继续追问：既然绿叶中含有四种不同颜色的色素，那为什么我们所看到的叶子往往是绿色的呢？学生回答：绿叶中叶绿素的含量约占3/4，而类胡萝卜素约占1/4。

教师讲述：叶绿素含量较多是其中一方面的原因，另一个主要原因则是色素对不同波长的光的吸收是有差别的。由于叶绿素对绿光吸收最少，绿光被反射出来，叶片呈现绿色。那么，这四种色素主要吸收哪些波长的光呢？我们来看看以下的实验。

3. 演示实验A

（1）利用投影仪的光源和三棱镜，可看到清晰的七色光谱的可见光。

（2）将已制备好的新鲜菠菜色素滤液（滤液中的色素主要是叶绿素）倒入培养皿中（薄薄的一层），将培养皿放在投影仪的光源和三棱镜之间，让学生观察光谱区的变化。

教师提问：通过以上实验，我们可以发现当叶绿素提取液放在光源与三棱镜之间时，光谱区出现什么样的变化？为什么会这样？从中我们可以得出什么结论？师生一起总结，得出结论。

4. 演示实验B

（1）利用投影仪的光源和三棱镜，可看到清晰的七色光谱可见光。

（2）将已制备好的新鲜的胡萝卜素提取液（取胡萝卜，制取滤液，滤液中的色素多数是类胡萝卜素），将提取液倒入培养皿中（薄薄的一层），将培养皿放在投影仪的光源和三棱镜之间，让学生观察光谱区的变化。

教师提问：通过这个实验，我们可以发现光谱区出现了什么变化？又说明什么结论？教师显示叶绿素和类胡萝卜素的吸收光图谱，并进述：人们用更加精密的仪器测定得知，类胡萝卜素主要吸收蓝紫光，叶绿素主要吸收红光和蓝紫光。让学生思考问题：根据不同色素对不同波长的光的吸收特点，想一想温室或大棚种植蔬菜时，应选择什么颜色的玻璃、塑料薄膜或补充光源？

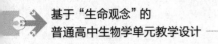

5. 复习叶绿体的结构

教师讲述：现在我们已经知道绿叶中含有四种色素，那么，这些色素分布在细胞中的哪些部位呢？直到1865年，德国植物学家萨克斯研究叶绿素光合作用的功能时，发现叶绿素并非普遍分布在植物的整个细胞中，而是集中在一个个更小的结构里，后来人们称之为叶绿体。1880年，德国科学家恩格尔曼用水绵做实验材料进行光合作用的实验，发现了叶绿体是光合作用的场所。那么，叶绿体的结构如何？它又有哪些结构特点是与作为光合作用场所相适应的呢？首先让我们回忆一下哪些细胞才含有叶绿体？叶绿体的形状是怎样的？让学生思考并回答。

教师讲述：叶绿体可以根据光照的强弱来改变自己的方向，如外界光照较强，叶绿体则以侧面接受光照；如果外界光照较弱则以正面接受光照。现在同学们再回忆一下所学过的叶绿体，说出它由哪些结构组成。在学生回答的基础上，教师再强调：叶绿体的外表有双层膜，双层膜是一种透明膜。叶绿体内部有许多基粒，基粒与基粒之间充满了基质。每个基粒都是由一个个圆饼状的囊状结构堆叠而成的，这些囊状结构称为类囊体。吸收光能的四种色素就分布在类囊体的薄膜上。每个基粒都含有2个以上的类囊体，多者可达100个。据计算，1 g菠菜叶片中的类囊体的总面积竟达60 m²左右。同学们思考一下，叶绿体内有如此多的基粒和类囊体，有什么作用？最后得出结论：叶绿体中除含有吸收光能的四种色素，还含有光合作用所需要的酶，这些结构与成分都是与光合作用的整个过程密切相关的。

6. 课堂小结，导出光合作用反应式

光合作用总反应式：

$$6CO_2+6H_2O \xrightarrow{\text{酶}} C_6H_{12}O_6+6O_2$$

【巩固与拓展】

例：在光合作用过程中，光反应将H_2O分解成氢和O_2，碳反应中将二氧化碳还原为糖类。这两个过程所需的能量分别来自（　　　）。

A. 细胞呼吸产生的ATP和光能

B. 都是细胞呼吸产生的ATP

C. 光能和光反应生成的ATP和NADPH

D. 细胞呼吸产生的ATP和光反应生成的ATP

参考答案：C

【教学目标】

生命观念：简述光合作用的过程，明确在无机物合成有机物的过程中，光能转变成化学能，从中感悟光合作用中的物质与能量观。

科学思维：通过读图来归纳、建构光合作用核心知识，并掌握这种构建的方法。

科学探究：通过设置问题情境，启发学生自主探索，培养学生的探究能力。

社会责任：从光合作用过程的发现史，感受科学家的科研精神。

【学情分析】

光合作用是一个比较复杂的过程，从表面上看，光合作用的总反应式似乎是一个简单的氧化还原过程（二氧化碳被还原成糖类，水被氧化成氧气），但实质上包括一系列的物质、能量的转变问题。光反应和碳反应过程的物质变化和能量转化比较抽象，是理解光合作用实质、探究影响光合作用的环境因素的基础。因此，光合作用的过程是本节内容的重点和难点，也是整个高中生物学的重点和难点。

学生在初中时已经学习了细胞的类型与结构，知道叶绿体是进行光合作用的场所，对光合作用已经具有粗浅的了解和初步的基础。但在这一节知识中，既有微观分子水平上（色素、光合作用的过程、实质等）的知识，又有宏观上的知识（光合作用的意义），而光合作用的过程很抽象，学生在学习时还是会有一定的困难。故在教学中，应该重点启发学生进行自主探索，通过设置适当的问题激发学生的学习兴趣，培养学生分析、归纳、概括的能力。

【重点、难点】

重点：光合作用的过程和实质，光反应过程和碳反应过程的区别和联系。

难点：光反应、碳反应过程中物质和能量的转变过程。

【课前预习】

任务：预习光合作用过程。

【教学过程】

1. 回忆细胞结构，导入新课

课件展示：多媒体课件展示叶绿体亚显微结构示意图。复习提问：①这是什么结构，其主要功能是什么？②叶绿体类囊体和基质中都含有哪些物质？③叶绿体作为光合作用的场所，有着怎样一个与功能相适应的膜结构特点？引导学生回忆并识图。

2. 光合作用概念

请同学们阅读教材P85的相关内容，概括总结光合作用的概念，并且请用一个化学反应式来表示。学生在黑板上书写：

$$6CO_2+6H_2O \xrightarrow{\text{酶}} C_6H_{12}O_6+6O_2$$

（若不正确，可以通过师生共同讨论来确定。）

通过反应式分析物质是怎样转化的。此反应式是一个总反应式，只写出了最初的反应物和最终的产物，其中很多的中间反应物和中间产物都没有表示。以问题"这一系列复杂的化学反应是怎样进行的呢？"过渡到本节课的主题——光合作用的过程。

3. 光合作用概述

课件展示：播放光合作用全过程的Flash动画，并说明根据反应过程是否直接需要光能，将光合作用分为光反应和碳反应两个阶段。

（1）光反应

让学生自主阅读教材P90光反应内容，完成学案相应内容，思考并讨论问题：①光反应的场所在哪里？②光反应的条件是什么？③光反应中物质变化和能量变化是怎样的？

多媒体课件展示光反应的物质变化动态图。教师边分析归纳边点评学生答案：

①场所：叶绿体类囊体膜上。②物质变化：一是水在光的作用下裂解为H^+、O_2和电子，二是光能被吸收并转化为ATP中的化学能；三是水中的氢

（$H^+ + e^-$）在光的作用下将$NADP^+$还原为NADPH。③能量变化：光能 → ATP、NADPH中活跃的化学能。

（2）碳反应

让学生自主阅读教材P92~93碳反应内容，完成学案相应内容，思考并讨论问题：①碳反应的场所在哪里？②碳反应的条件是什么？③碳反应中物质变化和能量变化是怎样的？

多媒体课件展示碳反应的物质变化动态图。教师边分析归纳边点评学生答案：

①场所：叶绿体基质；②物质变化：一是CO_2的固定，二是三碳酸的还原，三是RuBP（二磷酸核酮糖）的再生；③能量变化：ATP、NADPH中活跃的化学能→三碳糖中稳定的化学能。

教师提问：生成的三碳糖中，有多少用于RuBP的再生？又有多少离开卡尔文循环（光合碳循环）？师生一起分析：生成的两个三碳糖分子，若各有一个分别用于RuBP的再生和离开卡尔文循环，不满足碳原子守恒原理。因此，每三个二氧化碳分子进入卡尔文循环，就形成六分子三碳糖，其中五个三碳糖分子在卡尔文循环中经过一系列复杂变化再生为RuBP，以保证卡尔文循环继续进行，一个三碳糖分子则离开卡尔文循环。

4. 课堂小结

播放Flash动画：光合作用全过程。

5. 小组学习，总结提升

布置任务：光反应和碳反应有哪些区别与联系？

课件展示：展示光反应和碳反应比较的表格，展示各个小组的比较结果，给予评价。

6. 回扣主题

教师多媒体课件展示课堂上最初写的光合作用总反应式，并提问：上述反应式体现的物质变化对吗？（提示：可从氧元素的来源与去路考虑）师生一起完善原来的反应式。教师继续提问：从反应式中归纳出光合作用的实质是什么？（提示：从物质转换和能量变化角度考虑）

7. 课堂总结

总结本节课的知识点，构建知识体系。

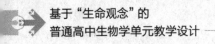

8. 问题研讨

光合作用过程中突然中断光照，三碳酸与RuBP含量会发生什么变化？光合作用过程中突然中断CO_2，三碳酸与RuBP的含量又会发生什么变化？先让学生合作讨论，再一起分析得出结论。

【巩固与拓展】

例：科学家用$^{14}CO_2$来追踪光合作用过程中碳原子的去向，发现碳原子的转移途径为（　　　　）

A. $^{14}CO_2 \rightarrow$ 叶绿素 $\rightarrow$ ADP

B. $^{14}CO_2 \rightarrow$ 叶绿体 $\rightarrow$ ATP

C. $^{14}CO_2 \rightarrow$ 乙醇 $\rightarrow$ 糖类

D. $^{14}CO_2 \rightarrow$ 三碳酸 $\rightarrow$ 糖类

参考答案：D

第**③**课时

【教学目标】

生命观念：尝试探究影响光合作用速率的三大环境因素，理解生命对环境的适应性。

科学思维：学会构建"光照强度、CO_2浓度与光合速率关系"的数学模型（绘制坐标曲线图）。

科学探究：参与"活动：探究影响光合速率的因素"，体验探究过程，提高学生的探究能力。

社会责任：从影响光合速率的因素中，明确提高作物产量的方法与措施，尝试为生产劳动服务。

【学情分析】

"环境因素对光合速率的影响"是高中生物学必修1"分子与细胞"第三章第五节最后的内容。本节课是对"光合作用"知识的再认识、再运用，既是理论联系实际的具体体现，也是历年高考必然涉及的重要主干知识。由于这部分知识综合性较强，学生普遍反映难度较大。为此，在教学中，教师要善于设置问题，由浅入深，引导学生运用好相关概念与知识，深入剖析，做到举一反三、融会贯通。

【重点、难点】

重点：尝试探究光照强度对光合速率的影响，构建相应的数学模型。

难点：构建光照强度、CO_2浓度与光合速率关系的数学模型（绘制坐标曲线图）。

【课前预习】

预习教材，分别了解光照强度、CO_2浓度、温度对光合作用的影响。

【教学过程】

1. 创设情境，引入新课

教师播放一段全球粮食危机的视频，引导学生思考解决粮食危机、提高粮食产量的措施有哪些？学生讨论并回答：及时灌溉、适时施肥、合理密植、一年多熟等。

教师总结：这些措施的根本目的都是为了提高光合速率。光合速率指的是什么？哪些因素会影响光合速率？今天我们一起来学习新课"环境因素对光合速率的影响"。

2. 光合速率的概念及表示方法

指导学生自主阅读教材P95最后一段文字，简述光合速率的概念，要求思考回答光合速率的表示方法。课件展示：

（1）概念：光合速率指光合作用的强弱，也称"光合强度"。光合速率可以通过测定一段时间内原料消耗或产物生成的数量来定量地表示。

（2）表示方法：①单位时间内光合作用制造有机物的数量；②单位时间内光合作用释放O_2的量；③单位时间内光合作用吸收CO_2的量。

3. 影响光合速率的三大环境因素

教师提问：影响光合速率的环境因素有哪些呢？学生思考和短暂小议后回答。教师评价并补充学生的回答：光照强度、CO_2浓度、温度是影响光合速率的三大环境因素。此外，含水量、矿质元素、叶龄等也影响着光合速率。

（1）光照强度对光合速率的影响

让学生自主阅读教材P94中的"探究环境因素对光合速率的影响"，分步思考本实验的原理是什么？自变量是什么？如何设置自变量？因变量是什么？因变量是如何观测的？学生带着疑问观看教学视频，教师提问学生，适度评价。

课件展示：

实验原理：叶片在正常情况下，组织细胞间隙中充满了空气；可采用真空渗入法排除间隙内的空气，充以水分，使叶片沉于水中；在光合作用过程中，利用不断产生的氧气在细胞间隙中的积累，致使下沉的叶片又逐渐上浮。

跟踪练习一：明白了这个原理之后，我们来做个练习。

生长旺盛的叶片，剪成5 mm见方的小块，抽去叶内气体，做下列处理（见图3-4-1）。这四个处理中，沉入底部的叶片小块最先浮起的是（　　）。

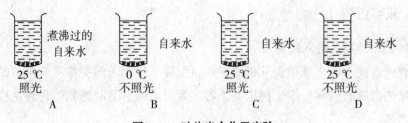

图3-4-1 叶片光合作用实验

答案：C

教师总结：叶片小块需进行光合作用才会浮起，此过程需要光照、适宜的温度、CO_2、H_2O等条件。

课件分步展示：

自变量：光照强度。设置方法：调节台灯与实验装置间的距离或改变灯的瓦数。

因变量：光合速率。观测指标：观测同一时间段被抽去空气的小圆叶片上浮数量。

提示学生细致观察实验结果，学生回答：距离越远，小叶片浮起的数量越少；距离越近，小叶片浮起的数量越多。教师补充：前提条件是在相同的光照强度下，相同时间内观察。

教师提问：那么我们由这个实验结果可以得到什么结论呢？学生回答：光照强度增大，光合速率随着增强。

教师总结：光合速率受光照强度的影响，在一定光照强度范围内，随着光照强度的升高，光合速率逐渐增强。

实验并进一步探究：这个实验是否完美，有没有需要改进的地方？提示学生，白炽灯会产生热量，是否对烧杯内水温产生影响？学生思考后回答：可以在白炽灯和烧杯之间放置一玻璃水柱，吸收热量，防止温度对实验造成干扰。也可以使用冷光源。

教师引导学生构建光照强弱对光合速率影响的曲线图（横坐标用光照强度表示，纵坐标用CO_2吸收量和释放量来表示光合速率），启发学生对曲线图进行分析。明确几个关键点（如光补偿点、光饱和点）与曲线的趋势。

跟踪训练二：光合作用双峰曲线问题（见图3-4-2）的讨论。

师生共同分析为什么7~10 h光合速率不断增强，12 h左右光合速率明显减弱，14~17 h光合速率不断下降？重点讲清：

7~10 h：在其他条件一定的情况下，光合速率随光照增强而增强。C点（午休现象）：温度很高，蒸腾作用很强，气孔大量关闭，CO_2供应减少，导致光合速率明显减弱。14~17 h：光照减弱，光合速率下降。

进一步探究：B、D两点光合速率都达到了峰值，但D点相对较低，尝试分析其原因。

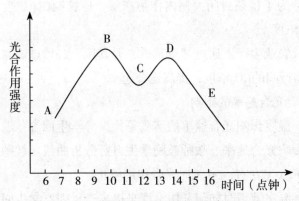

图3-4-2 光合作用双峰曲线

引导学生分析：D点所在的时刻气温继续升高，植物细胞呼吸加强，细胞呼吸消耗有机物增多，因此，D点的净光合速率小于B点。同种植物光合作用的最适温度略小于细胞呼吸的最适温度3~5 ℃。

（2）CO_2浓度对光合速率的影响

启发学生根据光照强度影响光合速率的分析思路，尝试完成CO_2浓度对光合速率影响的曲线绘制，并简要解释。要求学生重点分析曲线上的起点、交点和转折点，强调"最适CO_2浓度""在一定范围内……"等表述。

跟踪训练三：（见图3-4-3）为了提高封闭大棚内作物产量，棚内人工释放CO_2应控制在下图中的哪一点？（　　　）

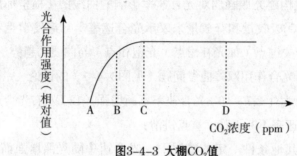

图3-4-3 大棚CO_2值

A. A点　　　　　　　　　　　　B. B点

C. C点　　　　　　　　　　　　D. D点

答案：C

教师分析：为了提高封闭大棚内作物产量，应控制CO_2浓度为光合速率最大时的CO_2最低浓度。

简要说明：农业生产上通过"正其行，通其风"、增施农家肥等措施，可以适当增大植物行间的CO_2浓度，提高光合速率。

（3）温度对光合速率的影响

教师提问：温度影响光合速率的实质是什么？学生回答：温度主要通过影响酶的活性来影响光合速率。教师鼓励学生自行分析曲线。教师补充：光合作用的最适温度在35℃左右，50℃时光合作用停止。

教师提问：温室栽培时如何利用温度来提高产量呢？学生回答：白天调到光合作用的最适温度，增加有机物积累。晚上适当降低温度，减少有机物的消耗。教师总结：温室栽培可增大昼夜温差，使有机物多多积累。

跟踪训练四：我国青藏高原农区的小麦产量高，新疆、甘肃等地产的瓜果特别甜，其主要原因是（　　　）。

A. 日照较强，昼夜温差较大　　　　　B. 风力较强，CO_2浓度较高

C. 日照充足，雨量比较充沛　　　　　D. 气温偏低，水分蒸发较少

答案：A

4. 课堂小结

本节课，我们共同探究了影响光合速率的三大因素（光照强度、CO_2浓度、温度），重点讨论了光照强度对光合速率的影响问题，同学们也多次成功地建立了有关数学模型（曲线图的绘制）。希望通过这节课的学习，同学们可以对影响光合速率的三大环境因素有更深刻的认识。课后，同学们可以继续探讨其他因素对光合速率的影响。

【巩固与拓展】

例：下列关于植物光合作用和细胞呼吸的叙述，正确的是（　　　）。

A. 绿色植物在黑暗条件下不合成有机物

B. 叶肉细胞在有光或无光条件下均能产生CO_2和消耗ATP

C. 用纤维素酶处理后的植物细胞不发生渗透作用

D. 松土能促进根系吸收有机肥料，提高农作物的产量

参考答案：C

单元四：生命的发展观

单元概述

    生命有别于非生命的最大不同还在于通过种的延续促使生命不断发展、不断进化。为了维持物种的稳定性，这种延续体现出自我复制的现象：从DNA分子的复制，到细胞的分裂，再到个体的繁殖，无一不体现出"原体"与"复制体"的相似性，而阐明这种机理的相关内容在高中生物教材中主要有DNA的结构与功能、细胞的分裂与分化，生物的遗传、生物的变异等知识。为此，在单元设计时，我们从四个章节进行教学，分别是：

    第四章"DNA的结构与功能"。该内容属于必修2"遗传与进化"模块的第三章《遗传的分子基础》。本章内容既是必修1模块"分子与细胞"中涉及的核酸与蛋白质内容的深入，又为后面"生物的变异"等内容的学习提供了基础，可谓是起到承上启下的作用。

    第五章"细胞的分裂与分化"。该内容既涉及必修1"分子与细胞"模块中的第四章《细胞的增殖与分化》，也涉及必修2"遗传与进化"模块中的第二章《染色体与遗传》的部分内容。通过有丝分裂的学习，让学生明确染色体均等分裂的意义；通过减数分裂的学习，也进一步明确细胞分裂在保持生物体不同世代间的染色体数目恒定上所发挥的重要作用。

    第六章"生物的遗传"。该内容涉及必修2"遗传与进化"模块的第一章《孟德尔定律》、第二章《染色体与遗传》的部分内容和第六章的《遗传与人类健康》。其中两大遗传规律的学习，为后面"伴性遗传""生物变异"和"杂交育种"等知识的学习提供了良好的认知基础。

    第七章"生物的变异"。该内容属于必修2"遗传与进化"模块的第四章，包括了三种可遗传的变异，从分子水平的"基因重组""基因突变"到细胞水平的"染色体畸变"，分别从概念、分类、意义、特点等方面进行系统阐述。同时密切联系生产实际，引导学生尝试解决现实生活中的相关问题。基于以上分析，整个单元的教学安排见下表。

"生命的发展观"单元的教学安排

第四章　DNA的结构与功能

分节	名称	教学要求	课时
第一节	核酸是遗传物质的证据	1.概述噬菌体侵染细菌的过程。 2.概述肺炎双球菌的转化实验。 3.简述烟草花叶病毒的感染和重建实验	2
第二节	DNA的分子结构和特点	1.简述核酸的分子组成，概述DNA分子结构及其特点。 2.制作DNA双螺旋结构模型	2
第三节	遗传信息的传递	1.概述DNA分子的复制。 2.探究DNA的复制过程	1
第四节	遗传信息的表达——RNA和蛋白质的合成	1.列举DNA的功能，比较DNA与RNA的异同。 2.概述遗传信息的转录和翻译过程。 3.概述基因的概念	3

第五章　细胞的分裂与分化

分节	名称	教学要求	课时
第一节	细胞的增殖	1.简述细胞周期的概念，概述细胞有丝分裂的过程。 2.制作并观察植物细胞有丝分裂的临时装片	3
第二节	细胞的分化	1.举例说明细胞分化的概念和生物学意义，说出癌细胞的主要特征。 2.通过公共信息资源收集有关恶性肿瘤防治的资料	1
第三节	细胞的衰老与凋亡	1.描述细胞衰老的特征。 2.简述细胞的衰老和凋亡是细胞生命活动的正常现象	1
第四节	减数分裂	1.简述染色体形态、结构，概述减数分裂过程中的染色体行为、数目，概述精子、卵细胞的产生和受精过程。 2.制作减数分裂的模型，绘制减数分裂各时期的细胞简图。 3.比较减数分裂与有丝分裂的异同	3

续 表

第六章 生物的遗传			
分 节	名 称	教学要求	课 时
第一节	分离定律	1.概述一对相对性状的杂交实验、对分离现象的解释和分离假设的验证。 2.分析孟德尔遗传实验的过程与结果。 3.模拟孟德尔杂交实验	3
第二节	自由组合定律	1.概述两对相对性状的杂交实验、对自由组合现象的解释和自由组合现象解释的验证。 2.尝试进行杂交实验的设计	4
第三节	遗传的染色体学说	1.说出遗传的染色体学说。 2.用遗传的染色体学说解释孟德尔定律	1
第四节	性染色体与伴性遗传	1.举例说出染色体组型的概念。 2.辨别常染色体与性染色体；举例说明X型、Y型性别决定	2
第五节	人类遗传病与优生	1.辨别人类遗传病的类型（单基因病、多基因病和染色体病）。 2.简述遗传咨询的程序，列举优生的主要措施	2
第七章 生物的变异			
分 节	名 称	教学要求	课 时
第一节	生物变异的来源	1.举例说出基因重组及其意义，举例说明基因突变的特征和原因。 2.举例说出染色体结构变异和数目变异	4
第二节	生物变异在生产上的应用	1.简述杂交育种的过程，说出人工诱变的方法和诱变育种的主要特点；举例说出单倍体育种和多倍体育种的过程与特点。 2.列举转基因技术及其应用	2

第四章 DNA的结构与功能

第一节 核酸是遗传物质的证据

【教学目标】

生命观念：通过科学家探究遗传物质的发现史，明白生命物质的独特性，认同生命的物质观。

科学思维：理性分析遗传物质的特点，建构肺炎双球菌转化实验的情境模型，分析实验结果，得出科学结论。

科学探究：探讨设计肺炎双球菌转化实验的程序，感悟科学家合理的科学探究思路。

社会责任：学习科学家在探索遗传物质的过程中所体现出的求实态度与奉献精神。

【学情分析】

学生在必修1"分子与细胞"模块中已学习了核酸、蛋白质、糖类等生命物质，对细胞中的有机物质有了一定的认识。同时通过对原核细胞的学习，也大致清楚了肺炎双球菌的结构，这些都将是学生学习这部分内容的基础。但由于本节课的内容主要是实验介绍，对学生来说比较抽象，再加上每个实验的过程不同、结论有异，学生很容易混淆。还有DNA的结构与功能还没有学习，所以遗传物质表现出来的特点，学生并不能完全理解。因此，在教学时，教师要善于通过各种情境设计，引导学生去思考，并适时点拨与总结归纳，有效地落实教学的重点与难点。

【重点、难点】

重点：肺炎双球菌转化实验的原理和过程。

难点：肺炎双球菌转化实验的设计思路、过程及实验结论的推导。

【课前预习】

任务：请从前面所学的内容中，说明细胞内哪种结构可能与生物遗传有关？试从所学章节内容中举例说明。

【教学过程】

1. 情境导入

教师提问：作为遗传物质应具备哪些特点？下面先阅读几个资料（课件展示）。

资料一：19世纪中期，孟德尔通过豌豆实验证明了生物的性状是由遗传因子（基因）所控制的。

资料二：20世纪初期，摩尔根通过果蝇实验证明了基因位于染色体上。

资料三：20世纪中期，科学家发现染色体的主要成分是蛋白质和DNA。

师生讨论得出遗传物质的特点：

（1）分子结构相对稳定。（贮存遗传信息）

（2）通过自我复制使前后代保持连续性。（传递遗传信息）

（3）通过指导蛋白质合成控制生物性状。（表达遗传信息）

（4）引起生物遗传的变异。（改变遗传信息）

2. 问题情境展开

教师讲述并设问：从生命科学发展史来看，我们已观察到染色体上的某种物质与遗传有关。当时科学家并不清楚哪一种是遗传物质，想通过实验来验证，同学们认为应该如何去设计实验？思路是什么？学生讨论归纳总结：设计实验的基本思路是设法将DNA与蛋白质分开，单独研究它们各自的功能。

（1）肺炎双球菌活体转化实验

1928年，英国科学家格里菲斯用肺炎双球菌在小鼠身上进行转化实验。教师介绍肺炎双球菌（课件展示）：

S型细菌：S型细菌的菌落光滑，菌体有多糖类的胶状荚膜，是有毒性的球型菌，能使人患肺炎或使小鼠患败血症。它通常不能被宿主的正常防御机制破坏，因而造成宿主感染。

R型细菌：R型细菌的菌落粗糙，菌体无荚膜，是无毒性的细菌。

展示肺炎双球菌体内转化实验动画课件：

A组：给小鼠注射R型活菌，小鼠不死亡。B组：将有毒性的S型活菌注射到小鼠体内，小鼠死亡。C组：将加热杀死后的S型活菌注射到小鼠体内，小鼠不死亡。D组：将加热杀死后的S型活菌和R型活菌混合注射到小鼠体内，小鼠死亡。

师生一起围绕下列问题进行讨论。

问题1：实验先进行A、B、C三组的目的是什么？可否直接进行D组？学生回答：A、B、C三组起对照作用，证明R型细菌和S型细菌的作用，同时可排除小鼠死亡的其他原因。因此，不能直接进行D组。

问题2：用对照实验的"自变量—因变量关系法"，分析A、B两组说明什么？B、C两组说明什么？C、D两组说明什么？

教师讲述："自变量—因变量关系法"就是根据实验中自变量导致因变量不同的实验结果进行结论性表述。A、B两组说明了R型细菌不致死性，S型细菌具有致死性；B、C两组说明了加热杀死的S型细菌不具有致死性；C、D组说明了R型活细菌与S型死细菌混合培养后产生了S型活细菌，并且这种转化的性状可以遗传。

教师提问：该实验有无证明DNA是遗传物质？学生回答：没有，不能证明DNA是遗传物质。教师继续追问：实验结论是什么？学生讨论总结后答：S型细菌中有一种转化因子能使R型活细菌转化为S型活细菌。

（2）肺炎双球菌离体转化实验

1944年，美国科学家艾弗里和他的同事进行了确定转化因子的实验，并获得了成功。

实验思路：设法将各种物质分开，单独观察它们的作用。课件展示实验过程，再利用"自变量—因变量关系法"来展开以下讨论：

① 实验过程中每个步骤分别说明了什么？答案要点：实验过程说明了从S型细菌提取的多糖、脂质、蛋白质、RNA，不会使R型活细菌转化；同时也说明了从S型细菌提取的DNA使少数R型活细菌转化为S型活细菌，转化成的S型细菌具有遗传性。

② 艾弗里等人发现，实验步骤并不严谨，仍不足以完全说明DNA是转化因子即遗传物质，为此他们又设计了用DNA酶处理DNA，使其水解，结果在培养R型活细菌的培养基中没有发现S型细菌。这组实验的必要性是什么？答案要点：这组实验的必要性在于DNA本身，而不是DNA的碎片或化学组成单位使细菌发生了转化。实验设计时，可以从多个角度去设置自变量，使实验结论更有效、更有说服力。

③ 以上实验结论是什么？答案要点：能证明DNA是转化因子，即遗传物质；同时也证明了蛋白质等其他物质不是遗传物质。

④ 能否证明DNA是主要遗传物质？答案要点：不能。因为没有涉及更多的生物。

教师总结讲述：通过刚才的实验分析，我们初步认定了DNA是遗传物质。但这里存在着不完满的地方。当时有人提出质疑，说S型细菌的结构相对复杂，在物质分离时难以做到纯度100%，对实验结果会有所影响。之后科学家们继续寻找更加可靠的实验材料进行研究。1952年，赫尔希和蔡斯设计了一个巧妙的实验，请大家先进行预习，我们下节课做进一步实验探究。

【巩固与拓展】

例：某研究人员模拟肺炎双球菌转化实验，进行了以下四个实验：①S型细菌的DNA+DNA酶—加入R型细菌—注射入小鼠体内；②R型细菌的DNA+DNA酶—加入S型细菌—注射入小鼠体内；③R型细菌+DNA酶—高温加热后冷却—加入S型细菌的DNA—注射入小鼠体内；④S型细菌+DNA酶—高温加热后冷却—加入R型细菌的DNA—注射入小鼠体内。以上四个实验中小鼠存活情况依次是（　　）。

A.存活、存活、存活、死亡

B.存活、死亡、存活、死亡

C.死亡、死亡、存活、存活

D.存活、死亡、存活、存活

参考答案：D

第❷课时

【教学目标】

生命观念：通过噬菌体侵染细菌的实验，了解病毒的结构与特点，感受生命的严谨性与复杂性。

科学思维：用质疑批判的思维去理解实验改进的必要性和严谨性，梳理与总结出遗传物质的基本特点。

科学探究：基于噬菌体侵染细菌实验和烟草花叶病毒重建实验的探索，了解实验探究的方法，进一步明确生命延续的本质。

社会责任：通过寻找遗传物质证据的各种实验过程，学习科学家严谨细致的工作作风以及对真理不懈追求的科学精神。

【学情分析】

学生已学习了肺炎双球菌的活体转化与离体转化实验，明确了探索遗传物质的实验思路。通过对肺炎双球菌离体转化实验的质疑，引申出更加精确的探究实验：噬菌体侵染细菌实验。这样自然就过渡到本课时的学习，这是学生思维与探究的延续。

【重点、难点】

重点：噬菌体侵染细菌实验的过程，烟草花叶病毒感染与重建的实验过程。

难点：噬菌体侵染细菌实验过程中对同位素示踪的检测及结论推导，烟草花叶病毒感染与重建实验的结论理解。

【课前预习】

任务：布置学生网络检索同位素示踪的原理与标记方法，课堂交流用。

【教学过程】

1. 新课导入

教师提问：上节课，老师曾经给同学们留下一个悬念。为了证明遗传物质是DNA还是蛋白质，通过肺炎双球菌的离体转化实验来证明，大家觉得这个结论可信吗？（有问题）可能的问题在哪儿？（肺炎双球菌结构复杂，分离物质时纯度不够，难以做到单独观察各种物质的作用）所以这节课我们来展示更加能说明结论的另一个实验：噬菌体侵染细菌实验。

2. 问题的深入探讨一：噬菌体侵染细菌的实验

介绍噬菌体。课件显示噬菌体结构，指明各结构的物质成分；课件显示噬菌体侵染细菌动画，让学生感知噬菌体如何繁殖子代。同时强调，噬菌体的外壳没有进入细菌体内。合成子代噬菌体的原料均来自大肠杆菌。

1952年，赫尔希和蔡斯设计了一个巧妙的实验。实验步骤见表4-1-1。（课件展示表格）

表4-1-1　噬菌体浸染细菌实验

实验过程				
组　别	标　记	侵　染	搅拌与离心	结　果
第一组	用^{35}S标记噬菌体	用被标记的两种噬菌体分别去侵染未被标记的细菌	上清液的放射性很高，沉淀物的放射性很低	细菌内新形成的噬菌体中没有检测到^{35}S
第二组	用^{32}P标记噬菌体		上清液的放射性很低，沉淀物的放射性很高	细菌内新形成的噬菌体中检测到^{32}P

师生围绕实验展开以下几方面的探讨：

（1）同位素示踪对元素有什么要求？标记蛋白质用何种元素？标记DNA用何种元素？答案要点：标记在所跟踪物质的特有元素上。蛋白质与DNA有区别的元素是S与P，所以用同位素^{35}S来标记蛋白质，用同位素^{32}P标记DNA分子。

（2）怎样将放射性元素标记在噬菌体上？答案要点：病毒没有独立生活能力，故不能将噬菌体单独培养在含有S或P物质的培养基中。具体方法是：先用含^{35}S或^{32}P物质的培养基培养大肠杆菌，使大肠杆菌被标记，然后让噬菌体去侵染被标记的大肠杆菌，这样子代噬菌体会带上放射性元素。

（3）第一组：用^{35}S标记噬菌体的放射性跟踪情况。要求学生思考以下问题：①实验中搅拌的目的是什么？答案要点：分离亲代噬菌体的外壳与大肠杆菌。②实验中离心的目的是什么？答案要点：使脱落的噬菌体蛋白质外壳（轻）与大肠杆菌（重）分离成上清液与沉淀物。③理想状态下，上清液与沉淀物中放射性物质的含量是如何的？答案要点：上清液（含噬菌体的蛋白质外壳）有放射性，沉淀物（大肠杆菌包含子代噬菌体，还没释放出去）没有放射性。④实际观察到的是上清液中放射性物质含量高，沉淀物中放射性物质含量低，怎么解释？答案要点：沉淀物中放射性物质含量低的原因是：可能搅拌不彻底，部分带有放射性物质的外壳被带到了沉淀物中。

（4）第二组：用^{32}P标记的噬菌体放射性跟踪情况。要求学生思考并分析以下问题：①理想状况下，离心后放射性物质的分布情况是怎样的？答案要点：上清液中无放射性物质，沉淀物中有放射性物质。②实际观察到上清液中放射性物质含量低，沉淀物中放射性物质含量高，原因是什么？答案要点：上清液中放射性物质含量低的原因是部分被标记的亲代噬菌体未侵染大肠杆菌；或大肠杆菌已裂解，过早地释放出了子代噬菌体。③由此可见，本实验中保温的时间应是多少？答案要点：子代噬菌体已形成但未离开大肠杆菌，即没有完成释放。

教师总结设问：通过以上探究，我们可以得出怎样的实验结论？学生回答：DNA是遗传物质。教师追问：能否说明蛋白质不是遗传物质？学生讨论后总结：不能。因为蛋白质外壳没有进入细菌体内，观察不到它的作用。

3. 问题的深入探讨二：烟草花叶病毒的感染和重建实验

教师讲述：我们讨论的上述生物都是含DNA的生物。自然界生物中如果不含DNA分子时，它的遗传物质又是什么？下面我们来研究一下烟草花叶病毒。

课件展示：烟草感染烟草花叶病毒后的各种花叶病斑、烟草花叶病毒结构。

（1）病毒感染实验

烟草花叶病毒（简称TMV）的基本成分是蛋白质和RNA。1957年，格勒和施拉姆做了如下实验：①用石碳酸处理这种病毒，把蛋白质去掉，只留下RNA，再将RNA接种到正常的烟草上，结果发生了花叶病；②如果用蛋白质侵染正常烟草，则不发生花叶病。此实验的结论是什么？学生回答：RNA是遗传物质，蛋白质不是遗传物质。

（2）烟草花叶病毒重建实验

课件展示资料：有人将车前草病毒（HRV）与烟草花叶病毒的RNA和蛋白质分离、组合，分别进行实验。①用车前草病毒与烟草花叶病毒分别感染烟草；②用烟草花叶病毒的蛋白质外壳去侵染烟草叶片；③用车前草病毒的RNA去侵染烟草叶片；④将车前草病毒的RNA与烟草花叶病毒的蛋白质结合在一起，形成一个类似"杂种"的新品系，用它进行侵染实验。

问题1：根据所学知识分析实验过程每一步的结果是什么？要求学生画示

意图。讲解分析如下：蛋白质不是遗传物质，用其单独侵染不会使烟草叶片致病；用车前草病毒的RNA去侵染烟草叶片，则RNA会在寄主细胞中复制并产生大量车前草病毒，使烟草叶片致病；用"杂种"病毒侵染烟草，烟草叶片致病。

问题2：烟草感染上述重组后的病毒后的病斑如何？请画图。综上实验，所得结论是什么？学生回答：RNA生物的遗传物质是RNA。

问题3：结合格里菲斯、艾弗里、赫尔希与格勒等人的实验，分析不同生物的遗传物质是什么？师生分析讨论，总结：对于具有DNA的生物体（包括真核细胞、原核细胞和只有DNA的病毒），以DNA为遗传物质；对于只含有RNA的病毒来说，RNA是遗传物质。所以说，绝大多数生物的遗传物质是DNA，少数是RNA。结论：DNA是主要的遗传物质。

【巩固与拓展】

例：如果用^{15}N、^{32}P共同标记噬菌体后，让其侵染用^{35}S、^{14}C标记的大肠杆菌，在产生的子代噬菌体中，能够找到的标记元素为（　　　）。

A. 在外壳中找到^{14}C和^{35}S、^{32}P

B. 在DNA中找到^{15}N和^{32}P、^{14}C

C. 在外壳中找到^{15}N、^{14}C

D. 在DNA中找到^{15}N、^{35}S、^{32}P

参考答案：B

第二节　DNA的分子结构和特点

第❶课时

【教学目标】

生命观念：概述DNA分子结构及其特点。在参与制作DNA分子双螺旋结构模型中，深刻理解DNA分子的结构与功能相适应，感悟生命的结构与功能观。

科学思维：参与DNA分子双螺旋结构模型的制作过程，领悟模型构建的思维方式。

科学探究：结合科学史的学习，通过自主动手构建模型，体验DNA分子的探究过程。

社会责任：从DNA分子结构的发现之旅，学习科学家对待科学问题的态度和操守。

【学情分析】

通过初中《科学》和必修1"分子与细胞"的学习，学生对DNA分子结构已有了粗浅了解，对生物大分子也有了一定的认识，除此之外，学生在高中化学学习中对物质分子结构、化学键和氢键的知识也有了一定储备，这些都为学生学习DNA分子的结构与特点打下了一定的基础。但面对缺乏感性认识的DNA分子，其结构的复杂性和抽象性，使学生学习的难度仍然较大。因此，通过创设情境、回顾和阅读科学史材料，可以激发学生的学习热情。同时运用教具让学生亲身参与DNA双螺旋结构模型的制作，并在制作过程中进行作品的分享、问题的交流与讨论，既能深化知识，也能促进学生综合能力的提升和生命观念的形成。

【重点、难点】

重点：DNA的双螺旋结构模型，即主链与碱基对的构成方式、排列位置、动态变化等。

难点：DNA分子结构的主要特点。

【课前预习】

任务：搜集网络上有关DNA分子结构的发现史，将其发现过程的重要人物和事件下载打印，用于课堂上小组内交流。

【教学过程】

1. 创设情境，激趣导入

创设情境：三对年轻夫妇喜得千金，三个可爱的女孩几乎同时出生，但忙乱中的护士抱错了孩子。怎么办？引导学生思考并说出"可以通过DNA进行鉴定"。

2. 回顾科学史，认同合作的价值

教师提问：为什么每个人的DNA都是独一无二的呢？DNA分子的结构如何？有什么特点？其实早在60多年前，这个问题就深深吸引了一批包括沃森和克里克在内的年轻学者。让我们一起沿着科学家探索的历程去构建DNA结构模型吧！

3. 制作模型，解析结构

（1）组分分析，探索DNA化学组分

展示发展史一：德国生物化学家科赛尔首次采用水解法研究DNA的化学组分，PPT展示科赛尔的研究结果。

教师提问：请说出DNA的组成元素、基本组成物质和基本结构单位。学生由于在"细胞的分子组成"一章中初步习得核酸的结构与功能，不难回忆起上述知识。但是，学生难以阐明磷酸、脱氧核糖和含氮碱基是怎样构成单体（核苷酸）的，因而在制作DNA分子结构模型时，学生对三种基本组成物质之间的连接关系感到茫然。

为了化解上述难点，教学时先用PPT呈现脱氧核苷酸分子式，再动态标注五个碳原子的位置并编号。然后，结合图形依次阐明磷酸基团与脱氧核糖之间，以及脱氧核糖与含氮碱基之间的连接位置。最后，让学生依据含氮碱基的种类与名称的不同，分别表述四种脱氧核苷酸的名称，从而为制作DNA双螺旋结构模型打下必要的知识基础。

教师提问：DNA是核酸的一种，那么还有什么分子也属于核酸？请阅读课文P54小资料，比较DNA和RNA的异同点。

（2）模型构建，初识DNA双螺旋结构模型

在实施过程中，将学生的操作活动依次分为点、线、面、体四个基本步骤。

第一步建立"点"。教师分发DNA组件模型，分别有圆形、长方形和五边形硬纸片若干。长方形硬纸片代表含氮碱基，圆形硬纸片代表磷酸基团，五边形硬纸片代表脱氧核糖。学生活动：参照脱氧核苷酸的结构式，将构建的四种脱氧核苷酸粘贴在一张白纸上，用铅笔画出化学键，并写出中文名称。学生活动时，教师巡视并随时展示学生活动的进度及成品，并提出质疑：怎样构建四种脱氧核苷酸？磷酸和含氮碱基分别与脱氧核糖的哪个位置相连接？最后，再借助投影展示和交流学生制作的四种脱氧核苷酸模型。

第二步是由"点"连"线"，引导学生构建脱氧核苷酸单链。学生知道

DNA分子的一级结构是由单体构成的多聚体，即由四种脱氧核苷酸聚合形成的多核苷酸长链。但是学生不知道单核苷酸之间的连接方式，也就无法制作DNA分子一级结构模型。

展示发展史二：1951年，富兰克林受到鲍林研究蛋白质结构的启发，通过数据分析得知相邻单核苷酸之间的聚合方式。

请学生参照PPT显示的两个相邻脱氧核苷酸的排列状况，在相应位置上用短线连接，并阐明磷酸二酯键的概念、内涵。同时督促小组成员合作构建由六个脱氧核苷酸聚合而成的核苷酸单链，并粘贴在一张白纸上。

第三步是由"线"到"面"，引导学生构建DNA双链的平面模型。

展示发展史三：早在1952年，威尔金斯和富兰克林依据DNA的X射线—衍射照片，推断DNA分子是螺旋体。该螺旋体既不是单链结构，也不是三螺旋结构。1953年，沃森和克里克合作推断DNA分子的空间构象呈双螺旋结构。

学生活动：让前、后座位的两组学生合并为一组，将他们粘贴的两条多核苷酸单链，并列摆放在同一张白纸上，两条DNA单链呈平行状。结果发现学生摆放的两条单链有多种平行方式，究竟哪种平行排列方式符合客观事实，或者说符合沃森和克里克推断的DNA分子双链的平行关系呢？教师分析：如果脱氧核糖和磷酸交替排列在内，碱基排在外，那么，其合理性在于双链是平行的，有规则；不合理性在于结构不稳定。

让学生识别教材中展示的DNA分子平面结构图，初次识图引导学生明确三个问题：一是确认DNA双链平行排列的方式，二是判断两条链呈反向平行关系，三是明确由磷酸—脱氧核糖交互排列而成的主链排列在外侧，含氮碱基则位于内侧。从而为进一步探索DNA双螺旋结构做好铺垫，也为学生继续制作DNA分子结构模型扫清障碍。

继续探索：两条DNA长链上排列在内侧的含氮碱基之间存在着怎样的关系？

展示发展史四：科学家还发现，嘌呤都是双环结构的，占的空间大；嘧啶都是单环结构的，占的空间小。

展示发展史五：1948年，古伦德提出了碱基间以氢键相连，之后奥地利生物化学家卡伽夫测定部分生物DNA的分子组成，发现DNA中的四种碱基的含量。

展示发展史六：1952年，卡伽夫访问剑桥大学，沃森和克里克从他那里得到了一个重要的信息：A的量=T的量，G的量=C的量，但A+T的量不一定等于

G+C的量。

学生一旦明确DNA分子结构中四种含氮碱基的数量关系为A=T、C=G，以及A、T之间通过两个氢键相连，C、G之间通过三个氢键相连，就能迅速写出两条主链上对应碱基的符号，并画出对应碱基之间的氢键数目，从而完成碱基互补配对的平面结构。

第四步是由"面"到"体"，引导学生归纳DNA双螺旋结构模型的要点。

沃森和克里克提出的DNA分子双螺旋结构模型，既是物理模型又是数学模型。前者指主链和碱基对的构成方式、排列位置，以及双螺旋空间构象的形成（右旋）；后者指双螺旋的直径和螺距：每个螺距的碱基对数、相邻碱基对平面之间的垂直距离和交角等。教师展示实验室购置的DNA双螺旋结构模型，使学生对DNA分子形成初步的宏观认识。为了进一步探索DNA双螺旋结构的特点，组织学生阅读有关课文，思考教材中"规则地盘绕成双螺旋结构"的特点。

4. 课堂小结

师生共同以表格形式总结出DNA双螺旋结构（物理）模型的基本要点。

【巩固与拓展】

例：在DNA分子双螺旋结构中，腺嘌呤与胸腺嘧啶之间有两个氢键，胞嘧啶与鸟嘌呤之间有三个氢键。现有四种DNA样品，根据样品中碱基的百分含量判断最有可能来自嗜热菌（生活在高温环境中）的是（　　　）。

A. 含胸腺嘧啶32%的样品   B. 含腺嘌呤17%的样品

C. 含腺嘌呤30%的样品   D. 含胞嘧啶15%的样品

参考答案：B

◆ 第❷课时 ◆

【教学目标】

生命观念：通过DNA分子结构模型特点的认知，感受DNA分子结构的和谐美，感悟生命的结构与功能观。

科学思维：结合卡伽夫法则，运用数学方法分析碱基之间的数量关系，从不同形式的计算中，学会数理推断。

科学探究：从DNA分子结构模型，探索DNA分子的对称性、多样性与稳定性。

社会责任：通过DNA双螺旋结构模型的特点，进一步学习科学家严谨的科研作风与锲而不舍的科学精神。

【学情分析】

经过上一节DNA双螺旋结构模型制作的学习，学生对DNA的分子结构已有了基本的了解，由于材料的限制，只能制作出DNA的平面结构，科学解释DNA的三个特点仍然有困难。本节课要通过比较各个小组制作好的DNA结构平面模型的异同点，尝试解释DNA分子的稳定性、多样性和特异性，并通过分析平面结构模型，运用已学的卡伽夫法则和碱基互补配对原则，解决DNA分子中各种碱基的数量关系，使抽象的问题具体化。

【重点、难点】

重点：DNA的结构和特点。
难点：DNA分子中各种碱基的数量关系。

【课前预习】

任务：回答DNA分子结构的有关问题。

【教学过程】

1. 复习旧知，导入新知

教师创设情境：上节课讲过，护士忙乱中抱错了孩子。为什么可以通过DNA鉴定来确定身份？

教师讲解：结构是功能的基础，功能是结构的运动形式。DNA特异性的特点与DNA的结构是分不开的。教师呈现DNA双螺旋结构立体模型，请学生回顾DNA双螺旋结构的要点：

（1）DNA分子是由两条反向平行的脱氧核苷酸长链盘旋而成的。

（2）DNA分子中的脱氧核糖和磷酸交替连接，排列在外侧，构成基本骨架；碱基在内侧。

（3）两条链上的碱基通过氢键连接起来，形成碱基对，且遵循碱基互补配对原则。

2. 模型分析，理解特性

请多组学生上台展示课外制作的硬纸片材质的DNA平面结构图，提醒学生正确识别每条单链上的脱氧核苷酸之间是通过磷酸二酯键相连接的。让学生思考不同DNA分子结构的共同点和不同点。

教师讲述：DNA分子结构中的共价键非常牢固，而碱基对之间的氢键相对较弱，不需要特定的条件，只要两者距离足够近就能形成，在加热或特定酶的作用下，易被破坏，可见DNA结构的稳定性是相对的。

教师提问：DNA分子中的碱基遵循碱基互补配对原则，那么DNA分子中各种碱基存在怎样的数量关系呢？

（1）基本规则（见图4-2-1）

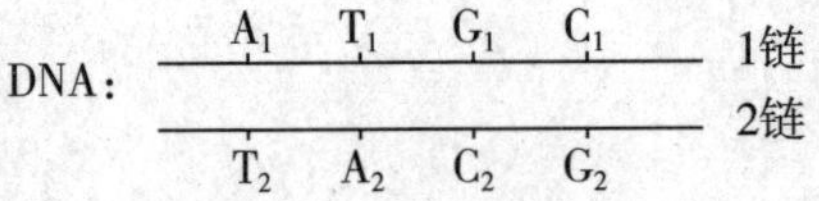

DNA:
$$\begin{array}{cccc} A_1 & T_1 & G_1 & C_1 \\ \hline \\ \hline T_2 & A_2 & C_2 & G_2 \end{array}$$ 1链 2链

图4-2-1 DNA链

碱基互补配对原则为A与T配对，G与C配对；总的碱基数量为两条单链的碱基之和。

（2）计算规律

规律一：DNA双链中的两条互补链的碱基数相等，任意两个不互补的碱基之和占碱基总数的50%，即A+G=T+C=A+C=T+G。结论：DNA中非互补碱基之和总是相等的。

规律二：DNA双链中的一条单链的（A+G）/（T+C）的值与其互补链的（A+G）/（T+C）的值互为倒数关系。结论：DNA两条链间非互补碱基和之比互为倒数。

规律三：DNA双链中，一条单链的（A+T）/（G+C）的值与其互补链的（A+T）/（G+C）的值是相等的，也与整个DNA分子中的（A+T）/（G+C）的值相等。结论：在同一DNA中，双链和单链中互补碱基和之比相等。

规律四：设DNA一条链中A占的比例为a_1，另一条链中A占的比例为a_2，则整个DNA分子中A占的比例为（a_1+a_2）/2。结论：某碱基占双链DNA碱基总数的百分比等于相应碱基占相应单链比值和的一半。

规律五：判断核酸种类。

（1）如有U无T，则此核酸为RNA。

（2）如有T且A=T、C=G，则为双链DNA。

（3）如有T且A≠T、C≠G，则为单链DNA。

【巩固与拓展】

例：决定DNA遗传特异性的是（　　　）。

A.脱氧核苷酸长链上磷酸和脱氧核糖的排列结构

B.嘌呤总数与嘧啶总数的比值

C.碱基互补配对的原则

D.碱基排列顺序

参考答案：D

第三节　遗传信息的传递

【教学目标】

生命观念：通过DNA复制的学习，从生命物质的自我复制理解生命的自主性。

科学思维：建构物质复制方式的多种模式，思考各种复制方式存在的合理性与不妥之处，总结归纳出半保留复制的科学论断。

科学探究：充分利用同位素示踪法，设计合理的实验。通过实验探究，进行实验现象与结论对比，借助事物发展的逻辑性规律，得出合理的科学结论。

社会责任：培养学生缜密的科学思维能力，养成严谨的科学态度，让学生体验科学研究的魅力。

【学情分析】

学生已具有了DNA双螺旋结构的基本知识，也已经知道密度梯度离心和同位素示踪等实验方法，具有一定的实验分析能力和逻辑推理能力。教学时，可以创设问题情境，通过环环相扣的问题链逐渐推进，建立起一个自然流畅、逻辑清晰的教学过程，提高学生的学习兴趣，发挥高中学生对事物理解能力较强的特点，步步引导，达成教学目标的落实。

【重点、难点】

重点：DNA复制的条件、过程和特点。

难点：DNA半保留复制的实验探究。

【课前预习】

预习教材P61~P64，了解DNA复制的时间、场所、条件、特点、原则、结果和意义。

【教学过程】

1. 情境导入

情境资料一：科幻电影《侏罗纪公园》中，哈蒙德博士召集大批的科学家根据遗传学理论，透过史前蚊子所遗留的恐龙血液，提取出恐龙的DNA，再通过DNA复制、培育，使已绝迹了6 500万年的史前动物得以复生。

教师设问：同学们，你们认为这种方法可行吗？如果能开展，那你们认为必须要弄清楚哪些问题？

学生讨论后总结：可行。因为DNA是遗传物质，可能会重现一种生物原型。但必须要搞清楚的一个问题是DNA是如何复制的，然后要搞清楚DNA是怎样控制生物性状的（生物个体的重生）。

教师描述：这就是我们将要学习的下面几节课的内容，关于DNA的功能。首先来学习DNA是如何复制的。

2. 问题情境的展开

情境资料二：1958年，Meselson和Stehl用含有^{15}N的培养液培养大肠杆菌，经过多次细胞分裂，使细菌细胞的DNA都被放射性同位素^{15}N标记。然后把这些细胞移入以^{14}N为唯一氮源的培养液中培养，然后，在不同时刻（复制不同代数后）收集细菌样本，从中提取DNA，做密度梯度超速离心和分析。

问题1：培养液中含同位素^{14}N的是什么物质？（四种脱氧核苷酸）

问题2：密度梯度离心DNA的目的是什么？（分开不同密度的DNA分子）

问题3：大家分组讨论，通过实验，你们认为可能有几种密度的DNA？（考

虑DNA分子是双链结构）

分析总结：有可能三种，第一种是两条链都是^{15}N，密度比较大。第二种是一条链是^{15}N，另一条链是^{14}N，密度居中。第三种是两条链都是^{14}N，密度最小。

问题4：猜想亲代DNA分子怎样复制？在形成子代DNA的过程中，亲代DNA的两条链去哪了？对学生的回答进行补充，并出示当时科学家提出来的关于DNA复制方式的三种模型：半保留复制、全保留复制和弥散复制。

问题5：推测上述三种复制方式的密度梯度离心结果分别是什么？师生一起讨论，然后在黑板上画出它们的离心结果。

问题6：如何将半保留复制与弥散复制区分开呢？学生讨论后总结：让DNA再继续复制（观察子二代或更多代）。

Meselson和Stehl的研究结论：DNA是半保留复制。

情境资料三：Meselson为了进一步验证DNA的半保留复制的真实性，又把子一代的^{14}N‖^{15}N杂种链经变性（使两条链分离成单链）分开，然后再将变性前后的双链和单链分别进行离心。

问题7：同学们想一想，实验结果应该如何？请预期并进行合理解释。学生回答：半保留复制和弥散复制子一代变性结果不一致。学生预测离心结果（试着画图）。

情境资料四：1958年，Herbert Taylar将蚕豆根尖细胞在含^{3}H标记的脱氧核苷酸的培养基中培养，让细胞进行有丝分裂，完成一个细胞周期，然后在不含放射性标记的培养基中继续培养，通过放射自显影技术观察有丝分裂中期染色体的放射性，探究真核生物的DNA复制方式。

问题1：假设DNA是半保留复制，第一次细胞周期的中期，每个染色体的两条姐妹染色单体中有几条被标记？答案要点：如果是半保留复制，则全被标记。如果是全保留复制，则两条姐妹染色单体出现不同标记。

教师讲述：科学家是通过放射自显影技术来跟踪的。（教师简单介绍该技术）

教师提问：第一次复制下来，染色体的两条单体有没有出现色差？

答案要点：如果是半保留复制，没有色差。如果是全保留复制，有色差。

问题2：假设是半保留复制到第二次细胞周期的中期，每个染色体中有几条染色单体被标记？预测放射自显影结果。（提示：第一个细胞周期后培养基中不再有放射性物质）

学生讨论分析、画图，得出结论：染色体中两条单体有色差。

3. DNA复制的过程（完成课前预习布置的学案内容）

观看动画，展示示意图。设计问题串进行知识的落实。

（1）DNA复制时间是什么时候？（有丝分裂和减数第一次分裂的间期）

（2）DNA复制的主要场所在哪里？（细胞核）

（3）DNA双链打开叫解旋，解旋需要解旋酶。解旋破坏了什么化学键？（氢键）

（4）DNA复制需要哪些条件？（模板、原料、酶和能量等）

（5）碱基配对原则是什么？（A与T配对，G与C配对）

（6）DNA复制过程的特点是什么？（边解旋边复制的半保留复制）

【巩固与拓展】

例：某个DNA片段由1 000对碱基组成，A+T占碱基总数的54%，若该DNA片段连续复制两次，共需游离的胞嘧啶脱氧核苷酸分子个数为（　　　）。

A. 460个　　　　　　　　　　　　B. 920个

C. 1 380个　　　　　　　　　　　D. 1 620个

参考答案：C

第四节　遗传信息的表达——RNA和蛋白质的合成

第①课时

【教学目标】

生命观念：通过了解RNA的结构，与mRNA作为信使的功能相联系，建立结构决定功能的生命观念；认识到转录过程需要能量，体会物质能量观。

科学思维：使学生在尝试构建转录模型的过程中培养理性思维。

科学探究：分析科学家探究转录的过程，初步养成科学探究的习惯。

社会责任：通过对转录的有序性、准确性和独特性的理解，形成关爱生命、敬畏生命、珍惜生命的社会责任。

【学情分析】

通过前面几章的学习，学生已经知道基因是有遗传效应的核酸片段，基因决定性状。在此基础上，学生将要继续学习基因如何通过指导蛋白质的合成来控制性状。另外，学生已经了解分子遗传学研究的一些常用实验方法，如同位素示踪法、密度梯度离心法等，可以独立分析本节课涉及的科学史材料。但是由于本节课的内容抽象、复杂，学生很容易混淆，因此，教师可以通过设计学生角色扮演活动，突破转录过程的难点，同时激发学生的学习兴趣以及积极性。

【重点、难点】

重点：比较DNA与RNA结构和功能的异同，概述遗传信息的转录过程。
难点：概述遗传信息的转录过程。

【课前预习】

任务：厘清DNA、蛋白质、性状的相互关系，比较DNA和RNA的异同。

【教学过程】

1. 创设情境，导入新课
视频播放《侏罗纪公园》的片段，并提问：复活的恐龙是科学家利用提取的恐龙DNA分子培育出来的，这是否真的可以实现？

2. 转录的媒介
教师提问：DNA主要分布在哪里？蛋白质在哪里合成？细胞核中的DNA如何指导细胞质中蛋白质的合成？是DNA分子从细胞核出来，还是核糖体进去呢？这一连串问题呈递进关系，可以培养学生的理性思维。

资料一：DNA的直径约为2 nm；核糖体为圆形颗粒状，直径约为23 nm；细胞核的核孔孔径为0.9 nm。

教师提问：资料一说明了什么问题？学生通过资料得出DNA出不来，核糖体也进不去。既然空间距离无法解决，我们猜测两者之间势必存在一种充当媒介的物质，它可以将DNA上的遗传信息传递给蛋白质。那么，需要具备怎样的条件才能担当这一角色？根据预习，学生能很快联想到RNA及其所具有的特点，帮助学生建立结构决定功能的生命观念。

资料二：酵母菌酶解实验。1955年，比利时细胞生物学家Brachet用洋葱根尖细胞和变形虫进行实验，发现如果用分解RNA的酶把细胞内的RNA分解掉，蛋白质合成就停止；如果把从酵母菌中提取出来的RNA再加进去，细胞重新合成蛋白质。

资料三：1955年，Goldstein和Plaut做了变形虫的核移植实验。A组：变形虫用放射性同位素标记的尿嘧啶核糖核苷酸来培养，发现标记的RNA分子首先在细胞核中合成，很快在细胞质中也发现放射性。B组：变形虫未用放射性同位素标记的尿嘧啶核糖核苷酸来培养，变形虫的细胞核和细胞质中均未发现有标记的RNA。C组：将A组变形虫的细胞核移植到B组变形虫的细胞质中，将B组变形虫的细胞核移植到A组变形虫的细胞质中，分别培养观察，发现B组中放射性逐渐由细胞核中转移到细胞质中。

教师提问：实验A、B组说明RNA的合成场所在哪里？实验C组说明RNA会移至哪里？为什么用没有标记的B组变形虫为重组细胞提供细胞质，用A组变形虫直接做实验行不行呢？利用一系列的问题引导学生分析出RNA先出现在细胞核，再出现在细胞质，锻炼学生的问题解决能力。

资料四：1961年，霍尔、斯皮尔曼、罗穆拉用噬菌体SP8侵染枯草芽孢杆菌，侵染后，裂解枯草芽孢杆菌，分别提取枯草芽孢杆菌的DNA、SP8噬菌体的DNA和噬菌体侵染后产生的RNA。把RNA分别与加热分开的枯草芽孢杆菌DNA单链或噬菌体DNA单链混合在一起，缓慢冷却，发现新产生的RNA只与噬菌体的DNA中固定的一条单链形成DNA-RNA杂交分子，而不与枯草芽孢杆菌的DNA相杂交。

教师说明：该实验证明合成的噬菌体的RNA是以DNA的一条单链为模板的。

通过对以上经典实验的分析，学生总结出转录的场所、模板、产物、产物去向等相关知识。同时，学生重走科学家的研究之路，体会科学思维的逻辑体系及科学探究精神。

3. 转录的过程

教师播放转录动画，学生思考：DNA上的遗传信息怎样暴露出来？怎样确保DNA上的遗传信息准确无误地传递给RNA？

学生活动：对照动画描述转录的过程，提升归纳与概括的能力，并进行角色扮演。

教师提问：转录的条件是什么？学生总结转录的条件，并由两排学生反向站立代表DNA的两条脱氧核苷酸链，一名学生代表RNA聚合酶，其余六名学生代表核糖核苷酸。

教师根据转录的过程提问：开始转录，RNA聚合酶应该怎么做？以右边这条链为模板，接下来发生什么？RNA聚合酶接下来怎么做？RNA合成之后，怎么办？学生合作完成相应的步骤。活动中，将细胞内抽象的转录过程，转化为模型。在模型建构的过程中，巩固转录的过程，同时形成理性思维。

教师通过PPT展示三种RNA的图片，讲解三种RNA的名称及作用。强调真核生物中，转录而来的RNA产物在细胞核中经过加工才能成为成熟的RNA，然后通过核孔复合体转移到细胞质中，用于蛋白质的合成。

学生活动：比较DNA与RNA，思考mRNA适于做DNA信使的原因，同时巩固所学的有关RNA的知识，形成结构决定功能的生命观念。

【巩固与拓展】

例：某mRNA分子中，U占20%、A占10%，那么它的模板DNA片段中胞嘧啶占（　　　）。

A. 25%   B. 30%

C. 35%   D. 70%

参考答案：C

第❷课时

【教学目标】

生命观念：理解一个mRNA分子上结合多个核糖体的意义，体会进化与适应的观念；理解tRNA的结构及其在翻译中的功能，形成结构与功能相适应的生命观念。

科学思维：运用数学方法分析碱基与氨基酸之间的对应关系，初步学会用数学方法处理、解释数据；尝试在构建翻译模型的过程中形成理性思维。

科学探究：感悟遗传密码破译过程中，科学家实验设计的巧妙之处，逐步养成科学探究的习惯。

社会责任：通过对翻译过程深入研究的展望，认识到探索遗传信息表达的

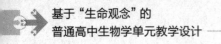
工作还将继续，意识到身上的这份责任。

【学情分析】

在必修1"分子与细胞"模块中，学生已经学习了核糖体是"生产蛋白质的机器"。通过上节课对转录的学习，学生已经知道遗传信息由DNA传递到mRNA上，mRNA通过核孔进入细胞质，进而指导蛋白质的合成。那么，"mRNA到底是如何指导蛋白质合成的？"这一问题自然就出现了。大多数学生喜欢自主探究和动手操作，因此，在教学过程中，可以让学生参与到遗传密码破译的工作中，并引导学生自主构建翻译的模型，化抽象为具体。

【重点、难点】

重点：阐明翻译、tRNA、密码子和反密码子的概念，运用数学方法分析碱基与氨基酸之间的对应关系，概述遗传信息的翻译过程。

难点：概述遗传信息的翻译过程。

【课前预习】

任务：探究mRNA上碱基与氨基酸的对应关系。

【教学过程】

1. 复习旧知，导入新知

复习提问与三种RNA和转录有关的知识。通过转录使编码某种蛋白质的一个基因中的遗传信息转移至了mRNA的碱基序列里，但并没有合成蛋白质。那么，mRNA是如何指导蛋白质合成的呢？从而自然过渡到新课的学习。

2. 翻译的概念

教师提问：转录产物mRNA去了哪里？核糖体的功能是什么？如果把细胞比作一个小工厂，细胞核里的DNA相当于厂长，那么mRNA相当于厂长下达的生产命令，核糖体相当于生产蛋白质的机器，mRNA和核糖体的结合相当于什么？

基于学生对以上问题的回答，给出翻译的概念，即核糖体以mRNA为模板，利用细胞质中游离的各种氨基酸合成具有一定氨基酸顺序的蛋白质的过程。

教师讲述：翻译实质上是将mRNA中的碱基序列翻译为蛋白质的氨基酸序列。类比英译汉的过程，要想知道mRNA是如何翻译成蛋白质的，首先要寻找

mRNA上的碱基与氨基酸之间的对应关系。

3. 遗传密码的破译

教师提问：组成RNA的碱基有哪几种？组成生物体蛋白质的氨基酸约有几种？4种碱基怎么决定蛋白质的20种氨基酸？

学生活动：

（1）学生利用数学方法进行思维推导，得出结论。

（2）分析科学史，得出相应结论。

（3）查阅遗传密码字典，总结遗传密码的特点。

教师讲述：mRNA进入细胞质后，就与蛋白质的"装配机器"——核糖体结合起来，形成合成蛋白质的"生产线"。将游离在细胞质中的氨基酸搬运到"生产线"上需要"搬运工"，而且这些"搬运工"必须能认识两种"文字"，既能认识mRNA上的密码子"文字"，又能认识氨基酸"文字"，我们可以称它为"翻译官"。看来这个"工人"既要完成脑力劳动又要完成体力劳动，担当这一角色的是另一种RNA——tRNA。

4. 认识tRNA

观察tRNA的结构并思考：tRNA的基本组成单位是什么？一共由三个核糖核苷酸组成吗？tRNA一端只标注出三个碱基，这三个碱基组成一个反密码子，密码子与反密码子碱基互补配对的原则是什么？能够搬运氨基酸的tRNA有多少种？tRNA与氨基酸之间的对应关系如何？tRNA为什么可以同时具备"搬运工"和"翻译官"的功能？通过对这一连串问题的分析，可以帮助学生为学习翻译做好知识储备，同时树立结构与功能相适应的生命观念。

5. 翻译的过程

学生活动：观看蛋白质合成动画，总结翻译的过程。教师强调翻译过程中是核糖体沿着mRNA移动，一次移动三个碱基。翻译的起点是起始密码，终点是终止密码。

学生角色扮演：两名学生扮演mRNA，一名学生扮演核糖体，五名学生扮演tRNA。教师根据翻译过程提问：加工成熟的mRNA从细胞核出来后应该怎么办？这个时候需要哪个tRNA过来？怎么确定应该是哪个tRNA？第二个tRNA应该是哪个？两个tRNA上面携带的氨基酸会发生什么？两个氨基酸之间形成什么？氨基酸脱水缩合以后，下一步怎么办？谁移动？下面依次是哪一个tRNA进入核糖体？UGA代表什么？合成的肽链终止后的去向是哪里？mRNA与核糖体

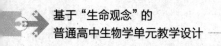
的去向是哪里？其余学生回答问题，并指挥扮演者的活动。

6. 原核细胞和真核细胞翻译过程的比较

资料一：科学家通过精确的仪器发现细胞翻译蛋白质的速度非常快，真核细胞每分钟翻译50个氨基酸；大肠杆菌（原核细胞）每分钟可翻译1200个氨基酸，比真核生物快得多。

资料二：真核细胞多聚核糖体合成多肽的图片。

资料三：原核细胞边转录边翻译的图片。

教师提问：细胞如何使少量mRNA分子短时间内合成出大量蛋白质？这些核糖体合成的多肽链是否相同？如何判断翻译的方向？原核细胞和真核细胞翻译过程有何异同点？

学生从图片以及文字资料获取信息，总结真核细胞以及原核细胞提高翻译效率的方法，培养信息获取、处理以及加工的能力。

【巩固与拓展】

例：关于蛋白质生物合成的叙述，正确的是（　　　）。

A. 一种tRNA可以携带多种氨基酸

B. DNA聚合酶是在细胞核内合成的

C. 反密码子是位于mRNA上相邻的三个核苷酸

D. 线粒体中的DNA能控制某些多肽的合成

参考答案：D

【教学目标】

生命观念：认识到不同的生物对应不同的遗传信息传递路线，形成结构与功能相适应的生命观念。

科学思维：在不断推导、完善中心法则的过程中养成理性思维。

科学探究：体验中心法则提出及发展的过程，初步建立科学探究能力。

社会责任：尝试画出基因指导蛋白质合成的流程图，对有关的社会热点问题做出理性解释，并用于生产、生活。

【学情分析】

通过前面两个课时的学习，学生已经基本掌握转录和翻译的过程，但是知识可能还是碎片化的。本节课的学习就是要帮助学生将之前学习的内容整合成一个概念图，即"中心法则"。

【重点、难点】

重点：概述基因指导蛋白质合成的过程及该过程中遗传信息的传递方向；分析资料，补充得到修改后的中心法则；列举说出中心法则包含的遗传信息的传递路线，说明每一条路线对应的生物。

难点：解释中心法则。

【课前预习】

任务：比较DNA复制、转录和翻译，画出基因指导蛋白质合成过程的流程图。

【教学过程】

1. 复习旧知，导入新知

根据预习任务，让学生反馈自己对转录和翻译过程的总结归纳，并请其他学生进行点评。在这个过程中，教师可以检测学生对知识的掌握情况。

2. 基因指导蛋白质合成的过程

学生活动：根据基因指导蛋白质合成的过程，画出一张流程图，表示出遗传信息的传递方向。这一环节可以锻炼学生运用模型建构的方法探讨生命规律的能力。

教师总结基因表达的概念，即基因形成RNA产物以及mRNA被翻译为蛋白质产物的过程，并强调在DNA指导蛋白质合成的过程中，DNA上脱氧核苷酸的排列顺序决定mRNA上的核糖核苷酸序列，mRNA上的核糖核苷酸序列又决定蛋白质中的氨基酸顺序。

学生活动：分析DNA指导蛋白质合成过程中，脱氧核苷酸、核糖核苷酸、氨基酸之间的数目关系，能透过现象看本质，形成基本的生物学规律。

学生合作并讨论：根据基因指导蛋白质合成的过程，设计培育出荧光猪的实验方案。培养科学探究的能力以及团队合作的习惯，认识到理论知识对生产、生活的指导意义。

3. 中心法则

教师引导学生回忆前面所学知识，思考除了流程图中展示的方式，遗传信息还有什么传递方式，将DNA自我复制的传递方式补充在流程图中。

教师讲解中心法则的提出：这是我们学习之后的总结，但在1957年，在蛋白质合成过程和DNA复制过程完全弄清楚之前，科学家克里克首先预见了遗传信息传递的一般规律，并将这一规律命名为"中心法则"。

学生活动：根据中心法则总结DNA的双重功能，并分析资料，完善中心法则。

资料一：1965年，科学家在RNA肿瘤病毒里发现了一种RNA复制酶，它像DNA复制酶能对DNA进行复制一样，RNA复制酶能对RNA进行复制。

资料二：1970年，科学家在致癌的RNA病毒中发现逆转录酶，它能以RNA为模板反向合成单链DNA，这个过程称为逆转录。如劳氏肉瘤病毒、HIV中都含有逆转录酶。

学生活动并讨论：画出人类、HIV、噬菌体、烟草花叶病毒遗传信息传递和表达的图解，体会进化与适应的观点。

【巩固与拓展】

例：下列关于"中心法则"的叙述，正确的是（　　　）。

A. 真核生物的遗传信息不能从RNA传递到DNA

B. 原核生物的遗传信息可以从RNA传递到RNA

C. 病毒的遗传信息传递过程不符合"中心法则"

D. 人体细胞中不可能发生以RNA为模板合成DNA的过程

参考答案：A

第五章　细胞的分裂与分化

第一节　细胞的增殖

第❶课时

【教学目标】

生命观念：能从细胞数目和细胞体积的角度认识多细胞生物体的生长现象；能从进化和适应的角度理解不同细胞存在细胞周期差异性的事实。

科学思维：运用推理思维探讨分裂间期中相关结构与物质的变化现象；运用数学归纳方法认识细胞周期中分裂间期长、分裂期短的现象；能用多种方法尝试建构细胞周期的不同模型，加深对细胞周期概念的理解，形成科学思维的习惯。

科学探究：能够发现不同种类细胞的细胞周期长短不同及同一细胞周期中不同时期长短不同的影响因素，并能针对发现的问题进行假设和科学的实验设计，对实验结果进行预期和分析。

社会责任：通过对细胞周期长短不同的认识，有利于选择正确的实验材料；通过对细胞周期长短及其调控的拓展性探讨，尝试解释目前市场上的抗衰老产品的作用机理，并能尝试提出抗衰老及抗癌的新方法。

【学情分析】

学生在初中已经学习过"细胞通过分裂产生新细胞"，但是对细胞分裂的具体过程基本上是不了解的。另外，学生在学习了前面的内容以后，已经具备了细胞分子组成、细胞结构、细胞代谢的基础知识和生命物质观、结构与功能观、物质与能量观等基本观念，对细胞的局部结构与变化已经基本了解，而相对地缺乏对细胞整体动态变化的认识，想了解的动力和知识储备都已到位，此时介绍有丝分裂时机较好。因此，在教学中可以采用阅读讨论法和模型建构法，遵循学生的认知规律，由易到难地安排教学内容，控制好教学节奏，使学生能够将新知识有效地整合到已有的知识体系中去，并能通过适量的配套练习使新知识在课堂上都能得到及时巩固和应用。

【重点、难点】

重点：简述细胞周期的概念，理解分裂间期中三个不同时期的主要变化特点，了解细胞周期的多样性。

难点：简述细胞周期的概念。

【课前预习】

任务：在圆形中标出细胞周期的方向、起始点和各个时期所占的大致比例。

【教学过程】

1. 以问激趣

一个受精卵如何发育成一个生物体？从细胞角度分析，生物体生长的主要原因是什么？学生回答后，播放动画《人的一生》，引出真核细胞的两种主要分裂方式。再通过PPT播放有关2001年的诺贝尔生理学或医学奖，此奖授予了三位研究细胞周期的科学家，他们的工作使我们对有丝分裂与癌症的发生及其治疗的关系有了进一步的认识，从而为我们找到治愈癌症之路指明了方向。教师提问：看到这里，你们会有哪些问题？学生可能回答有以下问题，教师可以将这些问题记录下来：

（1）什么是细胞周期？

（2）哪些细胞有细胞周期？

（3）每种生物的细胞周期都是一样的吗？

（4）如果不一样，那么是什么因素影响了细胞周期的长短？

（5）研究细胞周期有什么用途？

…… ……

教师有意识地在板书的时候将这些问题按学生自己能解决和不能解决来划分，从而充分调动学生学习细胞周期的积极性。

2. 由易入难

教师引导学生先解决容易的问题。通过教师对学生预习的反馈，和学生一起罗列与细胞周期相关的知识点：①概念；②时期的划分；③各时期主要的变化；④各时期长短的比较与归纳。然后引导学生对每个知识点的细节进行追究，逐步从容易的问题导向较难的问题。

首先，关于细胞周期的概念表述，让学生通过对文本的再次阅读，判断哪些是概念中的关键词，并尝试对自己认为对的关键词进行缺失、反义替换等操作，以增进自己对概念的理解。教师在这个过程中的主要作用是引导和总结，讨论的主体应该是学生。

其次，对细胞周期各个时期的划分问题，除了文字叙述，还要引导学生注意对细胞周期示意图中的周期循环方向、起始点及各个时期所占大致比例的观察，借此检查学生对示意图中要点的把握程度；在此基础上，继续引导学生关注细胞周期的画法，除了用圆的方式表示，还可以用线段表示，用坐标柱状图表示，用各时期的细胞数目表示。结合课本中所举的胡萝卜根尖细胞的例子，让学生以3~4人为一组，以小组的形式尝试用上述四种方法进行细胞周期的模型建构，待各小组的模型基本构建好之后，教师再想办法尽可能地展示各组所画的模型，并简单总结四种模型建立的要点。

再次，对于各时期主要的变化，关键是引导学生结合细胞的分子组成、细胞的结构和细胞的代谢这三部分内容进行理解性的记忆。如分裂间期中最重要的变化是发生在S期的DNA复制，而分裂期最重要的变化是将分裂间期复制的遗传物质进行均分。围绕上述这两项变化，自然理解了G1期和G2期发生的主要变化。同时引导学生分别从物质分子含量和种类、细胞器数量和种类及吸能反应还是放能反应等方面来进一步明确细胞周期中各个时期发生的变化，如此可以对前面所学的内容起到复习巩固和深化提升的效果。

最后，对于细胞周期各时期长短的比较，教师可以通过以下两步来落实：先是通过查阅资料在PPT上以表格的形式罗列3~4种具有典型性的生物细胞周期各时期的具体时间长短，让学生阅读表格并比较它们的异同点，得出以下结论：

（1）不同细胞的周期，时间长短各不相同。

（2）在细胞周期中，间期的时间总是长于M期。

然后，教师继续引导学生提问：细胞周期各个时期的具体时间长短是如何测量的？影响不同细胞周期长短的因素有哪些？影响的具体机理又是怎样的？对细胞周期的研究又有什么现实意义？

3. 拓展延伸

针对上述问题，教师可以拓展性地介绍细胞周期的不同测量方法和细胞周期调控的方法以拓展学生的视野。最后，回到"2001年诺贝尔生理学或医学奖授予三位研究细胞周期的科学家"这件事情上来，对这三位科学家所做的工作进行针对性的介绍，同时也说明了细胞周期研究的现实意义。

【巩固与拓展】

例：关于细胞周期的说法，正确的（　　　）。

A. 人体成熟的红细胞产生后立即进入下一个细胞周期

B. 机体内所有的体细胞都处于细胞周期中

C. 细胞周期由前期、中期、后期、末期四个时期组成

D. 细胞种类不同，细胞周期持续的时间不同

参考答案：D

第❷课时

【教学目标】

生命观念：通过对染色体变化情况的了解，从细胞层面体会质量互变的辩证观；在理解有丝分裂过程中染色体、纺锤体、核膜等结构变化的基础上形成生命的结构与功能观；理解动植物细胞有丝分裂存在差异是生命进化与适应的体现。

科学思维：运用模型与建模探讨染色体、DNA、染色单体在细胞周期中的变化规律，运用演绎与推理探讨染色体、纺锤体、核膜等结构的变化规律，运用归纳与概括探讨动植物细胞有丝分裂的异同点。

科学探究：能对抽象的染色体概念进行不同方式的形象化，采用小组合作的形式将静态的染色体动态化；在小组探讨过程中提高合作与交流能力，养成乐于并善于进行团队合作的科学探究习惯。

社会责任：通过对有丝分裂过程及意义的认识，解释农业生产中无性繁殖

为何能使亲子代之间保留遗传性状稳定性的现象，并能结合实际情况，正确地指导今后的生产与生活。

【学情分析】

从学生已有的知识基础看，他们已初步掌握了染色体的基本成分，对于细胞结构已经有了一定的认识，但是对于细胞整体生命活动的动态变化过程，学生还是很难把理论和实际联系起来。但他们充满朝气、思维活跃，应逐步训练他们的推理、模型建构、分析归纳、合作表达等能力，让他们学会自己去主动地获取知识。同时在学生困惑的时候，教师进行"适时、适量、适度"的引导，从而发挥学生的主体作用，教师的主导作用。

【重点、难点】

重点：植物细胞有丝分裂各时期的主要变化及特点，染色体、染色单体、DNA的变化规律，动植物细胞有丝分裂异同点的比较，细胞有丝分裂的意义。

难点：植物细胞有丝分裂各时期的主要变化及特点，染色体、染色单体、DNA的变化规律。

【课前预习】

任务：明确细胞有丝分裂分裂期各时期的主要特点。

【教学过程】

1. 情境导入

用PPT播放生物体细胞真实的有丝分裂过程（包括子细胞的连续增殖，并可选择几种典型的材料），提示学生观察分裂过程中细胞的数目和结构等方面的变化。学生在观察过程中感受每种细胞的有丝分裂都需要一定的时间，细胞数量都会一分为二，并能在正常情况下进行周而复始的分裂。如此设计既能复习上节课的细胞周期概念，又可以引出本节课的重点内容。

2. 情境展开

将录像中某种细胞的有丝分裂过程按一定时间段拍五张照片，同时呈现在PPT的一个画面上。教师引导学生进行观察比较，将画面上的照片归纳成几类。学生通过对不同分裂阶段细胞形态、结构等的观察和比较，最终将照片归纳成五类。简介五类照片经历的时间顺序，标注照片中的相关结构名称，引导学生讨论各阶段的主要特点，并将讨论结果汇总于自主设计的表格中（由于各时期名称尚未学习，可提示学生用数字或字母等代替，间期特征只要得出未见变化即可）。教师巡视学生讨论结果的汇总情况，及时掌握教学生成，并对学习成果进行投影展示和评价，告知各阶段的名称，形成相应的板书。

由于上述过程无法观察到间期的变化特点，需教师启发：加倍的染色体来源于哪一阶段？并提示：复制需要酶等相关蛋白质。细胞分裂过程中需要各种酶及相关蛋白质，学生通过分析思考可顺利推测间期的物质变化情况，对G1期、G2期所发生的变化也可以加深理解。另外，通过播放洋葱根尖细胞有丝分裂切片的低倍显微照片，提问学生视野中处于什么期的细胞数量最多？理由是什么？学生正确回答后，告诉学生这是粗略研究各阶段历时长短的一种简单方法。

接着，引导学生绘制有丝分裂各阶段模型图（或用橡皮泥等材料制作各阶段模型），并巡视了解学生的绘制（制作）情况，以便发现问题及时进行修正。播放各时期的标准模型图（或投影教师制作的各时期橡皮泥模型），引导学生对比自己绘制（制作）的（模型）图，修正和完善学习成果，进行学习的自我评价。引导学生根据模型完善各时期特点的文字表格，在此基础上鼓励学生尝试用数学模型——坐标曲线描述有丝分裂过程的染色体数、DNA分子数和染色单体数等的变化规律，此时教师可同时在讲台上给学生做示范，边画边提问，和学生共同完成坐标曲线的绘制。

教师继续在PPT上播放动植物细胞同时进行有丝分裂的动画，并提问：动植物细胞有丝分裂的过程存在哪些差异？这些差异集中体现在哪些时期？然后，在PPT中导出表格，引导学生比较它们的异同点，使学生更好地了解动物细胞分裂过程中存在中心体复制现象，分开的中心体间有纺锤丝相连，植物细胞质分裂与含有细胞壁物质的囊泡聚集成细胞板有关。

3. 拓展延伸

在上述学习的基础上，教师通过提出关键性问题（如细胞有丝分裂最重要的特点是什么？），使学生把握事物的内在联系，并继续引导学生分析有丝分裂在生产、生活中的应用，如扦插、嫁接等育种方法能保持亲本性状，强化学生对细胞有丝分裂意义的理解，培养知识的实际应用能力。

【巩固与拓展】

例：下列关于高等植物有丝分裂的叙述，正确的是（　　　）。

A.前期出现了纤维素组成的纺锤体

B.中期染色体上的有关基因表达后期所需的蛋白质

C.后期纺锤丝牵拉着丝粒使之断裂

D.末期形成细胞板的过程涉及囊泡膜的融合

参考答案：D

第❸课时

【教学活动】

制作并观察植物细胞有丝分裂的临时装片。

【教学目标】

生命观念：通过制作并观察植物细胞有丝分裂的临时装片，使学生形成结构和功能相统一的生命观，认同生命的发展性，从而理解细胞分裂对生命演化的重要意义。

科学思维：基于实验的原理和基本方法，通过实验观察、分析、综合的理性思维来揭示植物细胞有丝分裂的规律和特点。

科学探究：根据有丝分裂的相关知识，通过实验设计，提出实验的解决方案和思路；通过实验操作，逐步培养学生的科学探究能力。

社会责任：通过该实验，使学生沿着认识生命、保护生命、提升生命质量这一主线，进行珍爱生命教育，让学生从事物发展过程中体会到量变到质变的辩证唯物主义观点。

【学情分析】

学生在此之前已经学习了关于细胞周期以及植物细胞有丝分裂过程中各个时期的特点，为本节实验课打下了理论基础。学生在有机化合物脂质的鉴定和观察叶绿体中学习使用过显微镜，因此对显微镜的使用有了较为深入的理解，同时对于简单的临时装片的制作也有了实际操作经验。所以本节实验课将理论知识转化为形象的实验现象，学生会有一定的学习兴趣与学习基础。

【重点、难点】

重点：制作洋葱根尖细胞有丝分裂装片；识别洋葱根尖细胞有丝分裂的不同时期，比较不同时期染色体行为；细胞分裂周期中不同时期的时间长短。

难点：实验材料的选择和解离，根尖细胞临时装片的制作和高倍显微镜的使用。

【课前预习】

任务：明确根尖细胞临时装片制作的基本步骤。

【教学过程】

1. 情境导入

PPT展示植物细胞有丝分裂各时期的图片，让学生回忆分析有丝分裂各个时期的特点及染色体的行为变化。这些不同时期的图片都是显微拍摄的，那么我们能否利用我们手中的实验器材和药品，观察到植物细胞的有丝分裂？从而创设情境引出新课。

2. 演示引导展开

教师提问：怎样培养洋葱根尖？在培养过程中，应注意哪些问题？学生讨论回答，教师做相应点拨：在实验课前3~4天，取洋葱一个，放在广口瓶上，装满清水，让洋葱的底部接触瓶内的水面。把广口瓶放在温暖的地方培养。待根长约5 cm时，取健壮的根尖。注意的问题：应选择底盘大的洋葱做生根材料；剥去外层老皮，用刀削去老根，注意要削掉四周的根芽；培养时注意每天换水1~2次，防止烂根。

教师提问：该实验的实验流程是什么？学生回答，教师做进一步强调：取材→装片的制作（解离→漂洗→染色→制片）→观察→绘图。（根据实验步骤逐步讲解和演示）

教师提问：取材的时间最好在什么时候？解离的目的是什么？解离过程中，应注意哪些问题？解离后细胞是否仍保持活性？学生讨论回答，教师适时引导。

教师提问：为什么要进行漂洗？怎样进行漂洗？学生讨论回答：由于染色剂是碱性染液，如不漂洗，酸碱发生反应，不利于着色；同时也是为了洗去盐酸，防止解离过度。

教师提问：在细胞中，能被碱性染液染成深色的物质是什么？染色时，为什么要把握好染色的浓度和时间？学生回答，教师做进一步强调：能被碱性染液染成深色的物质是染色体，即染色后增大了细胞核与周围部分的反差，便于观察染色体分布和变化。染色时，染液的浓度和时间要把握好，否则染色过深，不易观察细胞中的染色体。染色时间以3～5 min为宜。

教师提问：实验中，要使染色后的细胞分离和分散开，需采取哪些措施？学生讨论回答：先用镊子盖上盖玻片，用手指轻压载玻片，再覆盖上滤纸，然后用橡皮或笔端轻轻敲击盖玻片几下，使细胞分散开来。强调压片时用力要适当，过重会将组织压烂，过轻则细胞不易分散。然后进行显微观察。

3. 动手操作

请各组成员（4人一小组）选取实验材料中健壮的洋葱根尖进行实验。为避免解离时间上的偏差，组内成员分工合作操作实验过程，所有成员一起观察现象，由一名学生负责绘制不同时期的细胞图。

完成后，学生讨论：

（1）视野中观察到的细胞大多数处在什么时期？为什么？

（2）在一个视野中能否观察到一个细胞有丝分裂的连续过程？

（3）怎样确认一个细胞周期中各个时期的长短？

【巩固与拓展】

例：下列有关观察洋葱根尖细胞有丝分裂实验的叙述中，正确的是（　）。

A. 解离时可用盐酸除去细胞壁以分散细胞

B. 漂洗时洗去染液防止染色过深

C. 低倍镜下看不到细胞时可换用高倍镜观察

D. 高倍镜可以观察到不同分裂期的细胞

参考答案：D

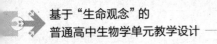

第二节　细胞的分化

【教学目标】

生命观念：通过学习细胞分化，认识到细胞分化在生物个体发育中的重要意义，体会生命的运动性，感受生命系统的统一性，逐步树立科学的世界观。

科学思维：分析归纳植物细胞全能性和动物细胞全能性的不同点，区分具体细胞全能性的大小，培养分析、归纳的思维能力。

科学探究：通过公共信息资源收集干细胞研究进展与人类健康的资料，学会鉴别、选择、运用和分享信息，形成评判有关信息的意识和能力。

社会责任：通过探讨干细胞、癌症等知识，联系生活实际，关注白血病等社会热点问题，关注生命健康。

【学情分析】

在初中阶段，学生已学习过有关组织、器官、系统的知识；对于细胞分化的例子有一些感性的认识，因而比较好理解细胞分化对于各种组织、器官、系统的重要意义。在高中阶段，学生已经了解了细胞的结构和功能等有关知识，掌握了细胞增殖的方式及意义，为本节知识的学习奠定了坚实的基础。学生对此内容的好奇心强，有浓厚的学习兴趣，教师可以充分利用学生的这一心理特点，组织学生开展教学活动，并运用多种教学手段，激发学生的学习兴趣，从而提高学生的学习效果。

【重点、难点】

重点：细胞分化的概念和意义，癌细胞产生的原因。
难点：细胞分化概念的归纳总结以及对细胞分化机理的理解。

【课前预习】

任务：小组作业，在网络上收集癌症病例及防治方面的资料和有关干细胞研究进展的资料。

【教学过程】

1. 创设情境，激发学习

先回顾上节课细胞的增殖的有关内容，以此检测学生知识的掌握程度。展示视频《人的胚胎发育过程》：讲述人是由受精卵开始发育，经过分裂、分化，最终发育成一个完整的个体的。从自身角度出发，引起学生的兴趣，从而引出本节课学习的内容"细胞的分化"。

2. 情境展开，小组合作，深化理解

展示一："受精卵发育成各种组织细胞的图片"和"根尖的分生区细胞不断的分裂、分化，形成成熟区的输导组织细胞、薄壁组织细胞、根毛细胞的图片"。引导学生通过对图片的分析、比较，归纳出细胞分化的概念：细胞分化是同一细胞的后代在形态、结构和功能上产生稳定性差异的过程。

教师提问：细胞分化只发生在胚胎时期，还是发生在生物体生命的整个过程中呢？你能举例说明吗？引导学生分析举例，并提供四组实例：造血干细胞、表皮生发层细胞、植物受精卵的分裂分化及根分生区细胞。通过大量的图片资料使学生明确细胞分化发生在整个个体发育过程中，且在胚胎时期分化程度最高。

小组活动：讨论分化实例，分析细胞分化的特点。

分化实例：

（1）黑色素细胞在体外培养30多代后仍能合成黑色素；离体培养的上皮细胞，始终保持为上皮细胞，而不会变成其他类型的细胞。

（2）高度分化的细胞不能再转变为其他类型的细胞，而且也失去了分裂能力。

小组讨论得出细胞分化具有普遍性、不可逆性、持久性和稳定性等特点。

教师提问：体细胞一般是通过有丝分裂增殖而来的，每个细胞都有一套和受精卵相同的染色体，携带有本物种相同的DNA分子（具有相同的遗传信息），那为什么分化后的细胞所呈现出来的形态结构和生理功能会不同呢？引导学生分组讨论，尝试分析总结出细胞分化的直接原因和根本原因。再以血红蛋白基因和肌动蛋白基因的解析图说明遗传信息的选择性表达是细胞分化的直接原因和根本原因。

展示二："受精卵形成各种组织的图片"。引导学生分析、比较、区别细胞分裂和细胞分化。通过比较，提出问题：细胞分化对生命活动有什么意义？

展示三："海拉细胞"及癌症实例。小组活动：列举生活中有关癌症的资料，解决"癌细胞是怎样形成的"这一问题，并让学生自己阅读课本，小组讨论"正常细胞和癌细胞的区别"。

教师对学生的结论进行评价，如有不完善的地方，及时加以修正和补充。

展示四："胡萝卜根细胞分化成植株的示意图"。教师提问：

（1）从根的切片分离的细胞是什么样的植物细胞？

（2）细胞数目增加的方式是什么？

（3）由胡萝卜的韧皮部细胞培养成完整的胡萝卜植株体现出植物细胞的什么特性？这个特性之所以能够表现的根本原因是什么？引导学生分析植物组织培养过程，得出细胞全能性的概念、原因和条件。

教师提问：已经高度分化的动物细胞是否也具有全能性呢？展示克隆羊多莉的产生过程，引导学生得出结论：动物细胞的细胞核也有全能性。教师对细胞核的全能性做出解释，并通过书本中蛙细胞的核移植实验示意图来强化学生的理解，再以多莉羊的诞生做拓展。

3. 情境再现，融入生活

结合学生的资料，总结细胞分化，了解癌细胞研究的新进展与人类健康。

【巩固与拓展】

例：下列关于细胞分化的说法中，错误的是（　　　　）。

A. 细胞分化与生物发育有密切的关系

B. 细胞分化是生物界一种普遍存在的生命现象

C. 细胞分化仅发生在胚胎时期

D. 细胞分化是在形态、结构、功能上发生稳定性差异的过程

参考答案：C

第三节　细胞的衰老与凋亡

【教学目标】

生命观念：通过对个体衰老与细胞衰老关系的研究和对人体外部形态的观

察，体会生命的运动性，形成生命的发展观。

科学思维：通过对各种衰老现象与凋亡现象的认识，学会归纳，提高学生联系实际灵活应用知识的能力。

科学探究：通过搜集资料，形成提取有用信息的能力。

社会责任：通过对有关衰老问题的探讨，关注当今世界面临的重大社会问题和人类健康的问题，激发社会责任感和使命感。

【学情分析】

细胞衰老和凋亡的现象并不陌生，衰老存在于生活的点点滴滴之中，所以教师应以问题串的方式引导学生思考，使得学生能够更快地进入学习状态。从学生的认知技能的角度来说，高二学生已经大致从形象思维转向抽象思维，逻辑分析能力也较为完善。本节课的内容比较接近现实生活，可利用现实生活中的例子来展开教学。

【重点、难点】

重点：细胞衰老的概念及特征，细胞凋亡的含义。

难点：细胞衰老与细胞凋亡的区别和联系。

【课前预习】

任务：小组作业，查阅报刊、利用互联网或者走访政府有关部门和养老院，搜集有关社会老龄化的资料，并且思考老龄化可能带来什么问题，我们应该如何解决，以便于在课堂上交流。

【教学过程】

1. 创设情境，激趣导入

教师创设情境：展示刘德华主演的电影《童梦奇缘》的剧照：谁没有幻想过一夜长大？谁没有垂暮之年产生如果可以重来的念头？如果真的有那么一种方式让你体验一夜长大，你会为此付出代价吗？引导学生说出人的一生需要经历的生命历程，引出细胞衰老与凋亡的内容。

2. 组织活动，引发思考

小组活动：全班学生分成4人一个小组，根据材料带着问题阅读书本，再小组展示讨论内容。

活动一：PPT展示老年人在晨练的图片，并给出脸部特写。教师提问：人体的衰老表现出哪些特征？老年人体内有没有幼嫩的细胞？年轻人体内有没有衰老的细胞？人体衰老和细胞衰老有什么关系？

资料：人体细胞每天的更新率为百分之一到百分之二，也就是说，每100个细胞当中，每天就有1～2个细胞更新。其中肝细胞寿命约为18个月，皮肤细胞的寿命约为10天，消化道内壁细胞的寿命只有几十个小时。

学生通过观看PPT描述衰老细胞的特征，并且根据现象——说明原因，师生归纳总结出细胞衰老的特征。

关于细胞衰老的原因，历来是研究人员极为关注又很难回答的问题，近几十年来，先后提出多种假说，目前人们比较能接受的是自由基学说和端粒学说。请各小组讨论，试着说一说细胞衰老能不能延缓，如果能，我们要如何延缓呢？

3. 比较分析，深入理解

细胞死亡有正常凋亡和异常死亡（坏死）两类。细胞凋亡是由基因决定的，细胞自动结束生命的过程。正常的细胞死亡是在细胞遗传物质的控制下进行的主动过程，它有一套严格的程序。

PPT展示：人的胚胎经历有尾阶段的图片、蛙的一生的图片、胎儿手的发育的图片、细胞非正常死亡的图片。

教师提问：细胞坏死和细胞凋亡有什么区别？

活动二：请同学们小组讨论思考并比较细胞凋亡与细胞坏死。

学生活动的时候，教师巡视并随时关注学生阅读填表的情况，教师参与到学生之中，师生共同得出结论。

4. 监测反馈，内化提升

活动三：小组学习了细胞衰老、细胞坏死和细胞凋亡后，请小组合作辨析概念。学生通过学习、比较分析，得出细胞凋亡、细胞坏死和细胞衰老的异同点。

活动四：关于人口老龄化，你有什么想说的？组织学生上台来说说其查阅到的资料，促使其关注老龄化问题，关爱老人。

【巩固与拓展】

例：蝌蚪在发育过程中，尾和鳃在一定时期消失。这属于（　　　）。

A. 细胞凋亡　　　　　　　　　　　　B. 细胞癌变

C. 细胞衰老　　　　　　　　　　　　D. 组胞分裂

参考答案：A

第四节　减数分裂

【教学目标】

生命观念：通过学习减数分裂过程中的染色体行为，明确生命物质的自主复制、自主运动，形成生命的发展观。

科学思维：通过对减数分裂过程中染色体数目和行为变化的学习，学会识别、分析和推断分裂示意图的能力。

科学探究：分析精子的产生过程，探究有性生殖中亲、子代染色体数目的变化。

社会责任：理解生命的延续和发展，联系生活实际，关注生殖健康。

【学情分析】

学生在必修1中已经学过有丝分裂的相关知识，已经对分裂过程中细胞将会出现的一些变化有所了解，但尚不清楚减数分裂时染色体、染色单体、DNA的变化。本节内容主要是以染色体的动态行为变化为中心，阐明精子的形成过程。教学中要特别注重让学生直观地观察、分析减数分裂中染色体的变化，并形成减数分裂的概念，实现真正的理解与掌握。

【重点、难点】

重点：减数分裂过程中染色体的行为。

难点：减数分裂过程中染色体的变化。

【课前预习】

任务：基本概念梳理——同源染色体、联会、四分体、减数分裂。

【教学过程】

1. 提问引入新课

引发学生思考：①什么是有性生殖？②在什么过程中形成受精卵？回答之后，演示卵式生殖过程即受精作用，提醒学生注意受精卵中的染色体组成。为进一步观察受精卵中染色体的特点，设计动画，模拟精卵的结合过程。这样，学生从画面上能清楚地看出受精卵中的染色体一半来自精子，一半来自卵细胞，并且每两条染色体大小、形态相似，由此引出同源染色体的概念。为进一步说明同源染色体的特点，插入人类体细胞的染色体组型图，最后得出完整概念。

由精子、卵细胞的染色体都只有受精卵即体细胞的一半，自然引出问题：精子和卵细胞是怎样产生的？先请学生讨论，能否以有丝分裂方式产生？之后引出减数分裂的概念，并展示学习这一概念应注意的几个问题：减数分裂中细胞分裂了几次？染色体复制了几次？

2. 精子的形成过程

首先指导学生带着几个思考题进行自学。思考内容包括：精子在哪里形成？精子形成过程中各阶段细胞的名称是什么？什么是联会、四分体？减数分裂发生在什么时期？

为讲述方便，也为了后面能说明染色体分离的随机性，细胞中的染色体以四条表示（两条红色且一大一小，两条蓝色且一大一小）。为防止学生眼花缭乱分散了注意力，师生逐图分析减数分裂各个时期染色体的形态变化。教师主讲间期及前期Ⅰ的染色体行为变化，再让学生图文结合观察和总结各时期染色体的特点，尤其重视染色体的行为变化。学生通过相互点评和补充来强化记忆，教师再以Flash动画呈现动态过程，让学生有更直观更深刻的认知。

讲述精原细胞时，除指出它来自睾丸或精巢，还应点明它的染色体数就是体细胞的染色体数。精原细胞形成初级精母细胞时，强调染色体在这一时期复制而形成姐妹染色单体，但染色体数目没有变化，即明确了联会时期每条染色体已含有两条染色单体，只是由于间期染色体呈染色质状态，所以看不出来，这样可以避免学生错误地以为复制是在四分体时期进行的。四分体时期，除强调概念，还应避免个别学生错误地将整个细胞中的四条染色体当作一个四分体，先提问：图中有几个四分体？再将其中一个四分体做PPT闪烁处理以加深印象，最后引导学生总结出"四分体个数就是同源染色体对数"。还可以列举人类、果蝇等常见生物，让学生思考具体生物的四分体数量。

后期Ⅰ，先展示一种同源染色体分离情况，形成两个子细胞，接着让学生讨论同源染色体能否有另一种分离情况，讨论之后再呈现另一种分离图，由此说明染色体具有一定的独立性。同源染色体移向哪一极是随机的，即不同对染色体之间可能自由组合，为后面学习遗传学的"分离规律和自由组合规律"奠定细胞学基础。

减数第二次分裂过程与有丝分裂相似，学生容易掌握，但也要强调两点：一是着丝点分裂，姐妹染色单体分开，姐妹染色单体消失；二是染色体数目在减数第二次分裂中不再减半。减数第二次分裂的过程尤其要突出有丝分裂后期与减数第二次分裂后期图的比较，使学生通过画面清楚地看出二者的不同，即"是否含有同源染色体"的问题，进一步说明减数分裂的本质。

过程讲解结束后可以在PPT中呈现若干打乱顺序的各时期细胞图，让学生识别并排序，自我检测对过程图的掌握情况，再次总结M1、M2的实质。

【巩固与拓展】

例：下列二倍体生物的细胞中，不含有同源染色体的是（　　　）。

A.有丝分裂中期的细胞　　　　B.有丝分裂末期的细胞

C.初级精母细胞　　　　D.次级精母细胞

参考答案：D

第❷课时

【教学目标】

生命观念：认同细胞的生命活动是一个连续动态的过程，从而形成生命的发展观。

科学思维：通过物理建模活动阐释减数分裂过程的各时期特点，运用科学的思维方法认清细胞分裂的整个过程。

科学探究：通过减数分裂模型的制作，提高实验动手能力，学会建模。

社会责任：基于生物学模型的认知，尝试解决生物学的相关问题，并善于利用这些能力解决生产和生活中的实际问题。

【学情分析】

上一节课已经学习了减数分裂中的一些重要概念及各个时期的重要特点，学生对减数分裂过程已经有了初步的印象。但一些概念的理解还有难度，借助模型可以直观地呈现，有利于学生更好地理解。减数分裂是一个连续动态的过程，可以让学生以小组合作的方式来制作几个典型时期的分裂模型，并形成序列，使得学生对减数分裂的全过程，了解得更透彻、更明白。

【重点、难点】

重点：建模演示减数分裂过程中的染色体行为、数量变化，子细胞数目、名称及种类变化，减数分裂中染色体行为的模式图绘制。

难点：建模演示减数分裂过程中的染色体行为、数量变化。

【课前准备】

具体材料可以用红、蓝两色塑料吸管来代替橡皮泥制作染色体，用橡皮泥代替铁丝来制作着丝粒。

教师教具：红、蓝两色硬质卡纸，剪出形态大小一样的染色体若干（不含姐妹染色单体），用两条同色系的染色体交叉叠放代表一条染色体上的一对姐妹染色单体，并用圆形磁力贴代表着丝粒，在交叉点将染色体固定展示在黑板上。

学生活动材料（每组）：1盒橡皮泥，长10 cm的红、蓝两种塑料吸管各两根，长15 cm的红、蓝两种塑料吸管各两根，4张直径25 cm左右的圆形白纸。

【教学过程】

1. 重点概念回顾及教具演示

教师简介教具，在黑板上依次粘贴卡纸展示一条染色体、染色体复制后的状态、姐妹染色单体分离呈现两条子染色体的状态，并提问各种状态下的染色体数、DNA数、染色单体数，为之后分析减数分裂各时期的数量变化奠定基础。

复习同源染色体、四分体、联会的概念，请学生到黑板上粘贴复制前后的一对同源染色体以及联会后形成的一个四分体图形。师生共同点评，修正模型。

2. 建模活动演示减数分裂过程

认识活动的教具及作用，简述橡皮泥表示着丝粒的操作——在塑料吸管的中间位置加一点橡皮泥，并让学生两人一组合作，用现有材料制作四分体。学生可能会出现以下典型问题：①取同型但不同色的两根吸管交叉粘住表示一条复制后的染色体；②交叉粘住的两根吸管不对称，及橡皮泥粘住的位置过于随意，不能体现出复制后相同的染色单体；③只制作了一对同源染色体，没有制作好另一对同源染色体。教师及时查看学生的制作情况，展示典型问题模型并点评，提出课堂建模活动的要求和注意点。

减数分裂过程各时期模型构建。指导学生利用现有材料，制作含两对同源染色体的细胞减数分裂过程。教师巡视指导学生操作，随机选取学生模型并将它粘在白纸上向学生展示，并让学生识别每个细胞中各时期的染色体数、DNA数和染色单体数。

在减数第二次分裂过程的建模中，可让部分小组边展示自己的模型边讲述各时期的特点和数量变化，组间互相补充或修改。其中展示末期Ⅱ模型的学生要说出哪两个细胞来自同一个次级精母细胞，并在同学制作的模型中找到对应前期Ⅱ模型。教师从中引导学生分析一个精原细胞最终形成几种精细胞，这个生物可以产生几种精细胞，培养学生归纳总结的理性思维。

3. 图形绘制

要求各组根据自己的建模活动情况，绘制出相关图形：①合作绘制后期Ⅰ、后期Ⅱ的细胞模式图，想想最终形成的精细胞类型，若发生交叉互换后又会出现怎样的模式图？形成几种精细胞？②绘制一条染色体在减数分裂过程中的行为变化。之后展示图形并讨论以上问题。

活动最后由教师评价本次课堂建模活动的总体表现和收获，表扬活动中表现较突出的小组，鼓励学生适当采用物理建模方式来分析生物问题。

【巩固与拓展】

例：（宁波市2017年新高考选考适应性考试）下列关于"减数分裂模型的

制作研究"活动的描述，错误的是（　　　）。

A. 用红色橡皮泥和蓝色橡皮泥制作的两种染色体分别表示来自不同亲本

B. 两条颜色长短一样的染色单体中部用一根铁丝扎起来，铁丝代表着丝粒

C. 演示减数分裂过程至少需要红色橡皮泥和蓝色橡皮泥制作的染色体各一条

D. 在纸上画减数第一次分裂和减数第二次分裂的两个纺锤体要相互垂直

参考答案：C

⊶ 第❸课时 ⊷

【教学目标】

生命观念：明确生物体的有性生殖是为了更好地维持种群的延续，认同生命的发展观、适应观与进化观。

科学思维：通过对比减数分裂和有丝分裂、精子和卵细胞形成过程的异同点，培养分析问题并认识事物实质的思维能力。

科学探究：通过对有丝分裂、减数分裂过程中染色体和DNA变化规律的认识，探究前后代染色体数目恒定性的意义。

社会责任：分析有性生殖与无性生殖的利弊，理解生产上扦插、嫁接的意义，形成为生产实际服务的责任意识。

【学情分析】

上一节课已经学习过精子的形成过程，但是作为跟精子一样的生殖细胞的卵细胞的形成过程还尚未明了。教学中可在已有知识（如有丝分裂）的基础上设置问题情境，结合实例探讨有性生殖过程中亲子代的染色体数目变化。由于减数分裂和受精作用是微观、动态和连续变化的过程，学生的认知有一定的困难，可通过多媒体课件直观地演示变化的过程，丰富学生的感性认识。

【重点、难点】

重点：卵细胞的形成以及受精作用的过程，DNA、染色体、染色单体的变化曲线。

难点：减数分裂过程中染色体的变化，有丝分裂和减数分裂的图形区别。

【课前预习】

任务：明确卵细胞的形成过程（预习教材内容）。

【教学过程】

复习上一课时的内容，即精子的形成过程中的染色体的变化过程，利用课件展示卵细胞的形成过程，重点强调卵细胞形成过程中细胞质不均等分裂。各小组通过交流能够记住各阶段细胞的名称，说出精子和卵细胞形成过程的异同，并填写表格。再让学生用表格比较减数分裂和有丝分裂过程，以及鉴别有丝分裂和减数分裂的图像。出示细胞分裂图引导学生总结图像识别方法：识别减数分裂、有丝分裂的关键是看是否具有同源染色体及是否有同源染色体的特殊行为。

利用动画、问答、小组探究、自己动手画曲线等形式加深学生的印象。关于受精作用的教学，可从染色体数目在前、后代体细胞中的恒定性引入。配子的多样性可由生物的多样性引出，并结合减数分裂过程，讨论配子多样性产生的原因并在不考虑生物变异的前提下能区分一个精（卵）原细胞产生的配子个数和种类，一个2N条染色体的个体产生的配子种类数。为突破减数分裂中染色体变化这个重难点，可进行识图与作图，如让学生绘制含两对同源染色体的生物在有丝分裂后期、后期Ⅰ、后期Ⅱ的细胞图，明确染色体在减数分裂与有丝分裂各时期的变化；也可绘制一张综合型曲线图，包含有丝分裂、减数分裂及受精作用等内容，指导学生认识每一个转折点代表的意义。

根据学生的情况，可以增加纵坐标为"每条染色体上的DNA含量"的坐标图进行分析，将有丝分裂和减数分裂两种情况结合分析每一段折线所代表的时期及DNA含量，使学生得到拓展提升。

【巩固与拓展】

例：10个卵原细胞和5个精原细胞，如果全都发育成熟，受精后最多可能产生的新个体数目为（　　　）。

A. 5个　　　　　　　　　　　　　B. 10个

C. 15个　　　　　　　　　　　　D. 20个

参考答案：B

第六章　生物的遗传

第一节　分离定律

⟡ 第❶课时 ⟡

【教学目标】

生命观念：通过豌豆的特点认识生物体结构与功能相适应，能用进化和适应导致生物多样性的生命观点解释各种相对性状的存在。

科学思维：基于杂交实验的事实和证据，运用假设与演绎的理性思维解释现象并概括规律，初步尝试建构遗传图解模型。

科学探究：感悟孟德尔遗传实验的巧妙设计，使用数理统计方法处理、归纳、分析实验数据，逐步养成科学探究的习惯。

社会责任：了解孟德尔的生平，体会科学家对科学探究的执着信念和求真务实的科学态度。

【学情分析】

学生在初中科学中已经学过植物各器官的具体结构，具有两性花、单性花的认知，能理解自花授粉，但不知闭花授粉。学生已经具备一定的自学和概括能力，但对于单因子杂交实验具体步骤、原因还不会自主思考，日常生活场景中可能看到过一些遗传学符号但不知具体含义，对遗传图解的书写完全陌生，假说演绎的思维需要教师的引导。遗传现象十分普遍，学生对遗传学学习兴趣浓厚，思维活跃的学生更乐于进行遗传推理。

【重点、难点】

重点：单因子杂交实验过程及遗传学符号，孟德尔对分离现象的解释和分离假设的验证。

难点：孟德尔对分离现象的解释和分离假设的验证。

【课前预习】

任务：梳理基本概念，如性状、相对性状、显性性状、隐性性状、性状分离等。

【教学过程】

1. 历史情境导入

通过微视频或PPT播放孟德尔的生平，使学生钦佩科学家的科研精神，感动于科学家求真务实的科学态度，有利于初步激发学生学习遗传学的良好态度，重视数理统计对遗传学的重要影响。

2. 问题情境展开

教师提问：为什么经过了那么多的实验，孟德尔选择豌豆作为杂交实验的材料呢？学生容易找准书本内容陈述，此时教师需强调豌豆的闭花授粉不同于普通开花授粉现象，这样授粉无外来花粉的干扰，便于形成纯种。

PPT呈现"豚鼠的黑毛和白毛、狗的卷毛和长毛、兔的长毛和狗的短毛"等类似组合让学生判断，考查学生对相对性状概念的理解，培养学生对重要概念、要点的概括能力。再结合图片呈现人类肤色等的相对性状，从人类肤色的多种表现类型揭示出学生的一种前概念冲突——相对性状就是一对一对的性状吗？从而使学生形成新的科学概念，还可以课堂互动观察双手手指嵌合情形、拇指竖起时弯曲情形让学生体验普遍存在的相对性状，进一步激发学生的学习热情，并感受生物多样性的生命观点。

播放单因子杂交实验的小动画，让学生概括实验的重要步骤和目的，提示豌豆闭花授粉的特点让学生思考去雄和授粉的时间，并核对遗传符号的含义。

陈述紫花豌豆与白花豌豆的杂交实验，展示豌豆7对相对性状的杂交实验结果，让学生信服统计数据，明确这并非偶然现象，而应该是一种规律。讨论猜测F_1代全为紫花的各种原因，学生相互点评，教师引导补充。例如，观点1：花色由母本决定。反驳：正反交结果一致，并非母本决定。观点2：紫色素遮盖了白色素。反驳：F_1中的紫色素与亲本一样多。观点3：融合出了新基因？反驳：F_2有性状分离。观点4：白花性状相关基因丢失？反驳：F_2有性状分离。

在此过程中概述显隐性、性状分离、正反交、自交、杂交等名词，让学生构建好相关概念，尤其需要强调自交的广义概念，不要让学生局限于狭义概念，认为只有同一个体才有自交。

3. 假说–演绎法分析分离现象

引导学生思考阐述孟德尔假说的要点、孟德尔怎么解释遗传因子与性状的关系、孟德尔怎么解释子一代和子二代的现象。在此过程中师生一起概述显性基因、隐性基因、基因型、表现型、纯合子、杂合子的概念，学生系统掌握专有名词及其含义。

通过CC、Cc两种基因型对应同种表现型解决学生关于基因型与表现型是否一对一的前概念冲突。教师还可以将文字转化为遗传图解板书，示范这种特殊模型的书写格式。

引导学生思考孟德尔解释分离现象所做假设的核心内容和过程在哪里？解释成功后是否能形成理论？再引入演绎的思想，引导学生思考如何验证杂合子F_1能产生两种配子且比例为1∶1？结合孟德尔测交实验的概念和目的，让学生写出遗传图解，预测测交结果。最后概括分离定律内容。

【巩固与拓展】

例：下列关于孟德尔的研究过程的分析不正确的是（　　　　）。

A. 提出问题是建立在豌豆纯合亲本杂交和F_1自交遗传实验基础上的

B. 为了验证做出的假设是否正确，孟德尔设计并完成了测交实验

C. 孟德尔所做假设的核心内容是"性状是由位于染色体上的基因控制的"

D. 孟德尔发现的遗传规律不可以解释所有有性生殖生物的遗传现象

参考答案：C

◆◆◆ 第❷课时 ◆◆◆

【教学目标】

生命观念：概括遗传规律的适用范围，深入理解分离定律的实质，体会生命的遗传本质，认同进化与适应的观点。

科学思维：构建遗传学名词的概念图，运用建模的理性思维厘清各名词的

相互关系，并应用遗传图解推导、归纳相对性状显隐性的判断方法和显性个体基因型的判断方法。

科学探究：在小组探讨过程中提高合作与交流能力，养成科学探究的习惯。

社会责任：尝试用简洁的遗传符号规范书写遗传图解，解释生活中的遗传现象并用于指导今后的生产、生活。

【学情分析】

学生已经能列举各遗传学名词，知道其基本意思，但还需要在教师的引导下梳理各名词间的相互关系，形成有机知识脉络。学生基本掌握遗传学符号，能理解教师板书的遗传图解，需要通过练习进一步规范书写以及区分交叉连线和棋盘法两种遗传图解形式。

【重点、难点】

重点：规范遗传图解的书写，应用遗传图解解决遗传学问题。

难点：归纳总结分离定律的实质和应用范围。

【课前预习】

任务：请用概念图的形式表示基因类、个体类、性状类各种概念的相互关系。

【教学过程】

1. 复习遗传学名词，尝试构建概念图

复习回忆第一课时的几组遗传学名词，师生共同构建概念图，训练学生的概念整合能力。检查学生的预习情况，重点突出基因对性状的决定作用，留下课后探讨题"基因对性状的决定作用是否是一对一的关系？"建议学生查找相关资料或从习题中寻找依据。联系教材P11的课外读"表现型是基因型与环境共同作用的结果"，例述生物体内在环境和外界环境对表现型的影响，使学生理解即使基因型相同，表现型也不一定相同的原因，转变学生"一种基因型对应一种表现型"的前概念认知，使学生能多方面地看待生物学现象。

2. 遗传图解的规范书写与分类比较

师生一起回忆假说–演绎法，解释分离现象，教师板书交叉连线式的遗传

图解，按一般评分要求强调"亲本的基因型与表现型、子代的基因型与表现型、遗传符号、子代基因型与表现型的比例"这四个要点。再让学生仔细观察书本上F_1到F_2的遗传图解的书写，指出不同之处，教师示范书写棋盘法形式的遗传图解。之后要求学生分别用这两种形式书写测交实验的遗传图解，按评分标准相互点评。培养学生良好的书写习惯，促进学生掌握遗传图解这种特殊的建模方式。

3. 合作推理常见的遗传学问题

教师进一步创设问题情境：只考虑一对等位基因（A/a），有哪些交配组合类型？并书写遗传图解。要求学生将原来预习思考的结果呈现出来，等学生把6组交配组合类型说齐后再分组书写遗传图解，并用板书反馈抽查学生。利用这6组遗传图解再设问：①判断相对性状显隐性的方法是什么？②判断显性个体基因型的方法是什么？让学生小组讨论总结，教师辅导补充，选取有典型推测思路的小组在班级进行分享。

4. 分离定律实质再认识

用教材P9的小资料，分析"花粉鉴定法"的内涵，并自然过渡到分离定律的实质与核心内容。采用填空形式强调关注点："控制（一对）相对性状的（等位）基因互相独立、互不沾染，在形成（配子）时随彼此分离，分别进入不同的（配子）中，随（配子）遗传给后代。结果一半的配子带有等位基因中的一种，另一半的配子带有等位基因中的另一种。"提炼核心内容——杂合子（F_1），产生配子时，等位基因分离。

最后从提示生物类型、繁殖方式等角度，师生总结分离定律的适用范围——分离定律是一种进行有性生殖的真核生物的一对相对性状的细胞核遗传。

【巩固与拓展】

例：采用下列哪一组方法，可以依次解决①～④中的遗传问题？（　　　　）
① 鉴定一只白羊（白毛由B基因控制）是否纯种
② 在一对相对性状中区分显隐性
③ 不断提高小麦抗病品种的纯合度
④ 检验杂种F_1的基因型

A.杂交、自交、测交、测交　　　　　　B.测交、杂交、自交、测交

C.测交、测交、杂交、自交　　　　　　D.杂交、杂交、杂交、测交

参考答案：B

◆━━ 第❸课时 ━━◆

【教学目标】

生命观念：说出显性相对性的含义和类型，对具体现象做出正确的判断，认同生命的多样性。

科学思维：引用例题区分自交与自由交配的含义，提高遗传学数据推理与计算能力；尝试绘制坐标图、系谱图来阐释生命现象和规律。

科学探究：应用遗传规律探讨、推算概率。

社会责任：从遗传角度解释农业育种，关注生产实践；结合系谱图关注人类疾病的预防。

【学情分析】

学生已经掌握了运用遗传图解推断一些遗传学现象，并能进行常规的、简单的推算，可以继续通过习题训练提高运用能力，而像区分自交、自由交配等混淆的概念和相关推算还需要教师的指导。高中生已经具备借助坐标图表示概率变化的数学基础，可由此分析一些遗传学变化并进一步提升生物学理性思维。对学生而言，系谱图是一种全新的图形，需要在教师的指导下将材料中的文字转化为该图形，这将大大促进学生今后的遗传学概率运算速度和正确率。

【重点、难点】

重点：自由交配的概念及相关运算，分离定律在农业育种和医学上的应用。

难点：自由交配的运算。

【课前预习】

任务：

关于自交的几个思考：

（1）植物都是进行自交的吗？

（2）自花授粉、闭花授粉、异花授粉这些是不是都是自交？

（3）动物存在自交吗？

（4）请从广义角度说说自交和杂交的关系。

【教学过程】

1. 自交与自由交配

根据预习任务的四个问题，让学生表达自己的见解，师生点评。在此过程中，教师可以检测学生的掌握情况，学生相互交流提高对自交内涵的理解。关注混淆点：植物并非都是雌雄同体的；异花授粉并非都是杂交，可能是自交；动物一般不可以自交；从广义角度看，自交可以认为是杂交的一种。

引入自由交配的定义：种群中各种基因型个体间随机、均等机会的交配就是自由交配，也叫随机交配，即配子的随机组合。通过以下两个例题的计算区分自交和自由交配：

例题1：已知小麦抗锈病是由显性基因控制的。让一株杂合小麦自交获得F_1，继续让F_1自交，理论上计算，F_2中不抗锈病的植株占总数的$\frac{3}{8}$。

例题2：果蝇灰身（B）对黑身（b）显性，现将纯种灰身果蝇与黑身果蝇杂交，产生F_1代，再自交产生F_2代，将F_2代中所有黑身果蝇除去，让灰身果蝇自由交配，产生F_3代。问F_3代中灰身与黑身果蝇的比例是（ C ）。

A. 3 : 1   B. 5 : 1

C. 8 : 1   D. 9 : 1

针对例题2，从配子随机结合的角度，总结出采用棋盘法可计算此类题型的计算思路。

2. 例述分离定律的应用

（1）分离定律在农业育种上的应用

创设三种情境让学生讨论探究：杂种优势利用、显性性状的选择、隐性性状的选择。并呈现学生的推导思路图。

引导学生总结出杂合子连续自交n次，后代各类型所占的比例。

最后总结分离定律在农业育种上的应用：杂种优势利用，仅限第一代；显性性状的选择选出后连续自交，直到不发生性状分离为止；隐性性状的选择选出后直接利用。

（2）分离定律在医学上的应用

引入系谱图，说明婚配线、男女、夫妻关系、亲子代关系、正常与患病的表示情况等，通过例题进行分析。

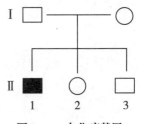

图6-1-1 白化病基因

例题：白化病是人类的一种隐性遗传病，控制基因为a，如图6-1-1所示：求：①I$_1$，I$_2$，II$_2$的基因型；②该夫妇再生一个孩子患白化病的概率有多大？③II$_2$是杂合子的概率是多少？

参考答案：①Aa Aa AA或Aa；②1/4；③2/3

布置课后思考题：你会对显性遗传病、隐性遗传病分别提出怎样的预防措施？提示：可以参看必修2第六章第二节中"优生"的相关措施。

3. 显性的相对性

让学生阐述显性的三种表现类型，教师补充。师生一起分析教材P12的思考与练习中的简答题：一头纯种白色母牛与一头纯种红色公牛交配，产下一头幼牛，既有白色的毛，也有红色的毛，远看像粉褐色。请试着解释产生这种现象的原因。让学生讨论不完全显性和共显性是否符合孟德尔定律，还可以拓展思考某些致死基因导致遗传分离比变化的现象，比如显性纯合致死——因为AA死亡，所以Aa自交后代的情况是否符合遗传定律？

教师再引导学生总结孟德尔分离定律需要满足的一些条件：①所有后代都应该处于比较一致的环境中，而且存活率相同。②供实验的群体要大、个体数量要足够多。③不同类型的雌雄配子都能发育良好，且受精机会均等。子一代的两种配子的结合机会是相等的。④所研究的每一对相对性状只受一对等位基因控制。

【巩固与拓展】

例：具有一对等位基因的杂合子亲本连续自交，某代的纯合子所占比例达95%，则该比例最早出现在（　　　）。

A. 子3代　　　　　　　　　　B. 子4代

C. 5代　　　　　　　　　　　D. 子6代

参考答案：C

第二节　自由组合定律

第❶课时

【教学目标】

生命观念：通过"模拟孟德尔杂交实验"的活动，指导学生探究遗传规律，认同生命的多样性。

科学思维：运用模拟活动直观展现一对等位基因的分离与两对等位基因的自由组合，结合活动过程及结果，对遗传现象做出理性解释和判断。

科学探究：小组合作进行模拟活动，充分理解操作要点，并尝试单因子杂交实验的设计，感悟科学研究方法。

社会责任：感受孟德尔热爱科学、献身科学的执着与奉献精神。

【学情分析】

通过前一节的学习，学生对单因子杂交实验有了一定的感性认识，可尝试通过一对相对性状杂交的模拟实验，认识等位基因在形成配子时相互分离，受精时雌雄配子随机结合等现象。通过模拟活动进一步理解基因分离定律，学会运用数学统计方法分析数据并得出结论的科研方法。在此基础上再合作两对相对性状的模拟杂交实验，为学习双因子杂交实验的假说-演绎推理做好前期准备。

【重点、难点】

重点：模拟活动材料的含义及活动过程，组合后F_2代中各种基因型及表现型的阐述，数据整理与统计。

难点：模拟活动材料的含义及活动过程操作细节。

【课前准备】

教室布置：按4人一组移动桌椅进行合理安排。每组材料准备：4个大信封，内标有Y、y、R、r的卡片各20张。

【教学过程】

1. 复习回顾基因分离定律

写出孟德尔一对相对性状杂交实验的遗传图解及验证实验的遗传图解，两名学生板书（或将若干名学生的遗传图解实物投影），按评分标准进行点评，既回忆了实验过程及一些遗传学概念，又检测和规范了学生的书写。

强调分离定律的实质为杂合子F_1产生配子过程中等位基因分离，分别进入不同的配子中，理解测交后代表现型及其比例与F_1配子种类和比例的关系，为接下来的模拟实验奠定基础。

2. 一对相对性状的模拟杂交实验

模拟实验步骤分析。①雌1、雄1的信封中含有Y、y两种卡片，分别对应黄色、绿色相应基因，代表雌雄个体的基因型为Yy，表现型为黄色；②从雌1、雄1中各随机抽取1张卡片，表示雌、雄个体产生的配子；③将步骤②取出的两张卡片组合表示受精作用，并注意记录好组合类型后将卡片及时放回原信封以免影响概率统计。

模拟活动开展。每组重复步骤②③10次，将结果记录在表格6-2-1中。教师查看学生活动情况，及时发现问题进行纠正，或将错就错，最后呈现错误操作的结果并进行分析。

表6-2-1　每组模拟活动结果记录表（单因子实验）

结　果	基因型		
	YY	Yy	yy
组合次数			
合　计			

（注：写"正"字表示次数）

数据分析处理。教师设置两张表格，分别记录各自的结果，表格6-2-2由教师汇总班级各小组的数据统计分析，还可以借助Excel的功能直接形成柱形图来直观显示数据，比例接近1∶2∶1。其中各小组的记录结果也许与理论值差距明显，教师要指导学生分析原因：回顾活动操作步骤是否有误，或是样本小误差大。

表6-2-2 班级各小组数据汇总分析表（单因子实验）

结　果	基因型		
	YY	Yy	yy
第一组			
第二组			
……			
各组汇总			

3. 两对相对性状的模拟杂交实验

模拟一对相对性状的杂交实验，指导学生重走步骤分析—活动开展—数据分析之路。活动形式可以分两种：一种是在前一个活动的基础上再增加用雌2、雄2的信封，并分别随机抽取其中的一张卡片再组合，将表格6-2-1和表格6-2-2中的基因型换成RR、Rr、rr，最后将这三种基因型与YY、Yy、yy三种基因型进行组合，出现9种基因型，4种表现型，并根据汇总数据利用乘法原则推算出每种基因型和表现型的概率。第二种活动形式是按照书本步骤，随机抽取雌1、雌2信封中的卡片各一张进行组合，代表两种非等位基因组合的雌配子；随机抽取雄1、雄2信封中的卡片各一张进行组合，代表两种非等位基因组合的雄配子，预测可能出现的配子类型。将抽取到的4张卡片组合代表雌雄配子随机结合，再及时将卡片放回原信封，预测可能出现的F_2代的基因型和表现型，根据实际抽取和组合情况记录数据（见表6-2-3）。

表6-2-3 班级各小组数据汇总分析表（双因子实验）

结　果	基因型								
	YYRR	YYRr	YyRR	YyRr	YYrr	Yyrr	yyRR	yyRr	yyrr
第一组									
第二组									
……									
各组汇总									

将两种不同活动最后统计的基因型、表现型的种类及比例做比较，从中体会等位基因分离的同时，与之相对独立的另一对等位基因也分离，且非等位基因之间自由组合，相互之间互不干扰。

知识点渗透：将各种基因型的种类划分为纯合子、单杂合子、双杂合子，将表现型的种类划分为单显性、双显性、双隐性。为自由组合定律的第二课时做好知识铺垫。

【巩固与拓展】

例：下列有关"模拟孟德尔杂交实验"的叙述，错误的是（　　）。

A. 在模拟两对相对性状杂交实验的受精过程时，全班学生的组合方式总数为16种

B. 在模拟两对相对性状杂交实验时，应将雌1（Y10张，y10张）雌2（R10张，r10张）两个信封里的卡片放到一起，每次抽取其中两张

C. 若在模拟一对相对性状的杂交实验时，在雌1中放入卡片Y和y各10张，在雄1中放入卡片Y和y各20张卡片，也能获得相同的结果

D. 若要模拟杂合子玉米（Yy）自交后的显性个体之间随机交配的子代基因型种类和比例，可在雌1和雄1信封中都放入20张Y卡片和20张y卡片

参考答案：B

第②课时

【教学目标】

生命观念：通过豌豆两对性状的重组现象理解生物的遗传和变异，认识生物多样性产生的原因与意义，进一步认同生命的发展观。

科学思维：采用启发式和探究式相结合的方法，运用假设–演绎法理解自由组合定律的现象及规律，并学会该方法的运用。

科学探究：了解和掌握孟德尔实验的科学研究过程，深刻领会孟德尔实验的科学研究方法，领略科学研究魅力。

社会责任：通过孟德尔遗传学实验过程的学习，进一步感受科学家的执着态度与奉献精神。

【学情分析】

"模拟孟德尔杂交实验"的活动后，学生体验到了数理统计方法对遗传

学数据分析的重要意义，也更加认同遗传定律中数据比例的作用，尤其对双杂合的F_1产生配子的情况及产生F_2的情况有了实际统计，具备了较充足的知识基础。在一对相对性状的杂交实验中也已经知道了假说-演绎法的基本步骤和模式，可以尝试沿着孟德尔的探究历程自主分析两对相对性状的杂交实验，遵循由现象到本质、由简单到复杂，层层深入地讨论生物遗传基本规律，并进一步巩固和拓展假说-演绎法在各种遗传现象中的运用。

【重点、难点】

重点：两对相对性状的杂交实验过程，孟德尔对自由组合现象的解释和自由组合假设的验证；用遗传图解表示双因子杂交实验。

难点：孟德尔对自由组合现象的解释和自由组合假设的验证。

【课前预习】

任务：理解两对相对性状的杂交实验。

【教学过程】

1. 导入新课

引用小故事：一位美女给爱因斯坦写情书，美好愿望是他们的结合能生出有爱因斯坦的智慧和美女美貌的后代，爱因斯坦的回复则是后代也有可能集合了美女的可怜智慧和自己的糟糕外貌。故事体现了性状的重新组合。在生产与生活实际中人类如何更好地获取自己所需的性状组合呢？小故事激发了学生探究新知识的兴趣。

2. 新课学习

两对相对性状的杂交实验。引导学生分析教材P15的图1–9孟德尔的双因子杂交实验并提出问题串：

（1）孟德尔使用了哪两种不同性状进行实验？

（2）各自的相对性状分别是什么？

（3）其中显性性状分别是什么？

（4）在纯合的黄色圆形种子和绿色皱形种子为亲本进行杂交实验的过程中，每一对相对性状的遗传遵循分离定律吗？

自由组合现象的解释。学生自学教材P16的内容，思考F_2为什么会出现新的性状组合类型？F_2中新性状组合的类型与亲本性状有什么关系？教师强调重组类型、单显性、双显性的概念，让学生尝试解释为何F_2出现四种表现型，且比例接近9：3：3：1，这与一对相对性状实验中的3：1有什么关系。提示学生从数学角度分析（3：1）^{2}的展开式为9：3：3：1，从F_2出现的四种表现型说明不同的性状之间进行了自由组合。自由组合定律是建立在分离定律的基础上的，因此要让学生将自由组合问题转化为基因分离问题，先研究每一对相对性状，然后再把它们的结果综合起来，即"先分开、再组合"的理解思路，并从乘法原则的角度快速计算四种表现型的比例，再请学生讨论并尝试模仿孟德尔对单因子杂交实验的解释进行大胆假设。

性状能够自由组合，是因为控制性状的遗传因子自由组合。通过设定控制叶子颜色的基因为Yy，控制种子形状的基因为Rr，指导学生尝试着将这两对相对性状的杂交实验的遗传图解书写出来，教师及时指正学生错误的地方并仔细讲解遗传图解书写的格式。仔细分析F_2代的基因型与表现型，区分单杂合与双杂合的概念，通过细数书本棋盘中的基因型与表现型确定各自比例，既加强重要知识点的认知和记忆，也让学生体会到棋盘法计数的弊端，引导学生结合分离定律和乘法原则进行迅速准确的概率计算。

对自由组合现象解释的验证。让学生回顾假说–演绎法的基本思路，据此推测演绎方法（验证实验），再结合教材P18第三段及图1–3，尝试画出测交遗传图解，并从实验方法、实验目的、预期结果、实验结果和实验结论五个方面分析测交实验，通过数据处理、分析和归纳，学习科学的研究方法，培养生物学核心素养。

回顾同源染色体、非同源染色体的概念，将等位基因、非等位基因标注在染色体上，通过细胞分裂图分析为何F_1会产生四种雄性配子、四种雌性配子，最后总结出自由组合定律的实质：控制不同性状的遗传因子的分离和组合是互不干扰的；在形成配子时，决定同一性状的成对的遗传因子彼此分离，决定不同性状的遗传因子自由组合。

【巩固与拓展】

例：某种鼠中，黄鼠基因A对灰鼠基因a为显性，短尾基因B对长尾基因b为显性，且基因A或b在纯合时使胚胎致死，这两对基因是独立遗传的。现有两只双杂合的黄色短尾交配，理论上所生的子代表现型比是（　　　）。

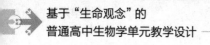
A. 2 : 1   B. 9 : 3 : 3 : 1
C. 3 : 1   D. 1 : 1 : 1 : 1

参考答案：A

第❸课时

【教学目标】

生命观念：分析性状重组的现象及原因，明确生物在繁衍种族的过程中所体现出遗传与变异的普遍性，认同生命的多样性与适应性。

科学思维：通过对自由组合图表题的分析，学会理性思考，尤其是注重思维中的推理与判断。

科学探究：通过各种类型遗传现象的分析，探究生物在前后代遗传时所体现出的规律。

社会责任：将遗传定律运用在动植物育种和医学实践中，形成造福人类的态度和价值观。

【学情分析】

通过前面孟德尔分离定律和自由组合第一、二课时的学习，学生已经领略了孟德尔科学探究方法——假说-演绎法，初步掌握了分离定律和自由组合定律的实质，但是对自由组合定律的应用和概率计算还不熟练，缺乏习题演练和强化。课堂上可引用典型例题进行规律推导、系统计算和归纳总结，增强学生的综合应用能力。

【重点、难点】

重点：如何巧用分离定律解决自由组合问题，解释或预测一些遗传现象，了解基因的自由组合定律在动植物育种、遗传病和优生方面的应用。

难点：巧用分离定律解决自由组合问题。

【课前预习】

任务：具有两对相对性状的纯种个体杂交，明确在F_2中出现的各种性状及比例。

【教学过程】

1. 复习回顾

先请学生回忆自由组合定律的实质，并将亲本为黄色圆形和绿色皱形的豌豆杂交得到F₂的遗传图解书写一遍，考查学生对上节内容的掌握情况，强调遗传图解书写的规范性。

分析课前预习，指导审题"两对相对性状的纯种个体"分两种情况：①类似孟德尔两对相对性状的杂交实验，双显性亲本与双隐性的纯合亲本杂交；②单显性的两种纯合亲本杂交。不同的亲本组合则导致F₂代中的重组类型有两种情况。

2. 解决自由组合问题的思路与计算

独立遗传的情况下，有几对基因就可以分解为几个分离定律问题，借助乘法原则可以解决一系列自由组合的问题。

配子类型的问题。如AaBbCc产生的配子种类数是多少？$2 \times 2 \times 2 = 8$种。

配子间结合方式的问题。如AaBbCc与AaBbCC杂交过程中，配子间结合方式有多少种？$8 \times 4 = 32$种。

基因型类型的问题。如AaBbCc与AaBBCc杂交，其后代有多少种基因型？$3 \times 2 \times 3 = 18$种。

表现型类型的问题。如AaBbCc与AabbCc杂交，其后代可能有多少种表现型？$2 \times 2 \times 2 = 8$种。

基因型及表现型比例。如AaBbCc与AabbCc杂交，后代中AaBbcc所占比例是多少？后代中三个性状都是显性的个体所占比例是多少？$1/2 \times 1/2 \times 1/4 = 1/16$，$3/4 \times 1/2 \times 3/4 = 9/32$。

例题应用：假定五对等位基因自由组合，则AaBBCcDDEe与AaBbCCddEe杂交产生的子代中，有一对等位基因杂合、四对等位基因纯合的个体所占的比率是（B）。

A. 1/32   B. 1/16

C. 1/8   D. 1/4

注意让学生关注基因型，关注出现的等位基因的对数，并合理运用乘法原则。

3. 图表题分析

学习了自由组合定律之后，经常需要分析两对相对性状相关的图表题，常见题型为通过坐标图或表格信息来分析每对相对性状的显隐性，根据后代表现型及比例推测亲本，请看例题。

例题1：黄色皱粒豌豆与绿色圆粒豌豆杂交，子代的性状表现类型按每对相对性状进行分析和统计的结果如图6-2-1所示，其中黄色（Y）对绿色（y）是显性，圆粒（R）对皱粒（r）是显性，请分析回答：

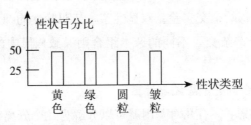

图6-2-1 子代性状表现类型及百分比

（1）子代中圆粒与皱粒的比例是＿＿1：1＿＿。

（2）亲本中黄色皱粒与绿色圆粒的基因型分别为＿＿Yyrr和yyRr＿＿。

（3）子代性状表现型的比例是＿＿1：1：1：1＿＿。

（4）子代中黄色圆粒的基因型是YyRr，若使子代中的黄色圆粒与绿色皱粒个体杂交，它们的后代中纯合子所占的比例是＿＿1/4＿＿。

分析要点：

（1）仔细审题，是否显隐性已知？是否由规定的字母来对应显隐性基因？亲本已知哪些信息？

（2）寻找坐标中的有用信息，通过分析子代中每对相对性状的数据比例来推测亲本。

（3）看清问题细节，子代还是亲代？基因型还是表现型？子代中还是子代中某种表现型的所占比例？纯粹写比例还是需要同时写出基因型或表现型？

例题2：表6-2-4为三种不同小麦杂交组合及其子代的表现型和植株数目。

表6-2-4　小麦杂交组合及其子代的表现型和植株数目

组合序号	杂交组合类型	子代的表现型和植株数目			
		抗病红种皮	抗病白种皮	感病红种皮	感病白种皮
1	抗病、红种皮×感病、红种皮	416	138	410	135
2	抗病、红种皮×感病、白种皮	180	184	178	182
3	感病、红种皮×感病、白种皮	140	136	420	414

据表分析，下列推断错误的是（B）

A. 6个亲本都是杂合体　　　　B. 抗病对感病为显性

C. 红种皮对白种皮为显性　　　D. 这两对性状自由组合

分析要点：

此题既没有规定基因字母，也未知显隐性及亲本情况，需要学生根据子代中每对相对性状呈现的数据，自设基因字母来分析每对性状显隐性，再推测亲本基因型，并进行相关概率计算。

4. 联系生产实践

了解基因的自由组合定律在动植物育种和医学实践中的应用。通过教材P22课后两道简答题的演练让学生理解位于不同同源染色体上的非等位基因所控制的优良性状重组可以培育优良品种，并对家系中两种遗传病发病的情况进行列表分析与比较（见表6-2-5）。

表6-2-5　两种遗传病发病情况的分析比较表

类　型	计算公式	相关图解
患甲病的概率为m	非甲病概率为$1-m$	
患乙病的概率为n	非乙病概率为$1-n$	
只患甲病的概率	$m-mn$	
只患乙病的概率	$n-mn$	
同患两种病的概率	mn	
只患一种病的概率	$m+n-2mn$ 或$m(1-n)+n(1-m)$ 或1-兼患两病概率-不患病概率	
患病概率	$m+n-mn$或1-不患病概率	
不患病概率	$(1-m)(1-n)$	

两病兼患　甲病　乙病　只患甲病　只患乙病　正常

137

【巩固与拓展】

例：两株纯合子亲本植株杂交，产生的 F_1 基因型为 AaBb，则下列有关叙述错误的是（　　）。

A. 如果 F_1 自交，F_2 只有两种表现型，即可判断上述两对等位基因的遗传不遵循自由组合定律

B. 如果两对等位基因的遗传遵循自由组合定律，让 F_1 接受 aabb 植株的花粉，形成的后代基因型有四种，且比例为 1：1：1：1

C. 如果 F_1 自交，且遵循自由组合定律，产生的 F_2 有三种表现型，则 F_2 中表现型不同于 F_1 的个体所占比例可能为 7/16

D. 如果两对等位基因的遗传不遵循自由组合定律，则 A 基因与 a 基因在遗传时依然互相独立、互不沾染

参考答案：A

第❹课时

【教学目标】

生命观念：分析多对基因存在时出现的基因致死、基因累加效应等特殊的基因自由组合现象，感悟生命的多样性与特殊性，认同生命的发展观与进化观。

科学思维：通过对自由组合性状分离比及变式分析，拓展对自由组合定律的实质认知，培养知识迁移和发散思维，养成理性思维品质。

科学探究：结合遗传定律和数学统计知识探讨 9：3：3：1 的变式，从数据呈现到结果分析，感受科学探究的过程。

社会责任：总结孟德尔成功的原因，学习科学家锲而不舍的科学精神。

【学情分析】

通过前几节课的假说–演绎、实例推导和概率计算，学生已能较熟练地应用规律解答相关习题，也能对生产、生活实例进行合理的分析并做出解释。但该规律在习题的应用中变式很多，针对一些难度较大的题目，学生会显得无所适从，错误率较高，为此，要精选一些典型题，加强实战演练，并提炼方法、

拓展思维。

【重点、难点】

重点：自由组合定律的应用范围及两大遗传定律的比较，F_2代表现型比例变式原因分析与概率的计算，总结孟德尔取得成功的原因。

难点：F_2代表现型比例变式分析与概率的计算。

【课前预习】

任务：思考并分析以下问题。

（1）一对相对性状的遗传是否一定遵循分离定律？

（2）两对相对性状的遗传是否都遵循自由组合定律？

（3）两对相对性状杂交实验的F_2代性状分离比都接近于9：3：3：1吗？

【教学过程】

1. 自由组合性状分离比及变式分析

根据任务中的问题（1）及课前讨论题设问引入，对应图例分析。根据机制1，A_B_黄色，其余白色；根据机制2，A_bb黄色，其余白色。学生知道了两对或更多对基因控制一对相对性状的现象。因此一对相对性状的遗传也可能遵循自由组合定律。

关于任务中的问题（2），教师通过板图在同一对同源染色体上非等位基因决定两种相对性状的情况，对问题予以否定。

性状分离比9：3：3：1的变式分析及归纳。控制两对相对性状的两对等位基因在表达时可能会因为基因之间的相互作用而使得杂交后代的性状分离比偏离9：3：3：1的比例。安排学生分小组讨论可能出现的比例类型及分析出现这种类型的原因，在解释了基因互作的概念的基础上让学生发散思维，从而推出更多的类型，师生共同总结出各种分离比。

性状分离比9：3：3：1变式题的解题步骤。首先要让学生明确若F_2的表现型比例之和是16，不管是性状分离比9：3：3：1的哪一种变式，都符合基因的自由组合定律，引导学生将异常分离比与正常分离比9：3：3：1进行对比，分析合并性状的类型。接着根据异常分离比出现的原因，推测亲本的基因型或推断子代相应的表现型。

变式题。某植物的花色受不连锁的两对基因A／a、B／b控制，这两对基因与花色的关系如图6-2-2所示，此外，a基因对于B基因的表达有抑制作用。现将基因型为AABB的个体与基因型为aabb的个体杂交得到F_1，则F_1的自交后代中花色的表现型及比例是（C）。

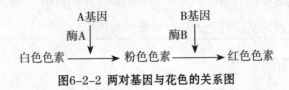

图6-2-2 两对基因与花色的关系图

A. 白：粉：红，3：10：3

B. 白：粉：红，3：12：1

C. 白：粉：红，4：9：3

D. 白：粉：红，6：9：1

2. 分离定律与自由组合定律的比较

实物投影，展示各组总结的两大遗传定律的比较表格（见表6-2-6），组间互评知识点的正确性、总结的完整性及表格设计的规范性和美观性，教师点评。

表6-2-6 不同基因对数的遗传结果比较

比较内容			基因的分离定律	基因的自由组合定律
区别	F_1	基因对数	1	2或n
		配子类型及其比例	2	2^2或2^n
			1：1	数量相等
		配子组合数	4	4^2或4^n
	F_2	基因型种类	3	3^2或3^n
		表现型种类	2	2^2或2^n
		表现型比例	3：1	9：3：3：1或（3：1）^{n}
	F_1测交	基因型种类	2	2^2或2^n
		表现型种类	2	2^2或2^n
		表现型比例	1：1	1：1：1：1或（1：1）^{n}

深化提升：借助一对相对性状的分离定律，总结出三对及其以上的相对独

立的等位基因进行遗传时表现出的性状分离比。

3. 畅谈孟德尔成功的原因

学习了两大遗传定律，再结合"课外读：孟德尔获得成功的原因"，让学生说说孟德尔科学研究成功的原因，畅谈科学家锲而不舍的科研精神、巧妙的科学实验设计及严谨的数理统计，从中获得启示，并接受教育。

【巩固与拓展】

例：人类的皮肤含有黑色素，皮肤中黑色素的多少由两对独立遗传的基因（A和a、B和b）所控制，显性基因A和B可以使黑色素数量增加，两者增加的数量相等，并且可以累加。一个基因型为AaBb的男性与一个基因型为AaBB的女性结婚，下列关于其子女皮肤颜色深浅的描述中错误的是（　　　）。

A. 可产生四种表现型

B. 肤色最浅的孩子基因型是aaBb

C. 与亲代AaBb皮肤颜色深浅一样的有3/8

D. 与亲代AaBB表现型相同的有1/4

参考答案：D

第三节　遗传的染色体学说

【教学目标】

生命观念：说出基因和染色体的平行关系，认同局部与整体的辩证观与生命的系统观。

科学思维：用共变法推理分析基因和染色体的平行关系，并尝试用遗传的染色体学说来解释孟德尔的分离定律和自由组合定律，提高思维能力。

科学探究：从染色体和基因的平行关系方面，探究遗传的染色体学说的形成过程。

社会责任：领悟学说的提出要有充分的实验证据，养成质疑、求实、创新、合作的科学精神与态度。

【学情分析】

在学习本模块内容之前，学生已经知道核酸是生物的遗传物质，清楚了细胞核在生物遗传中的作用，也清楚了基因的分离定律和自由组合定律，并且高中学生已经具有比较强的分析、推理的抽象思维能力，这都为本节课的学习奠定了知识与能力上的基础。但是，本节课的内容比较抽象，学生对共变法比较难理解，因此，需要教师在教学中应用多种教学手段，激发学生的学习兴趣，将微观的内容具体化、形象化，从而提高学习效果。

【重点、难点】

重点：遗传的染色体学说和孟德尔定律的细胞学解释。

难点：遗传的染色体学说、生殖过程中基因和染色体行为的一致性。

【课前预习】

任务：复习减数分裂过程、孟德尔分离定律与自由组合定律内容。

【教学过程】

1. 创设情境，导入新课

科学家发现孟德尔提出的基因分离定律和自由组合定律是生物体在前后代间传递遗传物质时的规律，而减数分裂又是生物体在形成有性生殖细胞时的分裂方式，这二者是否有联系呢？

学生活动：学生以4人小组为单位进行分析、讨论、交流后完成表格6-3-1，每组确定发言人汇报讨论的结果。

表6-3-1 （等位）基因与（同源）染色体的比较表格

比较内容	（同源）染色体	（等位）基因
体细胞中数目、来源		
形成配子时的行为特点		
配子中的数目		
受精过程		

教师提问：为什么（同源）染色体的行为和（等位）基因的行为具有高度

的一致性？学生经过之前的小组合作学习很容易得出"基因在染色体上，染色体可能是基因的载体"的结论。教师进一步引导学生思考"孟德尔的分离定律指出基因决定生物的性状，那么是否基因只在染色体上呢？"学生马上就会想到原核细胞没有染色体但是原核细胞也有基因在控制性状。通过这些提问进一步引导学生思考基因在细胞中的分布场所，使学生得到"染色体是基因的主要载体而不是唯一载体"的科学结论。

2. 孟德尔定律的细胞学解释

教师提问：既然基因是在染色体上，我们能否从细胞形成配子的过程中对基因的分离和自由组合进行分析呢？

学生活动：以两人为一组画出一对同源染色体的减数分裂过程图并标上等位基因R、r，任务完成后把个别小组的绘制结果通过投影仪进行展示。在展示过程中，教师对学生绘制的减数分裂过程图中的错误一一纠正，如有些会出现等位基因标错现象，有些会出现姐妹染色单体上基因标错现象；同时教师设置相应问题进行引导，如"等位基因的等位是什么意思？""姐妹染色单体是怎么形成的？""姐妹染色单体形成时上面的基因发生了什么行为？"

教师继续引导，提出问题：由于 F_1 植株（基因型为Rr）的每个初级母细胞所产生的四个子细胞中，两个带R基因，两个带r基因，两类子细胞比例为 $1:1$。F_1 产生的雌雄配子随机结合，产生的 F_2 有两种表现型，其比例为 $3:1$，即产生性状分离现象。为什么会出现 F_1 个体产生雌雄配子中R配子：r配子=1：1的情况呢？学生通过讨论得出结论：F_1 植株的初级性母细胞在减数分裂时，同源染色体分离，使位于同源染色体上的等位基因也发生分离，于是出现 F_1 个体产生雌雄配子中R配子：r配子=1：1的情况。教师对学生讨论后的回答进行评价并强调孟德尔分离定律的实质是 F_1 植株（基因型为Rr）的初级性母细胞在减数分裂时，同源染色体分离，使位于同源染色体上的等位基因也发生分离。

学生活动：以两人为一组画出两对同源染色体的减数分裂过程图并在一对同源染色体上标上等位基因Y、y，在另一对同源染色体上标上R、r。完成该任务后再让学生讨论为什么 F_1 植株（基因型为RrYy）自交后代（F_2 代）会出现 $9:3:3:1$ 的表现型比例。

通过以上教学巩固了学生对减数分裂过程中染色体行为的认识，让学生明白基因与染色体的平行关系，以及孟德尔分离定律和自由组合定律的实质。

【巩固与拓展】

例：关于基因在细胞中存在方式的叙述，正确的是（　　　）。

A.在体细胞中成对存在，在配子中成单存在

B.在体细胞和配子中都成单存在

C.在体细胞和配子中都成对存在

D.在体细胞中成单存在，在配子中成对存在

参考答案：A

第四节　性染色体与伴性遗传

第**①**课时

【教学目标】

生命观念：通过对染色体组型的认识与理解，进一步明确结构与功能相适应的生命观点。

科学思维：通过对XY型性别决定方式的理解，学会使用简洁的符号清晰地表示遗传图谱。基于果蝇杂交实验的事实和证据，运用推理与演绎的理性思维解释现象并概括规律，进一步尝试建构遗传图解模型。

科学探究：分析摩尔根的果蝇伴性遗传实验，感悟摩尔根实验的严谨性与科学性，逐步养成科学探究的习惯。

社会责任：通过对性别决定方式的学习，认识到生男生女的随机性，能运用遗传学知识解释或预测一些遗传现象，利用证据和逻辑对自己的解释或预测进行辩护，从而破除封建、错误思想，树立科学、正确的世界观。

【学情分析】

在学习本节内容之前，学生对遗传方面的内容有了一定的了解：①已经学习了基因的分离定律和自由组合定律，具备了对一对、两对甚至多对基因的遗传状况进行分析的能力；②已经具备基本的染色体及减数分裂过程中的染色体

行为的知识；③通过对遗传的染色体学说的学习，对基因、染色体、减数分裂等概念以及基因在染色体上的分布、基因是如何遗传的有了较深入的了解。以上这些均为本节课的学习奠定了基础。而且性别决定与学生自身密切相关，学生对本节课兴趣比较浓厚。但是，由于伴性遗传牵涉的是性染色体，与学生前面所涉及的常染色体相比有其特殊性，加大了学生将学过的知识迁移到新的情境中的难度。

【重点、难点】

重点：染色体组型的确立及其特点，性别决定方式及其意义。

难点：摩尔根的果蝇遗传实验结果的假设。

【课前预习】

任务：梳理染色体、基因、染色体组型等基本概念。

【教学过程】

1. 现实问题导入

创设情境：以一声婴儿呱呱坠地的哭声以及一个哀怨的婆婆对儿媳的抱怨"唉，想要个男孩，她就是不会生！"开始，导入本课程的学习。

虽然目前的社会现状对生男生女的偏见在慢慢减少，但是受传统思想的影响，还是有一部分重男轻女的现象存在。生男生女到底是不是跟女性有关？

2. 问题展开

给出一张高倍显微镜下人类细胞有丝分裂中期的细胞图像，请学生根据染色体组型的概念，分析得出确立染色体组型图的具体步骤，明确染色体组型图的作用，并比较细胞图与染色体组型图的差异，确立细胞个体的性别。

根据观察男性、女性的染色体组型图，认识并区分常染色体与性染色体，并让学生明确：

（1）子代男性或女性的决定因素是父亲产生的精子类型，而非母方。

（2）X、Y是一对异型同源染色体，其判断的依据是同源染色体并不一定是形态、大小相同的，而是能在减数分裂过程中联会配对的一对染色体。

（3）每一对同源染色体上的基因遗传都遵循分离定律，性染色体也一样。

（4）X、Y上所存在的基因的特点为：X、Y同源区段，基因成对存在；

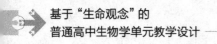

X、Y非同源区段，基因不成对。

请学生通过阅读，自主学习并描述伴性遗传的定义，同时思考伴性遗传有何特点。

为解决此问题，教师结合摩尔根的果蝇伴性遗传实验，以故事的形式，创设真实情境，激发学生的学习兴趣，调动学生学习的积极性和主动性，使学生在真实情景中充分体验从提出问题、分析问题、提出假设、进行验证到解决问题的科学研究的全过程，重温假说–演绎法，得出孟德尔定律的科学、严谨的实验过程，最终确定控制果蝇眼色的基因位于X染色体上，Y染色体上无相应的等位基因，以此进一步证明基因与染色体的关系，以及性染色体上基因的特殊性。

3. 知识点提升

分析红绿色盲遗传所对应的基因组成，女性基因型有三种，男性基因型有两种，并分小组书写六种婚配方式的遗传图解，相互点评并总结得出伴X染色体隐性遗传的特点：母患子必患，女患父必患，男性患者多于女性患者。

在学生初步掌握伴X染色体隐性遗传规律之后，通过习题对此规律加以巩固，并理解隔代遗传和交叉遗传现象。

【巩固与拓展】

例：正常情况下，人类精子中的染色体组成是（　　　）。

A. 都是22个+X

B. 都是22个+Y

C. 22对+X或22对+Y

D. 22个+X或22个+Y

参考答案：D

第❷课时

【教学目标】

生命观念：通过对伴性遗传病的分析，结合基因与染色体的关系，认同生物体结构与功能相适应的观点。

科学思维：通过对伴性遗传相关典型例题的分析，掌握伴性遗传的特点及解题技巧。

科学探究：在对摩尔根伴性遗传实验的理解与分析的基础上掌握各种科学探究方法。

社会责任：通过对伴性遗传特点的学习，认识到近亲结婚的危害。

【学情分析】

通过上一节课程的学习，学生对染色体组型图、伴性遗传的概念有了一定的理解，同时通过对摩尔根果蝇实验的分析以及学生生活中所熟悉的色盲的遗传方式的呈现，使学生初步了解性染色体遗传与常染色体遗传的不同之处，为本节课掌握伴性遗传的规律打下基础。通过色盲、血友病等实际例子的分析，激发学生的学习兴趣，有利于学生更好地理解和掌握各种遗传方式。

【重点、难点】

重点：伴性遗传的传递规律、简单的遗传图谱分析及有关计算。

难点：伴性遗传的传递规律、各种遗传方式的判断。

【课前预习】

任务：描述伴性遗传类型。

【教学过程】

1. 原有知识回顾

上一节课对伴X染色体隐性遗传进行了分析，但是伴性遗传是比较抽象的概念，故本节课开始进行旧知识的回顾，既加深学生对红绿色盲的遗传特点的认识，也为接下来学习另一种的伴性遗传方式的特点及相互比较奠定基础。

2. 新知识展开

引导学生认识抗维生素D佝偻病，帮助学生书写有关于此病的个体基因型，进而对抗维生素D佝偻病在人群中的遗传规律进行分析，得出伴X染色体显性遗传的相关特点。

引导学生认识外耳道多毛症，帮助学生梳理外耳道多毛症基因的所在位置，使学生进一步认识染色体结构与功能相适应的特征，最终使学生自主得出

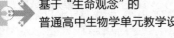
伴Y染色体的遗传特征。

3. 能力提升

（1）帮助学生梳理常见遗传病的遗传方式：常染色体显性遗传（多指、并指）、常染色体隐性遗传（白化病）、伴Y染色体遗传（外耳道多毛症）、伴X染色体显性遗传（抗维生素D佝偻病）、伴X染色体隐性遗传（血友病、红绿色盲），对于这些习题中常出现的遗传病类型，强调记忆遗传方式的重要性。

（2）若为未知类型遗传病，怎样根据系谱图确定其遗传方式？

总结人类遗传病判别的三部曲。

第一步：确认或排除伴Y染色体遗传。第二步：判断致病基因是显性还是隐性。第三步：确定致病基因是位于常染色体上还是位于X染色体上。

口诀记忆：①无中生有为隐性，隐性遗传看女病，父子全病为伴性。②有中生无为显性，显性遗传看男病，母女全病为伴性。

注意：对于如何确定某遗传病的遗传方式是什么，学生还感到陌生，并且由于伴性遗传是既抽象又复杂的问题，教师在进行判别方法描述的时候需要不时结合实例、回顾伴性遗传的遗传特点，同时进行相关遗传图谱的训练，帮助学生理解并掌握判别方法。

（3）通过例题对遗传病的遗传方式判断步骤进行实际演练，并结合之前所学的常染色体遗传，当堂加强学生解题能力的训练。

例题：图6-4-1是白化病（a）和色盲（b）的遗传系谱图，请据图回答下列问题。

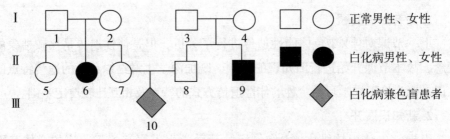

图6-4-1 白化病（a）和色盲（b）的遗传系谱图

① I_2的基因型是 AaX^BX^b ， I_3的基因型是 AaX^BY ， II_5是纯合子的概率是 1/6 。

②若7和8再生一个女孩，两病都没有的概率是 9/16 ，两病都有的概率是 1/16 。

③若7和8再生一个男孩，两病都没有的概率是 3/8 ，两病都有的概率是 1/8 。

针对③中的问题，强调关注"男孩患病"和"患病男孩"的语句表述，并体会比较这两种表述在常染色体遗传和伴性遗传时的区别。

【巩固与拓展】

例：血友病属于隐性伴性遗传。某人患有血友病，他的岳父表现正常，岳母患血友病，对他们的子女表现型的预测应当是（　　　　）。

A.儿子、女儿全部正常　　　　　　B.儿子患病，女儿正常

C.儿子正常，女儿患病　　　　　　D.儿子和女儿中都有可能出现患者

参考答案：D

第五节　人类遗传病与优生

【教学目标】

生命观念：通过对人类遗传病的认识，感悟健康生命来之不易；从科学的角度看待各类遗传病，形成正确的生命观。

科学思维：基于各类遗传病的系谱图分析，掌握各类遗传病的特点；运用遗传学手段分析各类遗传病的发病风险。

科学探究：通过对家族患病情况的分析、遗传学推导，培养推理、分析、判断等科学探究能力。

社会责任：正确看待遗传病患者并给予关注与尊重，保护弱势群体。

【学情分析】

学生在前面的学习中已经系统学习了孟德尔定律，掌握了遗传学分析与计算的方法；而减数分裂与伴性遗传的学习使得学生认识了遗传定律的实质和人类性别的决定方式，但对遗传病的认知较少，尤其是染色体遗传病鲜有涉及，遗传病家系图谱的分析与遗传图解的分析也有一定的差异性，这就要求教师在教学过程中对新引入的名词、概念等进行详细解析并加强与前面已学知识的联

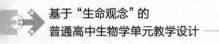

系。利用好遗传病与我们的生活息息相关这一点，积极搜集资料，用尽可能接近生活的实例激发学生的学习兴趣。

【重点、难点】

重点：人类遗传病的主要类型、概念及其实例，各类遗传病在人体不同发育阶段的发病风险，常见遗传病的家系分析。

难点：常见遗传病的家系分析。

【课前预习】

任务：了解各类遗传病。

【教学过程】

1. 创设情境

教学开始时展示简单的测试色盲的图片并与学生一起进行色盲测试游戏，通过游戏带领学生简单地认识色盲这种常见遗传病。

以"国际罕见病日"为切入点，引出常见的遗传病。有些不幸的人在刚来到这个世界的时候就患有某种疾病，这类疾病难以治愈，会伴随患者一生，他们的痛苦不为人知。这些疾病就是医学上经常提到的遗传病，现在人们已经谈"遗传病"色变。这些遗传病是如何产生的？如何利用我们所学过的遗传学知识避免遗传病的发生？导出本节课的课题——人类遗传病与优生。

2. 学习新知

教师用PPT介绍"国际罕见病日"，并针对其中涉及的几种疾病提问：这些疾病都是遗传病吗？遗传病的发生与什么因素有关呢？你能总结出遗传病的概念吗？教师这个时候可以就学生给出的答案给予点拨，将传染病与遗传病进行区别。

教师继续提问：那所有的先天性疾病都是遗传病吗？继续引导学生思考遗传病的本质。学生给出不同的答案，教师总结归纳：并不是所有的先天性疾病都是遗传病，例如，先天性的心脏病是由在胚胎发育过程中某些环境因素造成的，如母亲在妊娠早期受风疹病毒感染，致使婴儿出生时患先天性心脏病等。所以遗传病是由遗传物质发生改变所引起的疾病。继续提出问题：遗传物质是什么？DNA上有遗传效应的片段是什么？大家都知道DNA是双螺旋结构，它与组蛋白结合缠绕形成了染色体，所以今天我们研究遗传病的种类主要从基因与染色体两个方面进行。

3. 单基因遗传病

单基因遗传病是由染色体上单个基因异常所引起的疾病。介绍单基因遗传病的实例。先从常染色体的显隐性遗传病入手，分别介绍几种类型，然后根据教材上的高胆固醇血症与糖原沉积病I型作为常染色体显性与隐形的疾病类型，引入家系图谱分析法。性染色体的单基因遗传病则从X染色体遗传病与Y染色体遗传病入手。X染色体遗传病又有显性与隐性之分，而Y染色体遗传病则较为简单，只需要掌握"传男不传女"这一要点即可。

4. 多基因遗传病

多基因遗传病是指涉及多个基因和许多环境因素的遗传病，遗传方式较复杂，这里只需要通过各类遗传病的图片介绍即可，学生以了解为主。

5. 染色体异常遗传病

染色体变异的种类有结构变异与数目变异，可以通过具体实例介绍染色体结构变异中的猫叫综合征，染色体数目变异中的21三体综合征。

6. 判断遗传病的方法

（1）判断显隐性（见图6-5-1、图6-5-2）

图6-5-1 某遗传病的系谱图　图6-5-2 某遗传病的系谱图
口诀：无中生有为隐性　　　口诀：有中生无为显性

（2）判断致病基因所在的染色体（见图6-5-3）

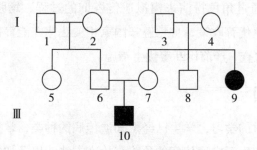

图6-5-3 某遗传病的系谱图

151

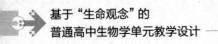

根据"无中生有为隐性"，我们可以判断该遗传病为隐性遗传病。9号女性患病，则她的患病基因一个来自父亲一个来自母亲，那她的父亲肯定是患病，但是实际情况却并没有患病，所以这一遗传病的致病基因只能在常染色体上。

7. 遗传病在人体不同阶段的发病风险

根据曲线的分布，概括出不同遗传病的发病率与年龄段的关系。

【巩固与拓展】

例：下列关于人类遗传病的叙述不正确的是（　　　）。

A. 人类遗传病是指由遗传物质改变而引起的疾病

B. 人类遗传病包括单基因遗传病、多基因遗传病和染色体异常遗传病

C. 21三体综合征患者体细胞中染色体数目为47条

D. 单基因病是指受一个基因控制的疾病

参考答案：D

◁◦ 第②课时 ◦▷

【教学目标】

生命观念：通过对各种优生手段的了解，关注人口健康，形成健康观念。

科学思维：学会通过科学的分析手段，对于优生优育的手段与检测方法产生理性的认识。

科学探究：利用所学知识和网络资料对遗传咨询、禁止近亲结婚、产前诊断等优生措施进行科学合理的解释，掌握科学探究的思路和方法。

社会责任：通过角色扮演来模拟遗传咨询的过程，增强学生的主人翁意识，理解国家优生优育政策，自觉遵守国家相关法律并能宣传禁止近亲结婚、适龄生育、婚前检查、产前诊断等优生措施。

【学情分析】

通过上一课时的学习，学生已经熟知遗传病的种类，掌握了判断遗传病类型的方法。但现实生活中遗传病的预防与检查方法，以及如何实现优生优育还需要在教师的指导下进一步学习。

【重点、难点】

重点：优生概念及开展优生工作的主要措施、遗传咨询，科学理解"选择放松"对人类未来的影响。

难点：遗传病患病风险的计算。

【课前预习】

任务：明确遗传咨询的基本过程。

【教学过程】

1. 知识回顾

回顾上一节课的教学内容——遗传病的类型。

播放一段罕见病的视频，引出遗传病与优生的相关概念。教师给出一张系谱图，如图6-5-4所示，由学生分析这种遗传病属于哪一类遗传病。

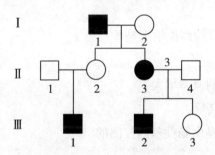

图6-5-4 某遗传病的系谱图

2. 学习新知

既然遗传病这么可怕，那有没有什么医学手段可以在孩子出生前就检测出其是否健康呢？引入遗传咨询这一概念，介绍遗传咨询的基本过程。之后教师就可以让学生充当"遗传咨询师"，就不同家庭的患病情况给出相应建议。例如，有甲乙两个家庭，甲家庭中丈夫患抗维生素D佝偻病，妻子表现正常；乙家庭中，夫妻都表现正常，但妻子的弟弟患红绿色盲。从优生角度出发，请你帮他们分析并提出建议，甲乙两家庭应分别选择生育男孩还是女孩？

（1）幸福生活的重要手段——优生

学生就课前搜集到的关于近亲结婚危害后一代的案例进行交流，多媒体展示血亲关系表，讲述直系血亲和三代以内的旁系血亲的概念，通过具体的系谱图来认识直系血亲与旁系血亲。教师给出一张某种遗传病的家系分析图，让学生计算近亲结婚的患病概率。学生通过自己的计算得出后代患遗传病的概率，会发现后代的患病率大大增加。

（2）提倡适龄生育——具有重要意义

介绍身边的早婚早育和晚育的现象，以及家庭孩子的健康情况，通过分析教材上关于先天愚型发病率与母亲年龄的关系曲线，引导学生归纳最佳生育年龄是24～29岁，并解释原因，倡导适龄结婚和适龄生育，过早过晚都不好。

（3）产前诊断——重要措施

对羊腔膜穿刺与绒毛细胞检查进行简单的过程介绍。

学生自学教材中基因是否有害与环境相关以及"选择放松"对人类未来的影响两块内容，然后让学生结合生活中的实例举例说明相关知识。教师注重聆听并及时进行点评。

【巩固与拓展】

例：禁止近亲结婚的理论依据是（　　　）。

A. 违反社会伦理道德

B. 后代患遗传病的概率增大

C. 后代必然患遗传病

D. 人类遗传病都是由隐性基因控制的

参考答案：B

第七章 生物的变异

第一节 生物变异的来源

第❶课时

【教学目标】

生命观念：举例说明基因突变的概念、原因和特点，形成结构与功能相适应的生命观；感悟内因是变化的根据，外因是变化的条件，外因通过内因起作用的辩证唯物主义观。

科学思维：学会数据处理的方法，形成分析推理的科学方法。

科学探究：从镰刀型细胞贫血症探究基因突变的机理、原因与特点。

社会责任：通过基因突变与环境关系的讨论，进行环境保护教育，懂得如何形成健康的生活方式。

【学情分析】

学生之前已经学习了DNA的相关知识，也熟悉生活中常见的变异现象。但是生物变异遗传学本质具有抽象、微观的特点，所以教师要根据学生的认知规律，设计系列问题串，引导学生进行分析与讨论。

【重点、难点】

重点：基因突变的概念、特点和原因。

难点：基因突变的意义。

【课前预习】

任务：

（1）你能举例说明可遗传变异与不可遗传变异吗？

（2）你认为可遗传变异与不可遗传变异的区别在哪里？

【教学过程】

1. 情境导入

生物的多样性主要是由遗传物质的多样性而引起的。

生物的变异可分为两大类：不可遗传的变异和可遗传的变异。可遗传变异有三种来源：基因突变、基因重组和染色体变异。可遗传的变异不是由环境因素的影响而引起的性状改变，而是由生殖细胞内的遗传物质的改变引起的，因而能够遗传给后代。

教师通过视频展示日本培育的方形西瓜。介绍日本培育的方形西瓜价格昂贵，方便运输，如果种植方形西瓜的种子可以再次得到方形西瓜吗？

2. 问题展开

教师提问：大家回顾一下，什么叫基因？基因的分子结构如何？学生回顾所学的知识，可以回答出基因是一段有遗传效应的核酸片段，是一段DNA或RNA。

教师紧接着出示基因结构变化示意图（见图7-1-1），对图进行讲解。

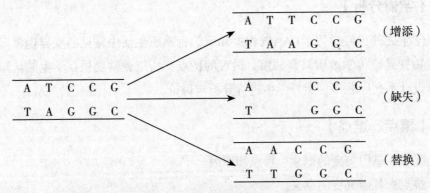

图7-1-1 基因结构变化示意图

强调基因结构不管按以上哪一种情况变化，归根结底都是碱基的排列顺序发生了改变，从而改变了遗传信息，引起生物性状的变异。由DNA分子中发生的碱基对的增添、缺失或替换，而引起的基因结构的改变，叫基因突变。

教师于是问：镰刀型细胞贫血症是一种怎样引起的遗传病？

以人类的镰刀型细胞贫血症为例，多媒体显示正常红细胞与镰刀型细胞贫血症的红细胞的性状比较图。

NBA球星布泽尔有两个孩子，其中一个孩子就患有镰刀型细胞贫血症，请你根据生物学知识帮他分析出现镰刀型细胞贫血症的原因是什么。

教师提示：根据课本上的遗传密码表分析。

课件显示：镰刀型细胞贫血症病因图解。

问题1：镰刀型贫血症病人的红细胞和正常人的红细胞为什么不一样？

问题2：镰刀型贫血症病人的血红蛋白中的谷氨酸为什么被缬氨酸取代？

教师通过PPT简介镰刀型细胞贫血症的症状和致病机理。重点在于让学生理解镰刀型细胞贫血症的致病机理，其根本原因是基因突变中碱基对的替换，直接原因是蛋白质体现生物性状。

3. 归纳总结

分析与总结基因突变有哪些特点呢？有何意义？

基因突变的特点：①普遍性；②随机性；③稀有性；④有害性；⑤多方向性。

基因突变是生物变异的根本来源，为生物进化提供了最初的原材料，是生物进化的内因，没有变异就没有进化。因而基因突变在生物进化中具有重要意义。

在生活中，大家要保护我们生存的地球环境，并且养成良好的生活习惯和健康的生活方式。

【巩固与拓展】

例：下列针对基因突变的描述中，正确的是（　　　）。

A. 基因突变丰富了种群的基因库

B. 基因突变的方向是由环境决定的

C. 亲代的突变基因一定能传递给子代

D. 基因突变只发生在生物个体发育的特定时期

参考答案：A

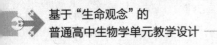

————— 第❷课时 —————

【教学目标】

生命观念：说出基因重组的实质和意义，认同"遗传和变异在物种繁衍过程中的对立统一"的辩证唯物主义观，以及生物多样性的生命观。

科学思维：从生物的多样性，分析推理出基因重组的普遍性，学会理性思维。

科学探究：学会从现象到本质的探究方法，培养探究能力。

社会责任：体会基因重组对生物性状的影响，领悟有性生殖对生物育种和生物进化的意义，树立将知识服务于生产与生活实际的责任意识。

【学情分析】

学生难以理解从分子水平来阐述基因重组的实质，因此教师要引导学生从基因和染色体的变化的角度来认识生物变异。关于生物变异对生物性状的影响较为复杂，需要引导学生通过联想、类比推理及综合分析以前所学的知识才能够有效地理解。

【重点、难点】

重点：基因重组的概念。
难点：基因重组的意义。

【课前预习】

任务：明确基因重组和基因突变的区别在哪里。

【教学过程】

1. 情境导入

阅读教材找出关键词，初步了解什么是基因重组，自然条件下什么生殖类型可以出现基因重组。

2. 问题展开

教师提问：基因和染色体有什么关系？学生活动：教师引导学生画出减数分裂的模型，体会在减数分裂的过程中两种基因重组类型，并引导学生进行自主归纳。

通过回顾孟德尔的豌豆杂交实验与减数分裂的内容，理解减数第一次分裂前期和减数第一次分裂后期，同源染色体和非同源染色体发生的变化。帮助学生总结基因重组的定义：在减数分裂的过程中，控制不同性状的基因重新组合的现象。

教师提问：基因重组产生的根本原因是什么？请举例说明。让学生根据所学的孟德尔杂交实验，认识到黄色圆粒豌豆和绿色皱粒豌豆杂交得到F_1黄色圆粒，F_1自交可以得到F_2，F_2表现为四种表现型，其中出现了重组类型。

基因重组的实质：控制不同性状的基因重新组合。

师生一起讨论，得出基因重组产生的根本原因主要有两方面：一方面是由于基因的自由组合，即控制两对或两对以上相对性状的等位基因，位于两对或两对以上同源染色体上，该生物个体在减数分裂形成配子时，非同源染色体上的非等位基因间的自由组合。另一方面是由于位于同源染色体上的原来在一条染色体的非等位基因，在减数分裂第一次分裂的前期，复制后的同源染色体联会时，非姐妹染色单体之间由于交叉而交换，基因也随着交换。

3. 归纳总结

生物的变异根据生物体内的遗传物质是否改变，分为可遗传变异和不可遗传变异两类。可遗传变异中的基因突变，是基因分子结构的改变，是在一定的外界条件或者生物内部因素的作用下，DNA分子中发生碱基对的增添、缺失或替换，结果是基因中的脱氧核苷酸的排列顺序发生改变，最终导致原来的基因变为它的等位基因。

基因突变不同于基因重组。基因重组是基因的重新组合，产生了新的基因型。基因突变是基因结构的改变，产生了新的基因，产生了新的遗传物质。因而基因突变是生物产生变异的根本原因，为生物进化提供了最初的原材料。

基因重组是通过有性生殖过程来实现的。两个亲本的杂合性越高、遗传物质差距越大，基因重组的类型就越多，后代产生的变异就越多。因而基因重组为生物的变异提供了极其丰富的来源，是形成生物多样性的重要原因之一，对生物进化具有十分重要的意义。

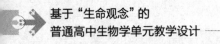
近年来，应用DNA重组技术，可以把经过改造的基因，通过载体送入生物细胞中，并使新的基因在细胞内表达。通过此种途径，获得人类需要的转基因动物或转基因植物。转基因技术就是人工的基因重组。

【巩固与拓展】

例：基因突变和基因重组是生物进化的原材料。下列关于基因突变和基因重组的说法，正确的是（　　　）。

A. 基因突变是生物体基因型的改变

B. 诱发突变对生物自身都是有利的

C. 非同源染色体上的非等位基因可以发生重组

D. 基因重组是生物变异的根本来源

参考答案：C

◆◆ 第❸课时 ◆◆

【教学目标】

生命观念：说出染色体结构变异和数目变异的关系，认同变异是生物界中普遍存在的现象，认同遗传与变异的对立统一关系。

科学思维：应用比较归纳的方法，说明染色体变异与基因突变、基因重组的区别。

科学探究：通过图解和实例，探究染色体畸变的原因、类型与结果。

社会责任：运用变异育种知识解决生产实际问题，培养学生关注生活、关爱生命的社会责任感。

【学情分析】

在学习本节内容之前，学生已经掌握了染色体、同源染色体、配子等概念，掌握了细胞有丝分裂和减数分裂的过程。从心理学角度来看，学生意义识记占主要地位，抽象逻辑思维正处于发展成熟期，因此，教师如果以学生已经掌握的细胞分裂为基础，引导学生进行自主学习、相互讨论，将会大大地降低学习的难度，并有效帮助学生构建新的知识。同时学生理解好染色体变异的原理将为单倍体育种技术和多倍体育种技术的学习打下坚实基础。

【重点、难点】

重点：染色体数目的变异。

难点：染色体变异与基因突变、基因重组的区别。

【课前预习】

任务：梳理染色体、染色单体、同源染色体等的基本概念。

【教学过程】

1. 情境导入

借助实例猫叫综合征患儿症状的图片直接引入课题，吸引学生的注意力，激发学生的求知欲望。患该病的婴儿生长发育迟缓，智力低下，因哭声像猫而得名，发病率只有十万分之一。

我们上一节课学习的基因突变是染色体的某一个位点上基因的改变，这种改变发生在分子水平上，在光学显微镜下是看不见的。如果生物体染色体数目发生了增减或者在结构上发生了某些变化，在显微镜下就可以直接观察到，我们把染色体的这些变化称为染色体畸变。

2. 问题展开

教师提问：引起猫叫综合征的原因是什么？它属于哪种染色体变异？

教师指导学生识图，可知是人类第5号染色体部分缺失引起的。

教师出示染色体结构变异四种类型图解，引导学生读图理解染色体的结构变异类型，并举出常见例子。

缺失：指一条染色体断裂而失去一个片段，这个片段上的基因也随之丢失。如果失去的基因是显性的，同源染色体上保留下来的是隐性的，这一本来不能显示的隐性性状就能显示出来。

重复：一条染色体的断裂片段接到同源染色体的相应部位，结果后者就有一段重复基因。

倒位：一条染色体的断裂片段，位置倒过来后再接上去，造成这段染色体上的基因位置颠倒。

易位：易位是染色体发生断裂，断裂片段接到非同源染色体上的现象。易位可使原来不连锁的基因发生连锁。

教师提问：染色体结构变异中的易位现象与染色体的交叉互换现象一样吗？如果不一样有何区别呢？

教师根据课前预习任务追问：易位与减数第一次分裂前期交叉互换分别发生在哪些染色单体之间？学生通过对模式图的分析，明确：2与3、6与7之间片段的互换称之为交叉互换，其产生的变异属于基因重组，而A或B中染色单体与C或D中染色单体的互换属于染色体结构变异又称为易位。

教师提问：染色体结构变异与基因突变相比，哪一种变异引起的性状变化更大一些？为什么？

强调基因突变的对象是基因中的碱基对，染色体结构变异的对象是染色体上的片段。每条染色体上含有许多基因，染色体结构变异会引起染色体上基因数目或排列顺序发生改变，所以引起的性状变化大一些。

展示案例："著名天才音乐指挥家舟舟"，吸引学生的注意力，激发学生的求知欲望。该病病因是常染色体变异，比正常人多了一条21号染色体。

个别染色体的增加或减少是染色体数目变异中的非整倍体变异，以染色体组的形式成倍增加或减少是染色体数目变异中的整倍体变异。

3. 归纳总结

染色体变异分染色体结构变异和染色体数目变异。前者主要有缺失、重复、倒位和易位四种类型；后者分为两类：一类是细胞内个别染色体的增加或减少，另一类是细胞中的染色体成倍地增加或减少。

【巩固与拓展】

例：已知某物种的一条染色体上依次排列着A、B、C、D、E五个基因，其中基因在染色体上的状况为：ABCDE。则下面列出的若干种变化中，未发生染色体结构变化的是（　　　）。

A. AB　C   B. AB　CDEE

C. BA　CDE   D. Ab　cde

参考答案：D

◈◈◈ 第❹课时 ◈◈◈

【教学目标】

生命观念：说出染色体结构变异和数目变异的概念，认同变异是生物界中普遍存在的现象，认同遗传与变异的对立统一关系。

科学思维：应用类比推理的方法，举例说明染色体组的概念，理解单倍体、二倍体、多倍体的区别。

科学探究：运用图形说明或阐释遗传现象，通过现象探究遗传变异的本质。

社会责任：认识生命现象的多样性和复杂性，理解科学、技术和社会之间的关系，形成珍惜生命、关爱生命的社会责任感。

【学情分析】

在学习本节内容之前，学生已经掌握了染色体、同源染色体、配子、染色体结构变异等概念，掌握了细胞的有丝分裂和减数分裂的过程。因此，教师在教学中应该采用让学生通过辨图、设问等方式理解染色体组的概念，在解决实际问题的过程中深入理解核心概念。

【重点、难点】

重点：染色体组的概念。

难点：染色体组、单倍体、二倍体、多倍体的概念及其联系。

【课前预习】

任务：梳理同源染色体、染色体组等基本概念。

【教学过程】

1. 情境导入

鳄类30℃以下孵化几乎全为雌性，高于32℃时则雄性占多数。蜜蜂又是通过什么样的方式决定性别的呢？多媒体提供蜜蜂的资料：蜜蜂中的雌性蜂（包括工蜂和蜂王）是由受精卵发育而来的，其体细胞中染色体共32条，而雄蜂直接由卵细胞发育而来，体细胞中的染色体只有16条。

通过对工蜂和雄蜂的体细胞染色体组成的比较，会发现由受精卵发育而来的工蜂体细胞中有同源染色体，而雄蜂中不含有同源染色体。但是对比雌雄蜜蜂的身体结构和性状，会发现雄蜂的身体结构和性状均能正常表现。从而认识到雄蜂细胞中的一套非同源染色体携带着控制本物种生长发育的全部遗传信息。

2. 问题展开

设计问题串：果蝇体细胞中有几个染色体？几对同源染色体？雄果蝇产生精子时必须进行减数分裂，果蝇精子中有几条染色体？这些染色体在形态、大小和功能上有什么特点？这些染色体之间是什么关系？它们是否携带着控制生物生长发育的全部遗传信息？

师生讨论，并一起归纳：像果蝇这样的二倍体生物配子里的一组非同源染色体，它们在形态和功能上各不相同，但携带着控制一种生物生长发育、遗传和变异的全部信息，这样的一组染色体，叫作一个染色体组。

教师进一步引导学生探寻规律。据染色体形态判断：细胞内形态相同的染色体有几条，就含有几个染色体组。据基因型判断：控制同一性状的基因出现几次，就含几个染色体组——每个染色体组内不含等位基因或相同基因。根据染色体数/形态数的比值判断：染色体数/形态数的比值意味着每种形态染色体数目的多少，每种形态染色体有几条，即含几个染色体组。通过染色体组的判断方法，学生也可以清晰地知道一个染色体组中是不存在同源染色体的，各个染色体的形态和功能均不相同。

教师播放视频"多倍体植物的形成"，利用自然界中的多倍体生物，让学生感知这些生物的同时，享受生物之美、自然之美。

教师提问：什么是二倍体？哪些生物是二倍体？根据所学，你能用图和字母来表示二倍体吗？什么是多倍体？哪些生物是多倍体？

由二倍体引出三、四、六倍体等多倍体概念，举例说明多倍体的常见种类和特点，解释人工诱导多倍体的方式：低温诱导、秋水仙素处理。

教师提问：请同学们根据自己的理解想想怎么给单倍体下定义？

此时，引发学生的认知冲突，大多数学生由于思维定式的影响，会参照二倍体和多倍体的概念来理解单倍体。但是单倍体内的染色体组不一定都只有一个染色体组，比如，四倍体的配子中就含有两个染色体组，但是却是单倍体。

学生经过具体问题的解决，对本节课的概念进行了辨析，明确判断单倍体、多倍体和二倍体的方法。

3. 归纳总结

像果蝇的生殖细胞那样，细胞中的一组非同源染色体在形态、大小和功能上各不相同，这样的一组染色体叫染色体组。

凡是由受精卵发育而成的生物个体，体细胞中都含有两个染色体组，这样的个体叫二倍体。

多倍体划分的依据是由受精卵发育而成的生物个体的体细胞中含有3个或3个以上染色体组；单倍体的确定不是以体细胞中含有染色组数目为依据的，而是指由配子直接发育而来，体细胞中含有本物种配子的染色体数目的个体。不同生物单倍体含有染色体组的数目可以不同，绝不能认为单倍体只含有一个染色体组，它也可能有多个染色体组。

【巩固与拓展】

例：下列有关单倍体、二倍体、多倍体、染色体组的叙述正确的是（　　）。

A. 含有两个染色体组的生物体，一定不是单倍体

B. 用野生型草莓（二倍体）培育的四倍体草莓是一个新物种

C. 21三体综合征患者的体细胞中有三个染色体组

D. 二倍体的一个体细胞中任意两个染色体组之间的染色体形态、数目一定相同

参考答案：B

第二节　生物变异在生产上的应用

【教学目标】

生命观念：简述杂交育种的过程，说出人工诱变的方法和诱变育种的主要特点，认同遗传物质的改变（内因）与品种培育（外因）的辩证关系。

科学思维：从对不同育种方式的梳理中学会比较分析。

科学探究：模拟育种的具体操作流程，开展合作探究、探讨方案、评价和完善工作。

社会责任：认同科技发展历程中，科学技术对生产和生活的推动作用，体验育种工作者锲而不舍、执着追求的科学态度。

【学情分析】

由于学生平时生活中对本节知识有亲身体验，相对来说，求知欲强，好奇心强，积极性高。从知识起点上看，学生已经学习了孟德尔遗传定律、生物变异等理论知识，而对于如何将理论知识应用到实际生产、生活中还存在一定的困难，教师在教学中要应用多种教学方法向学生展示育种的过程及实例，帮助学生完成理论知识的有效迁移。

【重点、难点】

重点：杂交育种和诱变育种的方法和应用。

难点：不同的育种方式的优点、局限和联系。

【课前预习】

任务：自学教材，明确杂交育种和诱变育种的概念与特点。

【教学过程】

1. 情境导入

案例：番茄是一种营养丰富、经济价值高的果蔬，深受人们的喜爱。现有两个番茄品种，A为抗病黄果肉品种，基因型为ssrr；B为易感病红果肉品种，基因型为SSRR，两对等位基因分别位于两对同源染色体上。

思考：如何利用两个品种获得基因型为ssRR的植株？如果从播种到获得种子需要一年时间，获得基因型为ssRR的植株至少需要多少年？用遗传图解表示其过程。

学生可以根据所学的遗传定律很好地理解该问题，并根据问题画出遗传图解。教师投影部分学生的答案，引导学生分析讨论遗传图解的问题，最后投影正确的遗传图解，并强调遗传图解的规范书写。

2. 问题展开

教师提问：根据案例，请你归纳杂交育种的概念。

在理解的基础上，通过充足的实例帮助学生归纳概念，促进新概念的掌握。

教师提问：请你根据概念，找出杂交育种方法的优点和局限。

展示资料：2014年9月，安徽万亩超级稻"两优0293"水稻出现绝收或减产。绝收或减产属于典型的"穗颈瘟"危害，"两优0293"品种的最大优点是高产、抗倒伏，但其致命弱点是极低的稻瘟病抗性。

具体案例给予学生思维支架，有效突破本节难点，同时使学生明确杂交育种的优点是有目的地将亲本的优良性状组合在一起；技术成熟、操作简便。缺点是育种时间过长。

教师提问：请举例说明杂交育种在生产、生活中的应用。

教师此时辅之以资料"我国的杂交育种工作取得了巨大成就"，杂交育种工作分为植物杂交育种和动物杂交育种两方面，同时重点介绍了袁隆平"禾下乘凉梦"。80岁的袁隆平院士一直有一个愿望：梦想有一天水稻长得比大树还高，稻穗比扫把还长，稻谷像花生那样大，烈日下能够与助手坐在稻穗下乘凉。学生感受到育种技术在生活中的应用，挖掘育种工作者的优秀品质，对学生的人生观和价值观起到了潜移默化的影响作用。

教师提问：根据上述资料，是否有新的育种方式能大幅度诱发基因突变，产生抗病基因，进而提高超级稻的抗病能力？

展示资料：广东省农科院通过60Co-γ射线改良"矮梅早3号"水稻品种，使其获得"高抗稻瘟病、白叶枯病"性状。"两优0293"的抗病改良也会因科研创新而指日可待！通过实例驱动学生认同育种是不断完善进步的过程。

教师提问：使用物理或化学方式诱导培育不抗病水稻，一定能获得抗病水稻品种吗？

结合基因突变特点，让学生说出诱变育种的优点及局限。优点：可提高突变率、时间短、增强抗逆性。缺点：由于突变的不定向性，有利变异少，必须大量处理材料，该育种方法具有一定的盲目性。

3. 归纳总结

总结杂交育种和诱变育种的优点、缺点、原理、方法过程和对象。

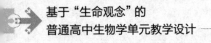
【巩固与拓展】

例：在动物的育种中，用一定剂量的X射线处理精巢，渴望获得大量变异个体，是因为（　　　）。

A.合子都是纯合子

B.诱发雄配子发生了高频率的基因突变

C.诱导产生了大量的染色体变异

D.提高了基因的重组能力

参考答案：B

第❷课时

【教学目标】

生命观念：举例说出单倍体育种、多倍体育种的过程和特点，从物种的稳定性、多样性与适应性的角度，认同生命的发展观。

科学思维：尝试将获得的信息用遗传图解的形式表达出来，学会建模。

科学探究：尝试利用变异的各种类型，探究育种的可行性与局限性。

社会责任：关注转基因生物和转基因食品的安全性，体会科学技术在发展社会生产力、推动社会进步等方面的巨大作用，学会运用相关知识解决生产实际问题。

【学情分析】

学生已经学习了染色体变异的内容，也掌握了单倍体、多倍体等相关概念，这为学生理解单倍体育种和多倍体育种的过程及其优缺点打下了良好的基础。由于单倍体育种与形成单倍体有差别，导致好多学生很容易混淆，同时在单倍体育种中还涉及植物组织培养，比较抽象，这就需要教师既要充分调动学生的学习积极性，又要采用有效的教学方法，以保证知识的全面落实。

【重点、难点】

重点：各种育种方法在改良农作物和培育家畜品种等方面的应用。

难点：单倍体育种，各种育种方法的优点和局限性。

【课前预习】

任务：基本概念梳理。

（1）单倍体具有哪些特点？

（2）多倍体具有哪些特点？

（3）单倍体育种和多倍体育种又具有什么特点？

【教学过程】

1. 情境导入

案例：番茄是一种营养丰富、经济价值高的果蔬，深受人们的喜爱。现有两个番茄品种，A为抗病黄果肉品种，基因型为ssrr；B为易感病红果肉品种，基因型为SSRR，两对等位基因分别位于两对同源染色体上。

思考：如何利用两个品种获得基因型为ssRR的植株？如果采用杂交育种，获得基因型为ssRR的植株最少需要多少年？杂交育种虽然简便，但时间成本太高，因此想尽早获得能稳定遗传的抗病红果肉（ssRR）的新品种，你能帮助实现这个愿望吗？

2. 单倍体育种

阅读教材P83～P84的"单倍体育种"并思考：

（1）单倍体植物有哪些特点？

（2）单倍体育种依据的原理是什么？

（3）单倍体育种的具体操作步骤是怎样的？

（4）单倍体育种有哪些特点？

学生自主研读课文"单倍体育种"，并按照课文中以烟草为例的单倍体育种步骤，绘出利用抗病黄果肉品种基因型为ssrr和易感病红果肉品种基因型为SSRR杂交得到F_1，再利用F_1进行单倍体育种培育出抗病红果肉（ssRR）的新品种的遗传图解，并构建出相关的知识体系，生成的问题供小组讨论。

小组讨论各自研读课文过程中生成的问题，交流各自构建的知识体系，并在师生的共同探讨中进行分析与解决。

3. 多倍体育种

教师引导学生阅读课本，分析资料"三倍体无籽西瓜的培育过程"，并思考三个问题：

（1）根据亲本的基因型，为什么将四倍体作为母本呢？学生根据教材的知识进行分析，并清楚多倍体植物的特点是植株大多茎秆粗壮，叶片和果实比较大，所含糖类、蛋白质等营养物质都较高。但其缺点在于生长缓慢，发育延迟。

（2）为什么三倍体西瓜无籽？师生一起分析：无籽西瓜因其体细胞中含有奇数倍染色体组的同源染色体，不能进行正常的减数分裂，同源染色体出现联会紊乱。

（3）第二次传粉有没有发生受精作用？第二次传粉有什么作用？能否用其他方法代替？让学生明确第二次传粉的意义，同时也提出为了让子房发育成果实，也可以用人工涂抹生长素的方法，至于如何涂抹及机理如何，这将在必修3中进行学习。

4. 归纳总结

列表总结单倍体育种和多倍体育种的优点、缺点、原理、方法、过程和对象。

【巩固与拓展】

例：以下有关单倍体的陈述，错误的是（　　　）。

A. 花药离体培养的理论依据是细胞的全能性

B. 基因型为AAAa的四倍体植物的单倍体是高度不育的

C. 二倍体植物的单倍体在染色体数目加倍后一定成为纯合的二倍体

D. 基因型为BBbb的四倍体植物通过单倍体育种的方法培育出的BBBB个体占1/6

参考答案：B

单元五：生命的进化观

单元概述

　　自地球上出现了生命，随即开始了生物进化的历程。从达尔文的自然选择学说到现代生物进化理论，都在尝试解释生物的多样性、统一性和进化，这是从漫长的地质年代来认识生命。整个单元的教学安排见下表。

"生命的进化观"单元的教学安排

第八章　生物的进化			
第一节	生物的多样性、统一性和进化	1.举例说出生物的多样性与统一性。 2.用进化理论解释生物的多样性与统一性	1
第二节	进化性变化是怎样发生的	1.尝试综合运用生物学知识思考生物进化问题，简述影响基因频率变化的因素。 2.举例说明自然选择导致生物的适应，举例说出异地的和同地的物种形成的过程	2

第八章 生物的进化

第一节　物种的多样性、统一性和进化

【教学目标】

生命观念：举例说出生物的多样性与统一性，对生命的复杂性有更深层次的认识，进一步理解生命的进化观。

科学思维：明确结构与功能相统一，多样性与统一性相结合的辩证观点，学会从辩证的角度看待生命。

科学探究：用进化理论解释生物的多样性与统一性。

社会责任：以科学的眼光看待生物的进化，避免宗教与迷信色彩，肩负探究科学的社会责任。感受达尔文深入自然、思索问题、积累资料的科学精神，增强探索生命科学的热情与勇气。

【学情分析】

经过前面的学习，学生对生物进化有了初步的认识，本节内容是生物遗传变异的总结，是遗传与变异在物种进化上的体现。由于物种多样性与统一性概念比较抽象，在教学中应通过多媒体演示，用问题引导学生就生物的相似与差异进行比较分析，归纳总结出生物的多样性、统一性。

【重点、难点】

重点：认识并理解生物的多样性与统一性。

难点：进化论对生物多样性与统一性的解释。

【课前预习】

任务：查阅资料，了解达尔文的生平事迹与科学活动。

【教学过程】

1. 创设情境

教师在多媒体课件上展示不同的生物图片，让学生试着归类，并给出各自的理由，引导学生思考，引出物种这一概念。

2. 学习新知

教师提问：大家分析一下书本提到的生物中，京巴犬、德国猎犬、澳大利亚牧羊犬之间有什么关系。引导学生往生殖隔离方面思考。继续设问：马和驴是不同的物种，然而它们却可以交配生出骡子。那么骡子是一个新物种吗？为什么？综合学生的回答，再总结得出：判断生物个体间是否是同一物种的标准——是否存在着生殖隔离。

教师通过展示不同种生物的图片，引导学生从它们的结构、功能、行为、生活方式等方面去考虑它们各自的不同。教师介绍自然界物种数大约有200万种，在类型上有巨大的差异性，教师在介绍这部分的内容时要注重与现实生活的联系，引导学生利用类比的方法解决问题。

对以下三个类型进行比较：

（1）人与大猩猩的骨骼比较，发现骨骼结构功能相似，得出生物体层次的统一性。

（2）植物细胞与动物细胞比较，发现细胞器类型相似，各种细胞形态、结构、功能相同，得出细胞层次的统一性。

（3）对DNA、RNA、蛋白质进行知识的回顾，发现真核细胞与原核细胞中的基本结构单位与连接方式相同、细胞功能相似，得出生物在分子层次上的统一性。

学生自主阅读特创论与进化论的观点，明确特创论是不科学的。针对进化论的两个观点（① 进化使一个物种演变为另一个物种；② 彼此不同而又相似的物种，由一个祖先物种发展而来。）让学生分析这两个观点能否解释生物的多样性与统一性。教师可以适当举例说明，加深学生的理解。

【巩固与拓展】

例：东北虎和华南虎的形成是因为（　　　）。

A. 长期生活在不同的环境　　　　　　B. 存在生殖隔离

C. 基因突变　　　　　　　　　　　　D. 基因重组

参考答案：A

第二节　进化性变化是怎样发生的

【教学目标】

生命观念：建立生命因遗传而延续，因变异而多样的观念，进一步明确生物的进化与适应观。

科学思维：从"人工选择"和"自然选择"的研究分析中学会类比、推理的思维方法。

科学探究：能用进化论思想对一些生命现象进行解释。

社会责任：认同并能宣传科学进化思想，积极勇敢地与宗教迷信作斗争。

【学情分析】

学生通过前面课程的学习已经掌握了生物变异的来源，对基因、基因型、表现型等概念也有了了解。在前面一节的学习中，学生对生物的多样性与统一性已经有了辩证的认识。本课从大家较为熟悉的人工选择说起，然后引申到自然选择，让学生明白世界上现有的形形色色的生物是自然选择的结果。

【重点、难点】

重点：人工选择与自然选择的作用方式。

难点：种群变异性，自然选择导致适应。

【课前预习】

任务：查阅资料，了解人工选择在农业生产中的应用。

【教学过程】

创设情境：教师通过多媒体课件展示不同品种鸡的不同特性。不同地区的人们根据自己的需求，把比较符合要求的变异个体挑出来，使这些鸡的后代性状朝着这一方向发展。这就是所谓的人工选择。

对人工选择的过程进行一个总结：家养生物普遍存在变异，人们根据自己的需要挑选合乎自己要求的变异个体，淘汰其他个体，经过数代选择，有利变异被保存下来，培育出新品种。

达尔文不愧是一位优秀的科学家，他受到人工选择的启发，联系到自然界也存在着一种选择，通过环境条件来进行选择，这就是自然选择。教师可以借用长颈鹿或者海岛上昆虫翅膀两极分化的例子对自然选择进行解释。这里我们采用昆虫的例子。达尔文经过考察，发现海岛上的昆虫要么翅膀很发达，要么不能飞行。这个海岛上经常刮暴风，在这样的环境里，昆虫想要存活就必须与暴风天气做斗争。一是向着翅膀强大的方向变化，翅膀强大的个体能抵抗暴风的袭击；一是向着翅膀退化的方向变化，退化后不能飞行，也不致被暴风刮到海里去，因而能生存下来并繁殖后代。而那些有翅膀却不够强大的昆虫就很容易被刮到海中淹死了，也就是说它们在与自然斗争中被淘汰了。所以我们现在看到的昆虫大都呈现了这两种类型。

师生一起讨论，对自然选择的过程进行总结：生物普遍存在变异→影响生存与繁殖，通过生存斗争，适者生存，不适者淘汰→数代选择，适应环境所需的变异被保存进化，新物种产生。这个时候，教师可以通过列表就选择对象、因素与次数等对人工选择与自然选择进行对比。之后，教师引导学生得出变异在生物体中是普遍存在的，可遗传的变异是进化的前提。同时让学生回顾变异的来源分别是基因突变、基因重组与染色体畸变。基因突变产生新的基因，是生物变异的根本来源，而基因重组可以产生新的基因型。我们把一个基因在染色体上的特定位置叫作基因的座位。一个物种可能有30%左右的座位上有不同的等位基因。一对等位基因可以形成三种不同基因型，两对等位基因可以形成九种基因型，引导学生得出规律，n对等位基因可以形成的基因型是3^n。这个时候告诉学生人有23条染色体，大约有35 000对等位基因。

学生可以通过简单的计算理解物种的差异性与多样性。

教师展示工业革命前后在曼彻斯特地区桦尺蠖种群的灰色与黑色个体数量变化的表格，见表8-2-1，让学生阅读书本内容，总结出原因。

表8-2-1 工业革命前后桦尺蠖种群的灰色与黑色个体数量变化

个体类型	黑 色	灰 色
工业革命前	5%	95%
工业革命后	95%	5%

桦尺蠖种群黑色与灰色个体的数量变化是物种适应环境的结果，那什么是适应呢？教师给出适应的概念：适应是生物特有的一种现象，它使生命的结构及功能、行为、生活方式有助于该生物在一定环境条件下生存和延续。自然选择不是进化的唯一因素，却是适应进化的唯一因素。

【巩固与拓展】

例：对于突变与进化的关系，以下说法正确的是（   ）。

A. 有利的突变太少，不足以作为生物进化的材料

B. 突变可以增加等位基因的数量，但突变了的基因都是隐性基因

C. 基因突变是生物进化的根本原因，染色体变异不会导致新物种的形成

D. 突变的有利与否不是绝对的，往往因所处环境不同而异

参考答案：D

第❷课时

【教学目标】

生命观念：通过对种群基因频率的计算与分析，认同进化存在复杂性与多样性，认同进化是适应的结果，体会生命的进化与适应观。

科学思维：建立种群基因频率与基因型频率变化模型，演绎与推理物种进化的实质性变化，树立量变导致质变的观点。

科学探究：用现代进化理论来解释进化性变化发生的原因，对两地物种差

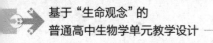

异的形成进行理性的分析，掌握正确的分析与计算方法。

社会责任：体会物种进化的含义，明白许多物种正在消失，形成对濒危物种保护的社会责任感和使命感。

【学情分析】

上一堂课已经学习物种进化的动力——选择，其中自然选择是适应进化的唯一因素，学生已经就进化发生的过程以及前提有了一定的了解，但是进化的实质是什么学生心里还存在疑问，对于遗传平衡定律也是第一次接触。种群的基因频率与基因型频率如何计算、五大因素如何打破种群的基因频率平衡、异地物种与同地物种的形成过程，都需要在教师的引导下开展学习。

【重点、难点】

重点：遗传平衡定律，计算基因频率与基因型频率。
难点：生物进化的实质。

【课前预习】

任务：如果一个种群中有AA基因型的个体800个，Aa基因型的个体200个，则在这个种群中，A的基因频率是_____，a基因频率是_____。

【教学过程】

1. 创设情境

教师描述：上一节课我们已经学习了选择是进化的动力，在生物体中可以遗传的变异是自然选择的前提。达尔文的自然选择学说很好地解释了生物进化的原因以及生物的多样性与适应性，对人们正确地认识生物具有重要意义。但是，由于受到当时科学发展水平的限制，对于遗传和变异的本质，达尔文还不能做出科学的解释，他对生物进化的解释也局限于个体水平。而实际上如果个体出现可遗传变异，相应基因必须在群体里扩散并取代原有的基因，这样新的生物类型才能逐渐形成。也就是说，生物进化的单位是种群。那这些基因在群体中会发生什么样的变化？接下来我们继续学习进化性变化是怎样发生的。

2. 种群基因频率与基因型频率的计算

教师引入种群中新的概念——基因库、基因频率、基因型频率，并让学生明确。

教师就课本上给出的假设通过数学计算的方式向学生阐明基因频率与基因型频率的相互关系。假设一种群中有一对等位基因A与a。A的基因频率为p，a的基因频率为q，则$p+q=1$。三种基因型AA、Aa、aa的个体数分别为d、h、r。假设总个体数为$N=d+h+r$，AA的基因型频率为d/N，Aa的基因型频率为h/N，aa的基因型频率为r/N。A的基因频率为$p=（2d+h）/2N$，a的基因频率$q=（h+2r）/2N$，得出$p+q=1$。之后教师可以通过练习进行课堂反馈。

3. 遗传平衡定律的出现与打破

结合课前预习，提问学生通过计算第一代、第二代、第三代的基因频率与基因型频率，可以得出什么结论？

首先给出基因频率与基因型频率的计算公式$（p+q）^2=1$；AA%$=p^2$；Aa%$=2pq$；aa%$=q^2$。从计算结果中可以发现子一代和子二代，它们的基因频率和基因型频率是完全相同的，要是这个种群还是处于这种稳定的环境中，那子三代、子四代……的基因频率和基因型频率会不会变化？引导学生得出遗传平衡定律。

然后说明如果种群中存在着个体迁入与迁出，或有些个体无法找到配偶完成交配，引导学生思考打破遗传平衡的因素，并让学生阅读书本上的内容，画出要点。

教师总结，遗传平衡所指的种群是理想的种群，在自然条件下是不存在的，这也说明在自然界中，种群的基因频率迟早要发生变化，也说明种群的进化是必然的。让学生理解进化的实质就是种群基因频率的改变，从而突破本节课的教学难点。

4. 同地物种与异地物种的形成过程

最常见的物种形成是由于环境隔离因素，例如，地理隔离，一个原始种群被分隔成两个种群，由于出现了变异与自然选择，慢慢会出现不同的变异类型。

教师要点出地理隔离并不一定会引起生殖隔离，例如，东北虎与华南虎之间不存在生殖隔离，出现生殖隔离才算新物种形成。

二倍体西瓜萌发的种子或幼苗经秋水仙素处理会形成四倍体的西瓜，但是四倍体西瓜与正常二倍体西瓜杂交形成的三倍体西瓜是高度不育的，所以对于二倍体西瓜而言，四倍体西瓜是一个新物种，但是它们是在同一地区形成的，所以这是同地物种形成过程的一个例子。

【巩固与拓展】

例：某工厂有男女职工各200名，经调查，女性色盲基因的携带者15人，患者5人，男性患者11人，那么这个群体中色盲基因的频率为＿＿＿＿＿＿＿＿＿。

参考答案：12%

单元六：生命的稳态观

单元概述

　　生命系统是稳态的，稳态是有序、平衡且不断变化的。现代生命科学已从分子、细胞、组织、器官、个体、生态系统等各个层次上阐明了生命活动中普遍存在着动态稳定，即稳态的现象。稳态并不意味着一成不变，任何系统的稳态都是在一定范围之内波动的。

　　稳态是通过调节来实现的，而调节依赖于生命系统对内部和外界环境的刺激所做出的各种反应。植物、动物通过调节作用维持一个稳定的状态，主要表现在植物的激素调节和动物的神经调节、体液调节与免疫调节等，因此该内容主要在高中生物教材必修3"稳态与环境"模块中的前三章。体现在本单元的设计中则分别是第九章植物生命活动的调节和第十章动物生命活动的调节两大内容。

　　本单元内容学习难度较大，主要原因在于以下几点。

1.知识体系复杂

　　本单元知识体系复杂，如在神经调节中涉及静息电位的产生，动作电位的产生和传导，动作电位的传递、反射、体温调节等，这些知识相互交织在一起，头绪繁多，要将这些知识结构化很不容易。

2.生理过程抽象

　　不论是静息电位的产生，还是动作电位的产生、传导、传递过程，都涉及微观的物质变化与电变化，加上课本静态的呈现方式，这对学习者提出了很高的能力要求。

3.学科思想方法丰富

　　本单元内容涉及系统分析的思想与方法、模型的思想与方法、稳态的思想等，这些思想方法对学生的思维能力与水平都提出了较高的要求。所以在进行本单元教学时，必须强调"以学为中心"，通过积极创设有效学习的环境和氛围，帮助学生亲历科学探究过程，化抽象为具体，化微观为直观，使学生通过合作学习，理解科学知识、学会科学方法、领悟科学思想，从而较好地培养和发展学生的核心素养。为此我们对本单元做了下表所列的设计与安排。

"生命的稳态观"单元的教学安排

第九章　植物生命活动的调节

分　节	名　称	教学要求	课　时
第一节	生长素	1.解释生长素发现过程中的相关实验。概述不同浓度的生长素对植物生长的不同作用。 2.在进行"活动：2，4-D对插枝生根的作用"时，设计实验过程和掌握数据处理方法，制作图表	2
第二节	植物的其他激素	1.简述五大类激素在植物生长发育过程中的作用。 2.阐明植物激素在生产实践中的应用价值	1

第十章　动物生命活动的调节

分　节	名　称	教学要求	课　时
第一节	内环境与稳态	1.说出单细胞动物与多细胞动物进行物质交换的区别。 2.讨论维持内环境稳定的机制。 3.概述稳态及其调节	1
第二节	神经系统的结构和功能	1.辨别神经调节与体液调节，简述神经元的结构。 2.说出动作电位的概念，阐明反射的过程。 3.说明神经冲动的产生及其传导、传递，简述大脑皮层的功能	4
第三节	高等动物的内分泌系统与体液调节	1.描述体温调节；举例说出下丘脑与垂体的关系，及它们所分泌的部分激素；简述甲状腺激素与主要性激素的作用。 2.解释胰岛素与胰高血糖素在调节血糖水平中所起的作用。 3.模拟尿糖的检测	3
第四节	人体对抗病原体感染的非特异性防卫	1.说出人体对抗病原体的第一道防线的定义。 2.简述人体对抗病原体的第二道防线	1

第十章　动物生命活动的调节			
分　节	名　称	教学要求	课　时
第五节	特异性反应（免疫应答）	1.说出非特异性免疫与特异性免疫的区别。 2.概述淋巴细胞识别入侵者的过程，概述细胞免疫与体液免疫的过程。 3.举例说出免疫接种的应用	2
第六节	免疫系统的功能异常	1.说出免疫功能的异常反应。 2.说出引发艾滋病的病毒的定义及其对人体免疫系统的影响	1

第九章 植物生命活动的调节

第一节 生长素

【教学目标】

生命观念：观察植物的向光性，体会进化与适应的观点。能用结构与功能相适应的生命观说出生长素的产生部位。

科学思维：能够基于生长素发现过程的相关实验，归纳、概括出生长素的作用、产生部位和运输方向，并阐释植物的向光性。

科学探究：能针对植物的向光性进行观察、提问、实验设计、方案实施以及结果的交流与讨论。体会科学家实验设计的巧妙，掌握科学探究的基本思路。

社会责任：通过科学家发现生长素的过程，体会科学家对科学探究的执着信念和求真务实的科学态度，认同科学发展是一个继承与创新的辩证过程。

【学情分析】

通过初中科学和高中生物必修1、必修2的学习，学生已经对植物的向光性知识有了一定的了解并具备一定的生物科学素养，但学生没有接触过生长素。所以，可以从植物的向光性入手，让他们进行一定的自主学习和实验分析、设计，逐步深入探索，一步步找到"生长素"。另外，高中学生观察能力和思维能力都较强，但对实验现象进行语言表达的科学性、规范性和严谨性，以及对实验内容的分析和深入思考的能力都有待提高。所以本节内容就是在已有知识和经验的基础上学习深层次的知识，培养深层次的实验能力和表达能力。

【重点、难点】

重点：体会植物生长素的发现过程和方法。

难点：学习科学家发现生长素的方法。

【课前预习】

任务：梳理生长素的发现过程。

【教学过程】

生长素是高中生物课程中的核心概念之一，结合PPT多媒体教学，用科学史和科学方法统领教学过程，使学生沿着科学家的科研轨迹体验生长素的发现过程和实验方法。

1. 导入新课

新课可以请学生课前准备植物向光性的实验装置导入，也可以通过学生观察到的生活中常见的植物向光生长的现象如放置于窗口的盆栽植物等导入。引导学生观察植物向光生长，使学生认识到这是植物长期进化和适应的结果，同时提出疑问：植物为什么在单侧光的刺激下会向光生长呢？激发学生的求知欲，引导学生去探究原因。

2. 达尔文父子实验

用PPT展示达尔文父子的实验模拟图，让学生观察实验过程，依次提出问题：导致幼苗表现向光性的外界因素是什么？光刺激的部位在哪里？向光生长与幼苗尖端有关系吗？弯曲生长的部位在哪里？学生思考回答并说出理由，教师加以引导，得出结论：幼苗的感光部位是尖端，伸长部位是尖端下部。推测有某种化学物质从苗尖端传递到了下面，使背光面生长快，因而出现向光性。

通过达尔文父子实验，培养学生的观察、思考能力，引导学生通过实验现象进行大胆的猜测。通过对该实验的分析，学生基本学会了分析实验，对对照实验的重要性也有了更深刻的认识。

通过科学史的介绍，让学生体验科学家探究的基本过程，使学生沿着科学家的发现之路，通过发现问题、提出假设、设计实验、分析问题、得出结论的过程，丰富科学探究的方法。

3. 波森·詹森实验

在上述实验结论的基础上，引导学生再继续思考：是不是真的有化学物质向下传递？这种化学物质又是什么呢？

引发学生的好奇心之后，给出实验材料，让学生分小组讨论并试着设计实验过程。学生通过自己设计实验，对实验设计中的对照原则和单一变量原则会有更深刻的认识。之后，请学生自己分析，得出结论：的确有一种化学物质由苗尖端向下传递。

4. 温特实验

在波森·詹森实验结论的基础上，提出疑问：尖端能产生这种能促进植物生长的物质吗？从而引出温特实验。通过引导学生讨论"实验是如何处理的""实验可以得出什么结论"等问题，得出尖端的确存在一种能促进植物生长的物质，后来被命名为生长素。引导学生阅读书本，回答生长素的化学本质问题。

5. 探究生长素横向运输的部位

由温特实验中观察到的现象：幼苗尖端的琼脂块放在切面的正上方，则去顶幼苗垂直向上生长。琼脂块如放在切面的一侧，则幼苗向背着放置琼脂块的一侧弯曲生长，由此可知，幼苗的弯曲生长是由生长素分布不均匀引起的。进而提出疑问：在单侧光下，导致幼苗两侧生长素分布不均匀是发生在尖端还是尖端以下？提供材料，请学生设计实验进行探究。接着教师PPT展示科学家完成该实验的实验结果。学生分析结果，得出结论。

6. 回顾总结，阐释植物的向光性

回顾科学家发现生长素的一系列实验和结论，学生解释植物向光性的原因。在此基础上，归纳出生长素产生部位、运输方向，幼苗感光部位、生长部位，建构生长素的相关概念图。

【巩固与拓展】

例：下列关于生长素的发现的叙述，错误的是（　　　）。

A. 达尔文父子的实验推测出有某种化学物质从苗尖端传递到了下面

B. 波森·詹森的实验证明的确有一种化学物质由苗尖端向下传递

C. 温特的实验充分说明苗尖端中确实存在一种能够促进植物生长的化学物质

D. 20世纪30年代，生化学家确定了生长素的化学本质是一种小分子有机物即2，4-D

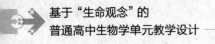

参考答案：D

━━❂ 第❷课时 ❂━━

【教学目标】

生命观念：理解生长素作用的两重性，形成稳态与平衡观。概述不同植物、同一植物不同部位对同样浓度生长素的不同反应，形成局部与整体观，体会生物的多样性。

科学思维：探究不同浓度的生长素对植物生长的作用，建构数学模型，分析归纳出生长素的作用特点。

科学探究：在"活动：探究2，4-D对插枝生根的作用"时，能区别自变量、因变量和无关变量，设计实验过程和掌握数据收集及处理方法，制作图表。

社会责任：能用生长素的知识指导生产实践。

【学情分析】

经过上一节的学习，学生已了解生长素可以促进植物的生长，并对植物产生向光性的原因以及生长素的产生、极性运输和分布特点有了相应的知识准备。同时，高中学生的学习兴趣浓厚、思维较活跃，对生活中的事物充满好奇，有一定的探究精神，应加强引导。

【重点、难点】

重点：生长素的生理作用及特点，探究实验设计的一般方法。

难点：根向地性、茎背地性形成的原因，顶端优势产生的原因以及在生产中的实例，尝试探究生长素促进插条生根的最适浓度。

【课前预习】

任务：阅读教材P6~P7，回答以下问题。

（1）生长素对植物的生长都起促进作用吗？

（2）对于不同的器官来说，生长素促进生长的最适浓度相同吗？

【教学过程】

1. 导入新课，列举生长素的作用

回顾上节课内容，学生解释植物为什么会向单侧光生长。在此基础上教师提出问题：生长素的作用除了促进植物生长，还有哪些？

2. 生长素作用的特点

农业上扦插育苗时，为了提高插条生根的概率和成活率，一般在扦插之前会将插条浸泡在2，4-D或α-萘乙酸中一段时间。它们是生长素类似物，与生长素（IAA）有着相似的生理效应。那么生长素类似物对于插条的生根到底有着怎样的影响？是不是生长素类似物浓度越高，生根的效果就越好呢？

PPT展示教师及部分学生课外实验"生长素类似物对插条生根的影响"的实物图片，小组成员汇报实验结果。学生作图，确定生长素类似物浓度与植物生根数量的关系。小组讨论、分析，归纳出生长素类似物作用的两重性：既能促进生长，又能抑制生长；既能促进发芽，又能抑制发芽；既能防止落花落果，又能疏花疏果。

教师出示同一植物的不同器官对生长素浓度反应的示意图，提问：相同浓度的生长素对根、茎的作用是一样的吗？10～4 g/L生长素的浓度对根、茎这两个器官的作用分别是什么？根、茎这两个器官的最适生长素浓度分别是什么？学生观察得出植物的不同部位对同样浓度的生长素有不一样的反应，即同一植物不同部位对生长素的敏感度不同。

教师PPT展示双子叶杂草和单子叶农作物对生长素浓度反应的示意图，引导学生思考生长素对植物生长起的作用会因植物种类的不同而不同，最后，归纳总结生长素的作用不仅与激素的浓度、激素的作用部位有关，还与植物的种类有关。

3. 联系实际，学以致用

在生活中植物有许多有趣的现象和生长素有着密不可分的关系。

PPT显示塔形树冠和甘蔗图片，介绍顶端优势并提问：离顶芽越近的侧芽受抑制越明显，这到底是什么原因导致的？学生通过分析顶芽和侧芽的生长素浓度，判断生长速度，得出结论。之后，用Flash动画分析顶端优势形成的原因，使学生对生长素的作用有了更直观的认识。接着，联系生产实际提问：行道树每年定期修剪，有什么意义？对于行道树而言，长得高和长得宽，哪个更

重要？农业生产中，什么情况下需要去除顶端优势，什么情况下要保留顶端优势呢？学生思考、讨论并得出结论，实现用所学知识指导生产实践的目的。

创设情境：在不考虑光照的情况下，一盆平放植株的根和茎的生长方向如何？并进一步提问：为什么会出现弯曲？是什么外界刺激引起的？为什么根和茎的弯曲方向不同？

引导学生联系生长素的作用特点，分析原因。

请学生思考并回答在生产实践中要除去双子叶杂草，应喷施什么浓度的生长素？

在生产实践中有很多农作物需进行扦插繁殖，你能不能设计一个实验找到促进插条生根的最适浓度？

4. 探究生长素类似物促进插条生根的最适浓度

提出问题：某种生长素类似物促进插条生根的最适浓度是多少呢？

做出假设：×浓度范围是促进插条生根的最适浓度。

制订计划：浓度应如何选择？

介绍预实验的意义，根据课前探究实验的结果，判断浓度范围，确定浓度梯度。

得出结论：某浓度最接近促进插条生根的最适浓度。

引出再探究的意义——越来越接近最适浓度的真实值。

【巩固与拓展】

例：下列关于"探究2，4-D对插枝生根的作用"实验的叙述，错误的是（　　）。

A. 2，4-D是一种生长素类似物

B. 实验用的插枝来自同一株植物

C. 检测指标为每组插枝上根的总长度

D. 不同浓度的2，4-D溶液处理插枝的时间不同

参考答案：D

第二节　植物的其他激素

【教学目标】

生命观念：说出其他植物激素的作用和特点，体会生物的多样性与统一性。理解多种激素平衡协调作用控制植物的生长和发育，形成局部与整体观。

科学思维：基于生产和生活实际，分析、归纳出五大类植物激素的作用，并在此基础上对比各激素，概括出前三类激素促进植物生长，后两类作用与之相反。

科学探究：基于植物激素在生产、生活中应用的相关资料，结合植物激素和其他因素对植物生命活动的调节，分析并尝试提出生产实践方案。

社会责任：能用五大类植物激素的知识指导生产实践。能以造福人类的态度和价值观，运用所学知识对植物激素应用做出理性的解释和判断，关注植物激素应用带来的负面影响。

【学情分析】

学生在之前已经学过了生长素的发现过程以及生长素的生理作用，有了一定的知识基础。生活中常见的除草、生根、催熟等现象学生已经有所了解或多少有些接触，关于植物生长调节剂的应用和报道也常见于报刊网络。同时高中学生已有一定的批判性思维能力，在理解各植物激素作用的同时，能辩证地看待植物生长调节剂的应用。

【重点、难点】

重点：五大类植物激素的作用和产生部位，植物生长调节剂在生产上的应用。

难点：多种激素平衡协调作用控制植物生长和发育。

【课前预习】

任务：让学生预习课本中五大类植物激素的作用和产生部位，初步形成

"植物生命活动受多种植物激素的调节"的认识，了解植物生长调节剂在生产上的应用。

【教学过程】

1. 情境导入

展示熟香蕉、催熟柿子的图或引用北宋大诗人苏轼的诗"红柿摘下未熟，每篮用木瓜两三枚放入，得气即发，并无涩味"引出熟香蕉或红柿释放的气体其实就是植物激素。随后指出生长素已经学习过，除此之外，还有其他四类激素，包括赤霉素、细胞分裂素、脱落酸、乙烯，它们各自有不同的作用。

2. 植物激素的种类和作用

学生介绍课前在网上或其他媒体上查找到的各植物激素发现、应用的资料，在阅读教材P8内容的基础上，分小组讨论，建构出五大类植物激素的作用和合成部位的概念图。

3. 植物激素间的相互作用

展示资料一：植物组织培养时，添加不同比例的细胞分裂素与生长素，愈伤组织的分裂分化情况。

展示资料二：科学家在对黄化豌豆幼苗切段的研究中发现，生长素促进植物生长主要在于促进细胞纵向伸长，随着生长素浓度不断增高，这种促进细胞纵向生长的功效越强。但当生长素浓度提高到一定程度时，就会促进乙烯的合成。乙烯一方面抑制细胞纵向伸长，同时促进细胞横向扩大。

展示资料三："赤霉素和脱落酸对小麦种子萌发的影响"曲线图。全班分组讨论，相互交流得出结论：植物的生命过程是由多种激素相互协调，共同调节的。

4. 植物生长调节剂的应用及评价

给出植物激素的概念，强调"微量"，提问学生如何在农业生产中得到植物激素，从而引出植物生长调节剂。

阅读教材P8内容并思考：

（1）什么是植物生长调节剂？它与天然植物激素有什么区别？有什么优点？

（2）植物生长调节剂有哪些应用？

学生在回答应用的同时解释其原理，可以加深对植物激素作用的理解。

自从植物生长调节剂人工合成问世以后，因其价格便宜，种类齐全，被迅速地应用到农业生产中。

提问：你知道哪些农产品在生产过程中使用了植物生长调节剂吗？如何正确使用植物生长调节剂？生产过程中施用植物生长调节剂会不会影响农产品的品质？

展示资料：如"瓜裂裂"事件、乙烯利催熟水果的争议等。请学生评述相关植物生长调节剂应用的利与弊。能以造福人类的态度和价值观对植物激素应用做出理性的解释和判断，形成正确的生命观和生态意识。

【巩固与拓展】

例：有关植物激素的叙述，错误的是（　　　）。

A. 都能促进植物的生长

B. 含量很少而作用显著

C. 往往由产生部位运输到特定部位起作用

D. 多种激素的平衡协调作用控制着植物的生长和发育

参考答案：A

第十章　动物生命活动的调节

第一节　内环境与稳态

【教学目标】

生命观念：说出单细胞动物与多细胞动物进行物质交换的区别，通过对具体事例的判断，阐明内环境相对稳定的意义，形成生命稳态观。

科学思维：通过对内环境各种成分的讨论与分析，及其对现实生活的指导意义，帮助学生理解新陈代谢与内环境稳定之间相互联系、相互作用的辩证观点，提高思维能力。

科学探究：分析内环境的各种成分，探究内环境相对稳定对生命活动的重要意义。

社会责任：关注内环境稳态与健康的关系，建立事物是普遍联系的辩证唯物主义观。

【学情分析】

这节内容有些抽象，但有些内容涉及初中知识，如血细胞生活在血浆中、血浆中的成分等，在此基础上去理解内环境的理化成分相对容易。此外，学生有一定的感性认识，比如手脚有时会磨出"水泡"，教学中如果结合具体的生活实例，更容易调动学生的学习兴趣，激发求知欲，从而构建出内环境与稳态的知识，培养学生分析问题与解决问题的能力。

【重点、难点】

重点：内环境的含义、组成、作用，内环境相对稳定的意义。

难点：稳态及其调节。

【课前预习】

任务：明确内环境的组成。

【教学过程】

1. 多细胞动物必须维持内环境的稳定

用PPT展示两幅图片，分别是草履虫和生活在血浆中的血细胞，并提出问题：它们分别生活在什么样的环境中？有什么异同？引发学生对比思考，草履虫可以直接与外界环境进行物质交换，而体内的细胞要通过生活的液体环境才能进行物质交换，进而引出多细胞生物的细胞生活的液体环境——内环境。并通过学生的导学案，课前预习得知内环境包括血浆、组织液、淋巴等，它们之间的关系是组织液和血浆之间可以相互渗透，组织液又可以渗透到毛细淋巴管内形成淋巴，淋巴通过淋巴循环进入血液循环，形成血浆。

再由教师总结归纳内环境的概念：多细胞动物细胞生活的液体环境。内环境又称为细胞外液，内环境的"内"是相对于个体外环境的"外"而言的。细胞外液的"外"是相对于细胞的"内"而言的。

2. 内环境是细胞与外界进行物质交换的媒介

展示多细胞生物的细胞是怎样与外界环境之间进行物质交换的图片，如图10-1-1所示，阐明内环境与外界环境的物质交换过程，需要体内各种系统的参与。同时，细胞和内环境之间也是相互影响、相互作用的。细胞不仅依赖于内环境，也参与了内环境的形成和维持。内环境是细胞与外界进行物质交换的媒介。

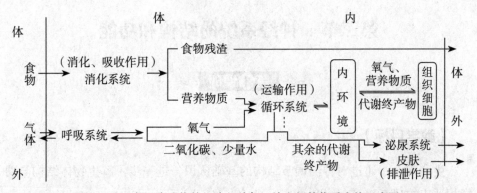

图10-1-1 多细胞动物的细胞与外部环境之间的物质交换示意图

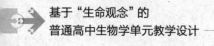
3. 稳态

展示课前布置给学生的一周内每天测量自己及家庭成员的体温报告，提出问题：

（1）一周内学生的体温状况会有明显的波动吗？

（2）学生和家庭成员之间体温相差大吗？

（3）将学生的体温变化情况与当地气温的变化进行比较，结果如何？

通过学生的自主调查，并结合具体事例，如引起"水泡"的原因，经过师生共同讨论总结出内环境相对稳定是细胞正常生存的必要条件的结论。因为细胞的代谢活动基本上是多种酶催化的反应，这些反应要求有最合适的温度、pH，要求有一定的离子浓度、底物浓度等。失去了这些条件，代谢活动就不能正常进行。通过学生的讨论与归纳，最后由教师小结出稳态的定义：在神经系统和内分泌系统的调节下，保持内环境各种理化性质的相对稳定。

【巩固与拓展】

例：人体内的细胞外液构成了细胞生活的液体环境，在这个环境中可发生许多生物化学反应，其中有（　　　）。

A.蛋白质消化分解成氨基酸

B.神经递质的合成

C.丙酮酸氧化分解成二氧化碳和水

D.乳酸和碳酸氢钠反应生成碳酸和乳酸钠

参考答案：D

第二节　神经系统的结构和功能

【教学目标】

生命观念：通过对神经调节结构的基础认识，进一步了解生物体结构与功能相适应的观点。

科学思维：通过观察兴奋传导的动态过程，建立分析、比较、归纳等逻辑推理能力。

科学探究：研究兴奋传导的材料和方法，逐步养成科学探究的习惯。

社会责任：模拟科学发现过程，体会科学家对科学探究的执着信念和求真务实的科学态度。

【学情分析】

学生在初中就已经学过有关神经调节的基本方式——反射，反射的结构基础——反射弧等相关的基础知识，学生已经具备一定的自学和概括能力，所以教师可以留出少量时间让学生快速阅读，并通过提问进行回忆及深化。兴奋在神经纤维上的传导内容比较抽象，学生没有接触过，不容易理解，在学习上具有一定的难度。而这些既是教学重点又是教学难点，特别是兴奋传导时膜电位的变化过程，教师在这方面要多进行指导、启发。

【重点、难点】

重点：兴奋在神经纤维上的传导。

难点：兴奋在神经纤维上的传导。

【课前预习】

任务：梳理神经系统、神经元、突起与胞体等相关概念。

【教学过程】

1. 情境导入

教师提问：刘翔"见栏就跨"的画面让我们体会到运动的张力和协调的美感，那么刘翔要经过哪些方面的调节才能完成如此美而协调的动作呢？

学生回答：通过神经调节和体液调节。

教师讲述：如果仅有体液调节，机体就难以迅速而精确地做出反应。人和动物体内各个器官、系统的协调和统一，各项生命活动的进行，以及对外界环境的变化做出相应的反应，主要是通过神经系统的调节作用来完成的。

2. 神经元的结构

引导学生观察神经元结构模式图并叙述各部分结构。教师总结并讲述：神经元之所以受到刺激能产生兴奋，并能传导兴奋是与它的结构相适应的。一个神经元就是一个完整的高度特化的细胞。细胞体作为代谢中心适合综合处理信息；突起适合接受和传递信息；髓鞘则起着绝缘的作用，使许多神经纤维可以同时传导而互不干扰，从而保证神经调节的精确性。

教师强调神经纤维的概念：长的树突、轴突和髓鞘构成神经纤维。

教师讲述：从宏观上看，兴奋需要在反射弧各部分上传导；从微观上看，兴奋则需要在组成反射弧的每一个神经元内部传导，特别是神经纤维上的传导。

3. 兴奋在神经纤维的传导

早在1791年，意大利解剖学家伽伐尼就发现兴奋传导实际上是一种生物电现象。但是神经纤维都很细，做实验很困难。到20世纪30年代英国科学家发现乌贼的巨大神经纤维是实验的理想材料，它粗大的轴突直径可达1 mm，使测量电位差的微电极易于插入，为开展实验提供了方便。

实验方法：取两个微电极，一个插入神经纤维内，一个接到神经纤维膜表面，用微伏计测出膜内外的电位差，即电势差。

结果显示：膜外为正电位，膜内为负电位。为什么会出现电位差呢？很早人们就发现神经纤维膜内外存在着离子浓度的差异。引导学生观察并分析Na^+和K^+的浓度差：膜内的K^+浓度远高于膜外，Na^+浓度则相反。

师生一起分析静息电位：在细胞未受刺激时，也就是静息状态时，膜内的K^+很容易通过通道蛋白顺着浓度梯度大量转运到膜外，从而形成膜外正电位，膜内负电位。动作电位：当神经纤维某一部位受到刺激时，膜上的Na^+载体通道蛋白被激活，Na^+通透性增强，大量Na^+内流，使膜两侧电位差倒转，即膜外由正电位变为负电位，膜内则由负电位变为正电位。

分步演示兴奋在神经纤维上传导的动画，师生讨论并分析兴奋传导的过程。

问题1：静息时，膜内和膜外的电位处于何种状态？

问题2：受刺激时，兴奋部位的膜内外发生了怎样的变化？

引导学生分析并讨论：邻近未兴奋部位仍然维持原来的外"正"内"负"，那么，兴奋部位与原来未兴奋部位之间将会出现怎样的变化？

要求学生试着用物理上的电学知识来解释这个问题，并就膜外和膜内情况分别说明。在神经纤维膜外兴奋部位与邻近的未兴奋部位之间形成了电位差，于是就有了电荷的移动，在细胞膜内的兴奋部位与邻近的未兴奋部位之间也形成了电位差，也有电荷的移动，这样就形成了局部电流。

问题3：电流方向如何确定呢？

引导学生观察相邻的未兴奋部位：这种局部电流又刺激相邻的未兴奋部位发生上述同样的电位变化，又产生局部电流，如此依次进行下去，兴奋不断向前传导，而已经兴奋部位又不断依次恢复静息电位。兴奋就按照这样的方式沿着神经纤维迅速向前传导。

完整演示动画并让学生归纳和复述：

兴奋传导过程：刺激→膜电位变化→电位差→电荷移动→局部电流。兴奋在神经纤维上传导的实质：膜电位变化→局部电流。

问题4：我们已分析了当兴奋从树突经胞体传向轴突时的传导方向，如果在一条离体神经纤维中段施加适宜刺激，传导方向又是怎样的呢？

学生从物理角度来思考这个问题：兴奋部位与两侧未兴奋部位都存在电位差，所以刺激神经纤维上任何一点，所产生的兴奋均可沿着神经纤维向两侧同时传导。

师生总结：兴奋在神经纤维上的传导特点具有双向性。兴奋传导受机械压力、冷冻、电流、化学药物等因素的影响而受到干扰或阻断。

4. 课堂小结

总结相关概念，形成概念图，总结兴奋在神经纤维上的传导过程与特点。

【巩固与拓展】

例：下列关于神经元的叙述，错误的是（　　　　）。

A. 是构成神经系统的基本单位

B. 一般包含胞体、树突、突触三部分

C. 是一种可兴奋细胞

D. 是反射弧的重要组成结构

参考答案：B

第②课时

【教学目标】

生命观念：概括突触的结构特点，分析兴奋在细胞间单向传递的原因，进一步理解生物体结构与功能相适应的观点。

科学思维：通过观察与明确兴奋在细胞间传递的过程，学会分析、比较、归纳等逻辑推理能力。

科学探究：在小组探讨过程中提高合作与交流能力，养成科学探究的习惯。

社会责任：应用兴奋传导原理，辨别传导方向，并用于解决实际问题。

【学情分析】

学生已经掌握兴奋在细胞内的传导方式，在掌握突触结构的前提下，分析兴奋怎样从一个神经元通过突触传递给另一个神经元，归纳兴奋只能单向传递的原因。这些内容比较抽象，不容易理解，在学习上具有一定的难度。而这些既是教学重点又是教学难点，特别是兴奋传导时膜电位的变化和突触释放递质的过程，教师在教学时要采取各种方法加强启发与指导。

【重点、难点】

重点：兴奋在神经元之间的传递。

难点：兴奋在神经元之间的传递。

【课前预习】

任务：辨析神经纤维的传导与突触的传递过程。

【教学过程】

1. 突触结构

教师提问：当兴奋传导到神经纤维的末梢时，又是怎样到达下一个神经元的呢？学生回答：兴奋在神经元之间是通过突触来传递的。突触是指一个神经元与另一个神经元相接触的部位。

学生观察，并了解突触：（演示动画）在光学显微镜下观察可以看到，一个神经元轴突末梢经多次分支，最后每个小枝末端膨大成杯状和球状，可以与多个神经元细胞体或树突相接触，形成突触。在电子显微镜下观察可以看到突触是由三部分构成的，即突触前膜、突触间隙和突触后膜。突触前膜含有大量的突触小泡，泡内含有高浓度的化学物质——递质，如乙酰胆碱。递质有兴奋性的，也有抑制性的。

单元六
生命的稳态观

2. 兴奋在细胞间的传递

将动画还原到较为直观的两个神经元之间去观察突触。

教师讲述：当兴奋通过轴突传导到突触小体时，突触小体内的突触小泡就将递质释放到突触间隙里，突触后膜的相应受体蛋白接受递质的化学刺激，引起突触后膜的膜电位改变。这样，兴奋就从一个神经元通过突触而传递给了另一个神经元。突触后膜的受体对递质有高度的特异性。

让学生再次观察动画模拟过程，并进行复述、概括。兴奋在细胞间的传递过程：兴奋→突触小体→突触小泡释放递质→突触间隙→突触后膜兴奋或抑制。

师生讨论，得出结论：由于递质只存在于突触前膜，由突触前膜释放作用于突触后膜上，使后一个神经元兴奋或抑制，所以神经元之间兴奋的传递只能是单方向的，也就是说，兴奋只能从一个神经元的轴突传递给另一个神经元的细胞体、树突或轴突，而不能向相反的方向传递。这种单向传递使整个神经系统的活动能有规律地进行。

教师讲述：递质发生效应后就被酶破坏而失活，一次神经冲动只能引起一次递质释放，产生一次突触后电位变化，之后很快又恢复为静息状态。

引导学生观察线粒体，得出"兴奋传递是一个耗能的过程"的结论。

教师讲述：有些杀虫剂能抑制酶的活性，使递质不被破坏，递质一直结合在突触后膜的受体部位，连续发生作用，使神经处于持续冲动状态而不能恢复到静息电位，这样就使动物长时间处于肌肉持续收缩、痉挛状态，终致死亡。

3. 比较兴奋的传导与传递

让学生列表总结，比较兴奋的传导与传递。

【巩固与拓展】

例：下列关于人体骨骼肌上神经肌肉接点的叙述中，错误的是（　　）。

A. 兴奋传到神经末梢可以引起乙酰胆碱的释放

B. 释放的乙酰胆碱使突触后膜通透性发生变化

C. 更多的乙酰胆碱引发肌膜产生更大的动作电位

D. 人体内骨骼肌收缩必须依赖于神经末梢的兴奋

参考答案：C

201

【教学目标】

生命观念：举例说出常见的反射活动，透过纷繁复杂的生命现象揭示事物的普遍联系，建立生命的稳态观。

科学思维：通过看图简述大脑皮层功能区的特点，提高生物学归纳、推理能力。

科学探究：以讨论的形式探究左右脑的分工。

社会责任：从生物学角度解释日常反射现象，关注生活，建立健康的生活方式。

【学情分析】

在初中所学知识的基础上，学生从课本资料入手，分析、讨论，明确控制排尿反射的初级中枢在脊髓，但控制排尿反射的高级中枢在大脑皮层。机体能够协调完成各项生命活动，是不同的中枢之间相互联系，相互协调的结果。

【重点、难点】

重点：举例说明神经系统对机体的分级调控。

难点：举例说明神经系统对机体的分级调控。

【课前预习】

任务：

（1）反射活动有几类，区别是什么？

（2）反射弧的基本结构是什么？

【教学过程】

在微观上要掌握兴奋的产生，以及兴奋在神经纤维上传导和在细胞间的传递；在宏观上要了解反射活动的形成，以及大脑皮层参与下的神经调节过程。

1. 神经调节的基本方式

教师提问：通过初中的学习我们知道，神经调节的基本方式是反射，那么，什么是反射呢？学生回答：反射是指在中枢神经系统的参与下，人和动物体对体内和外界环境的各种刺激所发生的有规律性的反应。

教师强调反射概念的三要素，并且指出反射是应激性高度发展的结果。

教师提问：反射大致可以分为非条件反射和条件反射两类，请同学们来分析四组有趣的现象，看看它们分别属于哪类反射，并说出判断的依据是什么。

（多媒体展示实例图片：小猴吮奶、狗熊飞车、尝梅止渴、望梅止渴。）

学生分析："小猴吮奶"和"尝梅止渴"是动物生来就有的，也是通过遗传而获得的先天性反射，是非条件反射；"狗熊飞车"和"望梅止渴"是动物出生后，在生活过程中通过训练而逐渐形成的后天性反射，属于条件反射。

条件反射是建立在非条件反射的基础上，借助一定的条件（自然的或人为的），经过一定过程形成的。条件反射大大地提高了动物适应复杂环境变化的能力。那么，反射的结构基础又是什么呢？

2. 反射弧的结构和功能

教师引导学生观察反射弧结构模式图，并提问：反射弧是由哪几部分组成的？学生观察，并回答：通常由感受器、传入神经、神经中枢、传出神经和效应器五部分组成。

教师引导学生识图。感受器是感觉神经末梢部分，效应器指运动神经末梢和它所支配的肌肉和腺体。简单地说，反射过程是感受器感受到一定的刺激并产生兴奋，兴奋以神经冲动的形式经过传入神经传向神经中枢，神经中枢通过分析与综合产生兴奋，经一定的传出神经到达效应器，发生相应活动。

3. 反射活动案例分析

资料一：控制排尿的初级中枢在脊髓。资料二：成年人有意识控制排尿，婴儿经常尿床。资料三：有些人由于外伤等使意识丧失，出现像婴儿那样尿床的情况。

教师提问：这些例子说明神经中枢之间有什么关系？通常脊椎动物的反射弧，在感觉神经元和运动神经元之间还有中间神经元，它起着传递信息的作用。非条件反射的反射中枢在脊髓，条件反射的反射中枢在大脑皮层。

4. 大脑皮层功能区

教师展示左右脑的功能，并说明语言功能在左脑，介绍S区、H区、V区、

W区、白洛嘉区、韦尼克区，展示大脑皮层运动区和体觉区与躯体各部分的关系示意图。师生一起分析，并得出结论：大脑皮层支配躯体的特点是交叉、倒置，皮层功能区范围大小与躯体运动的精细复杂程度有关。

【巩固与拓展】

例：下列关于反射和反射弧的叙述，正确的是（　　　　）。

A. 反射弧是神经系统结构和功能的基本单位

B. 反射活动必须通过反射弧来完成

C. 只要有完整的反射弧，必然出现反射活动

D. 反射和反射弧在性质上是完全相同的

参考答案：B

◁▷ 第❹课时 ◁▷

【教学目标】

生命观念：描述体温调节的过程，明确恒温动物维持体温恒定的重要性，树立生命的稳态观。

科学思维：描述炎热时机体调节情况，提高归纳、推理能力。

科学探究：模仿寒冷时机体调节情况，在小组探讨过程中提高合作与交流能力，养成科学探究的习惯。

社会责任：从生物学的角度对日常案例进行分析，做生活的有心人，并建立健康的生活方式。

【学情分析】

学生在初中已经学习过反射，并在日常生活中也感受到机体体温调节的现象，但在学生原有的认知结构中对体温调节并没有鲜明的认识，再加上教材对产热与散热的平衡描述并不清晰，这都给学生的学习带来一定的难度，为此，教师教学时应循序渐进，通过案例分析、多媒体辅助教学等方法，结合日常生活实例，促使学生有效学习。

【重点、难点】

重点：描述体温调节的过程。

难点：描述体温调节的过程。

【课前预习】

任务：阅读课文，思考以下问题。

（1）体温是从哪里来的？产热的主要器官是什么？

（2）主要能源物质是什么？

（3）散热的结构有哪些？

【教学过程】

1. 情境导入

1910年，英国斯科特探险队和挪威阿蒙森探险队都宣布将向南极点进军，两支探险队之间展开了一场激烈的角逐。阿蒙森探险队一行五人，用狗拉雪橇，经过千辛万苦的跋涉于1911年12月14日成为第一批到达南极点的人。而斯科特探险队一行五人，使用的是马拉和人拉的雪橇，结果马在严寒中陷入了泥沼。他们用雪橇拉着设备，顶风冒雪经过82天，于1912年1月16日终于到达南极点。在南极探险的路上跋涉了1450 km之后，归途中因饥饿劳累倒下。

两支探险队都在-37 ℃的南极艰难跋涉，阿蒙森队的胜利表明人类可以战胜严寒，而斯科特队永远留在了南极，也表明如果严寒加上饥饿、疲惫也会危及人类的生命。

地球上的气温高可至60 ℃，最低至-70 ℃。人类的足迹几乎遍布全球，教师提问：在不同的环境中，人是怎样维持体温恒定的呢？

2. 体温调节

学生分析讨论，并明确：体温是机体代谢活动的结果，也是生命活动必需的条件。

师生一起讨论并分析：产热的主要器官是骨骼肌和肝脏。安静状态下以肝脏产热为主，运动时以骨骼肌产热为主。产热的主要细胞器是线粒体。能源物质是糖类、油脂和蛋白质。主要能源物质是糖类。散热主要由皮肤经传导、对流、辐射和蒸发完成。

问题1：在炎热和寒冷的环境中怎样维持体温的相对恒定呢？

问题2：调节机制是什么？

3. 体温调节的障碍

在温度对酶活性的影响中，应特别注意的是低温抑制酶的活性，而高温则使酶失活。

教师强调：绘制酶的活性与温度的关系曲线时，应注意低温时曲线不能达到酶活性的零点，而高温时曲线则可以达到零点。于是可以说体温过高会致人死亡，而体温过低则不一定。发热是许多疾病的症状，原因很多，如感染、肿瘤、内分泌失调、免疫紊乱、组织损伤、毒物和药物作用等。

师生一起分析发热原因：代谢增加、产热量增加而散热相对减少了，体温因此上升，但人还会有冷的感觉，这种冷的感觉，可引起寒颤，使体温更快地上升。

教师讲述：发热后体温一般不超过40 ℃。体温高于40 ℃，称为体温过高，体温高达44.5 ℃而能生存已是罕见。一般认为人的最高致死体温大约为45.5 ℃，这可能与蛋白质在45～50 ℃时开始变性有关。

教师拓展：人体细胞冷冻已经被广泛应用于临床，比如在治疗不育症时使用的精子冷冻、卵子冷冻、胚胎冷冻技术。临床上用人工冷冻法使人进入麻醉状态，称为低温麻醉。低温麻醉可以阻断血液循环10～15 min而脑组织和心肌机能不会遇到严重障碍，为做脑、心脏手术创造了有利条件。

【巩固与拓展】

例：当人从25 ℃到0 ℃的环境中时，人体将出现的生理反应是（　　）。

A.耗氧量减少，体温降低　　　　B.耗氧量增加，体表血管收缩

C.耗氧量减少，心率变慢　　　　D.耗氧量增加，体温升高

参考答案：B

第三节　高等动物的内分泌系统与体液调节

第❶课时

【教学目标】

生命观念：通过分析学习下丘脑与垂体的关系，领会人体的内分泌系统是一个统一的整体，通过体液调节维持稳态。

科学思维：通过激素调节的学习，掌握对动物激素研究的实验方法，培养学生分析现象、解决问题的能力以及逻辑思维能力。

科学探究：通过动物激素研究的实验设计、操作和分析，懂得科学探究的基本程序和方法，感悟科学研究中蕴含的科学思想和科学态度。

社会责任：通过对生长激素分泌异常等实际例子的分析，增强理论联系实际的意识，提高对新知识的领会和运用能力，升华社会责任感。

【学情分析】

虽然在初中的学习过程中，学生已初步接触了有关人体内分泌系统的一些知识，知道主要内分泌腺分泌何种激素及其主要作用，但不清楚是哪里在起着指挥和调节的作用。而且下丘脑与垂体都在颅腔中，外观看不到它们的位置，同时神经调节和体液调节都是微观的生理活动，比较抽象，如果缺乏直观的手段辅助教学，学生对其理解有一定的困难。为此，在教学时，教师要借助多媒体辅助技术，通过循循善诱，促进学生有效学习。

【重点、难点】

重点：举例说出下丘脑与垂体的关系以及它们所分泌的部分激素的作用。

难点：说出下丘脑与垂体的关系。

【课前预习】

任务：说出人体的内分泌系统是什么。

【教学过程】

本节课与实际生活联系密切，通过创设生动形象的具体情境，引起学生欣赏生命系统展现出的协调稳态的画卷，感受生命的美丽与神奇，激发学生的探究欲望和学习思维。

1. 创设情境，引入新课

PPT展示动物的求偶行为和育雏行为的图片和动画。教师提问：这些行为是通过哪些复杂而精巧的生命活动调节实现的？分析得出：人和动物的生命活动与神经调节和体液调节都有关。

2. 师生互动，探究新知

在学习体液调节之前先做一个实验：观察脑垂体混悬液对青蛙肤色的调控作用。将学生分成6人一组，每组配备蟾蜍脑垂体混悬液、两只颜色相同的活雌蛙（颜色不要太深，也不要太浅）、实验器材等。

边讲解边演示：出示贴有标签的蟾蜍脑垂体混悬液并用注射器吸取少量的脑垂体混悬液，左手拿着一只雌蛙，右手将注射针头刺入蛙皮下的淋巴囊，注入0.5 mL脑垂体混悬液，拔出针头将蛙放回到广口瓶内，在广口瓶内加一层浅水，盖上纱布并用橡皮圈圈住。第二只蛙不注射脑垂体混悬液，作为对照用，过10 min后，让学生观察两只蛙的皮肤颜色变化情况。

问题（通过多媒体展示）：

（1）注射了脑垂体混悬液的蛙的皮肤有何变化？是什么在起作用？

（2）脑垂体中含有什么物质？脑垂体中所含的物质通过什么途径发挥其作用？

（3）注射脑垂体混悬液的量少，而过几分钟就出现变化，说明什么道理？（强调与神经调节的区别）

（4）蟾蜍与青蛙不是同一种动物，蟾蜍的脑垂体混悬液对蛙有这样的作用，说明什么原理？

学生分组进行实验操作。在等待观察蛙的皮肤颜色变化的10 min可组织学生自学书本的内容以及思考多媒体展示的问题。

对实验现象充分展开讨论，引导学生得出结论：

（1）注射了脑垂体混悬液的蛙的皮肤变成黑色，是皮肤内的黑素细胞扩张，黑色素显示的现象。

（2）说明脑垂体细胞分泌黑素细胞扩张刺激素，是通过体液调节发挥作用的。

（3）脑垂体分泌的激素量少，作用效果显著，说明激素具有微量高效的特点，但与神经调节相比作用相对较慢，作用范围广。

（4）说明在动物之间激素的作用既无种间、类属差异，也无天然与人造差异。

对学生的操作、分析、讨论、结论进行评价。通过观察、分析、讨论和交流，学生能自主地获取知识，加深知识的理解，掌握科学探究的方法。

总结体液调节的概念并列表比较神经调节与体液调节的区别与联系。

3. 回忆旧知，引出新知

引导学生回忆初中有关激素的知识。展示人体主要内分泌腺及其分泌的激素图和内分泌腺的实物模型。请一名学生上讲台介绍各内分泌腺及其分泌的激素以及功能，未回答全面的地方由其他学生补充。对学生的回答给予及时的评价和补充。

多媒体展示下丘脑与垂体的图，并提问：下丘脑与垂体的位置如何？两者的功能和相互关系如何？引导学生观察分析下丘脑与垂体的位置以及两者的功能和相互关系。

总结：下丘脑分泌促甲状腺素释放激素、促性腺激素释放激素作用于腺垂体，使腺垂体分泌促甲状腺素和促性腺激素，分别作用于甲状腺和性腺并分泌相应的激素。下丘脑属于神经系统，这一过程充分体现了神经系统对内分泌的调控，既体现了神经调节与体液调节的关系，也体现了下丘脑是神经调节与体液调节的枢纽。垂体由腺垂体与神经垂体两部分组成，腺垂体分泌促甲状腺激素、生长激素等。

4. 联系实际，领悟新知

归纳：下丘脑和垂体分泌的激素的种类、化学本质、生理作用、分泌异常的有关症状。

本环节可以提高学生的自主学习能力和分析、归纳、总结能力。

【巩固与拓展】

例：下列有关人体激素的叙述中，正确的是（　　　　）。

A. 激素都是小分子有机物

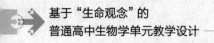
B. 激素对化学反应具有催化作用

C. 激素参与的调节不属于体液调节

D. 激素由内分泌器官（或细胞）产生

参考答案：D

第❷课时

【教学目标】

生命观念：通过分析甲状腺激素对发育与代谢的调节，性腺分泌的主要性激素对生长发育的影响，进一步理解生命的稳态观。

科学思维：通过对激素的分级调节与反馈调节的学习，分析各种激素的相互关系，形成相关的逻辑思维能力。

科学探究：通过验证甲状腺激素具有促进幼年动物发育的作用，学会实验设计、操作和分析，学习科学探究的基本程序和方法。

社会责任：通过对甲状腺激素分泌异常的分析，提高对新知识的领会和运用能力，强化社会责任感。

【学情分析】

虽然学生通过前面体液调节、下丘脑与垂体等知识的学习，已经具有一定的知识基础和一定的思维能力，但科学探究能力有待进一步提高。因此，在教学过程中，教师要注重启发引导学生进行自主探究，通过精心设置疑问，培养学生的分析和理解能力。

【重点、难点】

重点：甲状腺激素对发育和代谢的调节。

难点：对下丘脑、垂体、甲状腺之间的调节方式建模。

【课前预习】

任务：认识甲状腺与性激素。

【教学过程】

本节课与实际生活联系密切，通过创设生动形象的具体情境，激发学生分析并解决生活问题的兴趣，激发学生的探究欲望。

1. 创设情境，引入新课

PPT展示：大脖子病（地方性甲状腺肿）、侏儒症、呆小症、甲亢等患者的图片。

教师提问：

（1）分析以上疾病是由于什么物质异常所引起的？为什么？

（2）人幼年缺乏生长激素得侏儒症，缺乏甲状腺激素得的是呆小症，为什么幼年缺乏甲状腺激素不仅身体发育不全，而且智力也发育不全呢？

师生一起分析并总结：

（1）甲状腺分泌两种甲状腺激素：甲状腺素（T4）、三碘甲腺原氨酸（T3）。缺碘情况下甲状腺会出现代偿性的增生，即大脖子病。

（2）甲状腺激素的生理功能：①促进物质与能量代谢；②促进生长发育，尤其是发育。

2. 设计实验，领悟新知

设计实验：探究甲状腺激素对生长发育的影响。

材料用具：体长2～3 cm的蝌蚪20～30尾，甲状腺素片，直径10～15 cm的玻璃培养缸两个、米尺、研钵、自来水。

让学生先分组进行设计，再对实验设计进行及时的评价和纠正。

展示资料：切除小狗的垂体前叶，甲状腺就会萎缩，动物出现甲状腺激素缺乏的症状。只切出伤口，不切除垂体前叶的小狗其甲状腺不变，无特殊症状。将切下的垂体前叶研磨，得到提取液，注入切除垂体的动物体内，其甲状腺恢复生长发育，机能逐渐恢复。该实验说明了什么？

展示：通过多媒体展示垂体的示意图。

教师提问：甲状腺与垂体的功能和相互关系如何？

师生一起分析，并总结：垂体分泌促甲状腺素，作用于甲状腺，使其分泌相应的激素。

继续展示资料：切除小狗的垂体前叶，甲状腺就会萎缩，小狗出现甲状腺激素缺乏的症状。将另一只小狗的下丘脑与垂体前叶之间的血管联系阻断，小狗也出现甲状腺激素缺乏的症状。该实验说明了什么？

展示：通过多媒体展示下丘脑与垂体的图示。

教师提问：下丘脑与垂体的位置如何？两者的功能和相互关系如何？

师生一起分析，并总结：下丘脑分泌促甲状腺激素释放激素、促性腺激素释放激素作用于垂体，使垂体分泌促甲状腺激素和促性腺激素，分别作用于甲状腺和性腺并分泌相应的激素。下丘脑属于神经系统，这一过程充分体现了神经系统对内分泌的调控，既体现了神经调节与体液调节的关系，也体现了下丘脑是神经调节与体液调节的枢纽。

总结激素分泌的三种调节方式：神经调节、分级调节以及反馈调节。机制如图10-3-1所示。

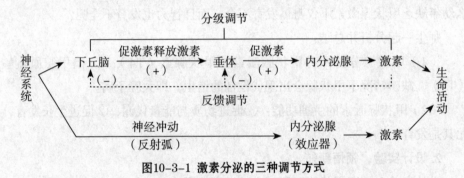

图10-3-1 激素分泌的三种调节方式

（1）神经调节：在此种调节方式中，某些内分泌腺本身就是反射弧效应器的一部分。

（2）分级调节：下丘脑能够调节垂体，垂体调节相关腺体，这种分层调节的方式称为分级调节。

（3）反馈调节：当一种激素分泌后，作用于靶细胞引起特异生理效应，而当血液中该激素的含量过高时又反过来抑制或促进这种激素的分泌，这一过程叫反馈调节。若这种反馈作用是促进原来激素的分泌称正反馈，若这种反馈作用是抑制原来激素的分泌称负反馈。其中以负反馈较为常见。

3. 回忆旧知，引出新知

列举男孩、女孩青春期的第二性征：男孩青春期腋下等长出毛发、喉部变粗、出现喉结、声音低沉、行为发生相应的变化。女孩乳腺生长、皮下脂肪积聚、骨盘变宽等。引导学生归纳性激素的作用，并进行以下问题的探讨。

探讨一：家鸡春季开始下蛋，这与哪些激素有关？答：与促性腺激素释放激素、促性腺激素及性激素的分泌有关。

探讨二：不能将塑化剂添加到食品中，否则会严重危害人体健康。研究表明，塑化剂会使男孩出现女性化行为倾向，女孩出现性早熟等症状。由此可推测，塑化剂对人体的上述影响与某种激素的生理作用相似，该激素是什么？
答：雌激素。

探讨三：将人的输精管结扎会影响第二性征吗？答：不能。

4. 巩固练习，强化新知

展示：多媒体展示练习，评价学生的学习结果。对学生讨论归纳的结果进行补充和评价。

5. 课堂小结，交流评价

请学生对本节课进行总结，根据学生总结的情况做一定的补充，并强调本节课的重点内容。思考：通过本节课的学习你有什么收获，并谈谈你的体会。

最后进行赏识性的评价。

【巩固与拓展】

例：青春期生长发育的特征是身高、体重剧增，脑功能增强，第二性征出现，女生月经初潮，男生出现遗精等。影响青春期生长发育的激素主要有（　　　）。

①生长激素　　　　　　　　②甲状腺激素
③胰岛素　　　　　　　　　　④性激素
A.①④　　　　　　　　　　　B.②④
C.③④　　　　　　　　　　　D.①②④
参考答案：D

第❸课时

【教学目标】

生命观念：解释胰岛素与胰高血糖素在调节血糖水平中所起的作用，树立质、量互变的辩证唯物主义观点及生命物质相对稳定的稳态观。

科学思维：比较胰岛素与胰高血糖素的产生、作用及相互关系，培养分

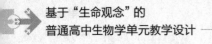

析、归纳等逻辑思维能力。

科学探究：在进行"活动：模拟尿糖的检测"时，学会用葡萄糖试纸检测尿液中是否存在葡萄糖的方法，认同胰岛素分泌不足会使人患糖尿病。通过实验设计、操作和分析，感悟科学研究中蕴含的科学思想和科学态度，养成科学探究的习惯。

社会责任：理论联系实际，激发学生学习生命科学的兴趣，使学生养成乐于探索、勤于思考的习惯。尝试用所学知识，解释生活中的疾病现象并用于指导今后的生活。

【学情分析】

学生已经熟悉几种常见激素的作用及调节方式，能解释生活中的一些疾病的致病原理，但需要在教师的引导下进一步梳理各激素间的相互关系，从而形成清晰的知识脉络，在此基础上进一步学习新的知识，解决实际生活中的有关问题。

【重点、难点】

重点：胰岛素与胰高血糖素的作用。
难点：胰岛素与胰高血糖素的作用。

【课前预习】

任务：认识胰腺的组成。

【教学过程】

本课时需要温故而知新，在总结复习的基础上学习新的知识。

1. 复习导入

请学生用前两节课的知识对激素分泌异常的症状进行分析。

2. 设计实验，领悟新知

过渡语：接下来在我们一起学习血糖的调节之前，请大家做一个实验，在实验过程中，做到认真操作、仔细观察，认真思考出现的各种现象，并相互进行交流讨论。

活动准备：学生分组，每组配备体型相同的热带斑马鱼数条，三只盛活鱼用的烧杯，三支2 mL已消毒的注射器，胰岛素溶液、胰高血糖素溶液、葡萄糖溶液、水等。

活动步骤：

（1）在放有等量水的三只烧杯（标有A、B、C）中分别放入体型相同的热带斑马鱼两条。

（2）分别给A、B烧杯中的热带斑马鱼注射0.5 mL的胰岛素溶液，C为对照组；过一段时间观察热带斑马鱼的生活状态。

（3）当观察到热带斑马鱼出现不正常状态后，分别给A、B烧杯中的鱼注射一定剂量的胰高血糖素和葡萄糖溶液；过一段时间观察热带斑马鱼的生活状态，并思考以下问题：

（1）注射了胰岛素溶液后的热带斑马鱼出现了什么症状？为什么？

（2）当鱼出现症状后再次注射胰高血糖素溶液和葡萄糖溶液后，热带斑马鱼的症状又会发生怎样的变化，为什么？

（3）血糖是如何维持稳定和进行调节的？

请学生回忆血糖的来源和去路。多媒体展示血糖的来源和去路，及胰岛的胰岛α细胞和胰岛β细胞，让学生讨论，最后师生一起归纳胰岛素和胰高血糖素的作用。

讨论：胰岛素和胰高血糖素是如何调节血糖平衡的呢？

多媒体展示血糖调节机制示意图，引导学生通过血糖平衡调节的模型分析以下问题：

（1）马拉松运动中，胰岛是怎样调节血糖的？饭后胰岛又是怎样调节血糖的？

（2）当身体不能产生足够的胰岛素时，将会发生什么情况？当身体产生的胰岛素过多时，又会怎么样呢？

（3）糖尿病在现代社会中的发病率越来越高。想一想，这与人们的饮食状况和生活方式的变化有没有关系？为什么？怎样防治糖尿病？教师对学生讨论归纳的结果进行补充和评价。

要求学生举例说明相关激素间的协同作用和拮抗作用。协同作用是指不同激素对同一生理效应都发挥作用，从而达到增强效应的结果。如生长激素和甲状腺激素对生长发育的作用。拮抗作用是指不同激素对某一生理效应发挥相反的作用，如胰岛素和胰高血糖素对血糖的调节。

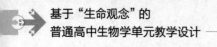

3. 开展实验，巩固新知

进行"模拟尿糖的检测"实验。每名学生发葡萄糖试纸5条，检测尿液中是否存在葡萄糖。引导学生分析实验原理，实验中对照组的设置及意义，预测实验结果。

实验后，要求学生探讨下列问题：

探讨一：饭后半小时，机体是如何使血糖水平恢复正常的呢？而某同学未吃早饭，刚开始饥饿难耐，在未进食的情况下，一段时间后，饥饿感降低了，请分析其中的原因是什么？答：饭后半小时，血糖浓度将会升高，此时胰岛 β 细胞合成并分泌胰岛素，一方面促使血糖进入组织细胞，加速血糖的氧化分解；另一方面促使血糖合成糖原、转化成脂肪或某些氨基酸等，从而使血糖恢复正常水平。饥饿感与血糖含量有关，未吃早饭，血糖含量降低，感到饥饿，但是随着肝糖原转化成葡萄糖，血糖含量上升，饥饿感降低。

探讨二：糖尿病的主要病因是胰岛素分泌不足，请分析糖尿病患者的尿中含糖、多食和体重减轻的原因分别是什么？答：尿中含糖的原因是胰岛素缺乏→葡萄糖氧化分解和转化障碍→血糖含量升高→尿中含糖；多食的原因是胰岛素缺乏→葡萄糖氧化分解障碍，供能不足，有饥饿感；体重减轻的原因是葡萄糖氧化分解障碍，脂肪参与氧化分解供能。

探讨三：糖尿病是当今危及人类生命健康的"四大杀手"之一，试想治疗糖尿病时可以口服胰岛素吗？答：不能。胰岛素的化学本质是蛋白质，在消化道内会被蛋白酶催化水解，失去效用。

4. 巩固练习，强化新知

展示：多媒体展示练习，评价学生的学习结果。对学生讨论归纳的结果进行补充和评价。

5. 课堂小结，交流评价

请学生对本节课进行总结，根据学生总结的情况做一定的补充，并强调本节课的重点内容。思考：通过本节课的学习你有什么收获，并谈谈你的体会。

最后进行赏识性的评价。

【巩固与拓展】

例：为验证胰岛素能降低血糖，某学生给几只刚进食的小鼠腹腔注射一定剂量的胰岛素溶液（用酸性生理盐水配制），观察现象，若出现惊厥，则达到目的。下列有关该实验的改进措施，不合理的是（　　　）。

A. 为使反应出现得较快且明显，实验前应对小鼠进行饥饿处理，以消耗肝糖原

B. 应设置注射等量酸性生理盐水的对照组，且注射的部位、方法同实验组

C. 应该设置口服胰岛素的实验组，对照组灌喂等量的清水

D. 出现惊厥后，还应对其中的一半注射葡萄糖溶液抢救，另一半不予抢救做对照

参考答案：C

第四节　人体对抗病原体感染的非特异性防卫

【教学目标】

生命观念：概括非特异免疫的过程和特点，分析人体的两道防线的屏障作用，理解生命有机体维持稳态的重要性。

科学思维：通过组织小组自学，师生共同创设问题情境，培养学生的自学能力和比较、分析、判断等思维能力。

科学探究：通过介绍抗体的发现、淋巴细胞的种类、分化和功能等科学研究过程，培养学生从科学事实推理得出正确结论的能力。

社会责任：通过了解免疫学与实际生活的关系，认识到科学的发展对人类的健康和发展的重要性，从而建立科学的价值观。

【学情分析】

学生已经学习了人体内环境的稳态及其调节，但内环境的稳态也离不开免疫系统的"保驾护航"，教材在此安排"免疫"一节的内容，不但在知识体系上得到了补充，而且也与学生的生活体验和身体健康密切相关。学生已有三道免疫防卫的基本认识，但对三道免疫防卫的划分依据及第二道防卫的机理还比较陌生，容易产生黏膜是第一防线还是第二防线的困惑，教师可以借助社会事件的视频引发学生的思考和兴趣，并借助图片和动画展示使学生理解各防线的区别和第二防线的作用机理，从而加深对免疫系统的认识。

【重点、难点】

重点：免疫的概念，人体如何通过两道防线抵御病原体侵入机体。

难点：病原体侵入机体后机体的反应。

【课前预习】

任务：预习课本中免疫、非特异性免疫、特异性免疫、免疫器官、免疫细胞、免疫活性物质等基础概念。

【教学过程】

1. 免疫的概念

教师举例说明伤口感染后会红肿、化脓，而后是自动痊愈，这是白细胞等吞噬细胞到达组织间隙吞噬病菌的免疫反应。吞噬细胞是免疫系统的成分之一，免疫调节是通过免疫系统实现的，从而引出免疫的概念。

2. 人体对抗病原体的第一道防线

材料展示：

（1）居民区空气中的细菌数。

（2）医院环境空气中的细菌数。

（3）健康人手部皮肤上的细菌数。

教师提问：病原微生物是否能在我们体表轻易生存并进入体内？为什么？

学生分组讨论，学生代表发言。

教师动画展示非特异性免疫的第一道防线：皮肤和黏膜的阻挡作用、黏膜上纤毛的清扫作用、皮肤分泌物的杀菌作用。物理屏障示意图——黏膜，皮肤的屏障作用；化学屏障示意图——皮肤分泌的油脂抑制真菌和细菌存活。促使学生对第一道防线从感性认识上升到理性认识。

3. 人体对抗病原体第二道防线

教师提问：有病菌侵入时，我们的机体会怎么办，请你描述我们机体可能的反应过程。

展示资料：白细胞吞噬病菌动画。

学生观看动画，通过视觉体验形成对炎症反应的感性认识。搜索教材知识并联系生活实际。

教师提问：什么是中性粒细胞、单核细胞与巨噬细胞？引导学生辨析它们之间的区别，同时引导学生回顾初中有关血细胞的知识。

教师讲述：人体第一、二道防线大多数人生来就有，也不针对某一类特定病原体，而是对多种病原体都有作用，称为非特异性免疫。机体是先以非特异性免疫来处理入侵的病原体的，它的特点是出现快，作用范围广泛，但强度比较弱。

4. 免疫系统课堂小结

教师进行引导，得出免疫系统的概念：免疫器官、细胞、物质共同组成人体内的免疫系统。除吞噬细胞，还有多种淋巴细胞参与我们体内神奇的第三道防卫的构筑——特异性免疫，我们将在下节课介绍。

学生回顾和总结，上台完成相关的概念图并进行补充和完善。

【巩固与拓展】

例：下列各项不属于免疫功能的是（　　　　）。

A. 维持内环境的平衡稳定，清除衰老或受损伤的细胞

B. 识别并杀伤体内的突变细胞，进行免疫监视

C. 抵抗病原体侵袭，防御感染

D. 铜、铅等金属化合物在肝脏内转化为无毒物质，随胆汁进入人体肠道并排出

参考答案：D

第五节　特异性反应（免疫应答）

第**1**课时

【教学目标】

生命观念：说出非特异性免疫与特异性免疫的区别，从免疫特点的角度树立正确的稳态观。

科学思维：通过小组合作、自主学习，尝试模拟细胞免疫过程、构建概念

图，培养动手能力和判断推理能力。通过对预习成果的组间分析讨论，增强语言表达能力、观察能力和逻辑思维能力。通过细胞免疫模型的构建，能概述细胞的免疫过程，区别抗原与抗体、T淋巴细胞与B淋巴细胞，培养理性思维。

科学探究：通过课前分组学习，课堂分组构建模型，能概述淋巴细胞识别入侵者的过程及细胞免疫的过程，体验合作、分享、探索的乐趣。

社会责任：通过与实际生活联系，对水痘传播和预防进行分析，用所学知识指导生活实践。

【学情分析】

本课时的重点是细胞免疫过程，下一课时的重点是体液免疫过程，本课时为后面的学习埋下伏笔。在学习本课时前，教师了解到班里有十几个学生都曾出过水痘，有的甚至高一才刚出过，他们非常想知道水痘的传播、消灭和预防知识。因此，本节课的学习选择以水痘病毒为知识载体，针对学生关于水痘的疑问，结合本课的重难点进行学习。

【重点、难点】

重点：细胞免疫的过程。

难点：细胞免疫的过程。

【课前预习】

任务：学习主要组织相容性复合体（MHC）的定义、产生时期和特点。

【教学过程】

1. 情境导入

媒体展示：情境1——水痘病原体侵入内环境的画面。

教师讲述：病原体突破人体的第一道防线后进入了人体的内环境，人体若不能及时将它们清除，内环境的稳态将被破坏而发生疾病。教师提问：人体是如何清除这些侵入内环境中的病原体的呢？

2. 学习新知

教师提问：你知道主要有哪些免疫细胞吗？

媒体展示：在情境中呈现巨噬细胞、细胞毒性T细胞、辅助性T细胞、B

细胞。教师提问：这些细胞都来自哪里？教师引导学生学习淋巴细胞的起源。教师继续提问：这些细胞都能清除病原体，但清除之前要完成什么工作？学生回答：识别。

媒体展示：情境2——巨噬细胞的识别和清除（动画展示：巨噬细胞、自身细胞、无抗原的病原体、有抗原的病原体。将巨噬细胞与另外三种细胞的识别与清除过程做成动画，并配以音乐和轻松诙谐的解说）。

引导学生阅读课本中有关MHC分子标志的简介。阅读指导：①MHC分子的名称是什么？②化学本质是什么？③位置在哪里？④作用如何？

师生就上述四个问题进行交流，检测自主阅读的成果。总结MHC的特点。

教师提问：巨噬细胞识别病原体后，靠什么清除病原体？都清除了吗？学生回答：溶酶体中的酶，有些清除不了。教师继续提问：清除不了的，巨噬细胞有没有处理？产生了什么？这有什么意义？

围绕上述问题师生展开互动，明确展示了抗原的概念，呈现了抗原-MHC复合体，明确巨噬细胞把它呈现在细胞膜上的意义。

媒体展示：情境3——T细胞的识别（动画展示细胞毒性T细胞和辅助性T细胞识别抗原-MHC复合体的过程，并配以音乐和轻松诙谐的解说）。

教师提问：两种T细胞依靠什么识别？识别什么？学生回答：受体，抗原-MHC复合体。教师继续提问：这种识别有什么特点？体现在哪里？学生回答：有特异性，一种T细胞表面只有一种受体，受体与抗原-MHC复合体有一一对应的关系。教师讲述：这样人体内应该有许多种T细胞。

媒体展示：情境4——细胞免疫（播放动画并配有解说，分步展示细胞免疫过程）。

教师提问：T细胞依靠什么对抗病原体？对抗了什么？不能对抗什么？学生回答：依靠效应细胞毒性T细胞清除，清除了被病原体感染的细胞，不能清除细胞外的病原体。

要求学生在学案上构建细胞免疫的概念图。教师把课前准备好的小纸片（红色的小纸片上印有细胞免疫过程中所涉及的各种细胞，白色小纸上印有连接两个细胞的关联词）发给学生，提出学习目标和学习方法。学生分组，在学案上用小纸片合作构建细胞免疫的概念图。

教师不断巡视、参与各小组的学习，并收集一些学习小组制作的概念图用摄像头拍下来，作为课堂生成的学习资源。

教师组织生生互评，得出正确的模型。

教师提问：为什么把这个过程叫作细胞免疫？师生互动，一起得出结论：免疫的是细胞，被免疫的也是细胞。利用多媒体呈现细胞免疫的概念。

3. 总结拓展

媒体展示：情境1——水痘病原体侵入内环境的画面（有内环境、各种免疫细胞；有病原体位于体液中的，也有组织细胞中的）。

利用这节课所学的知识，讨论人体可通过哪些途径消灭水痘病毒。

学生分组开展合作学习，讨论各种可能性，并呈现所有可能的途径：

（1）巨噬细胞通过非特异性免疫将病原体彻底分解。

（2）巨噬细胞识别、处理病原体，将抗原-MHC复合体呈递到细胞表面。

（3）效应细胞毒性T细胞清除被病原体感染的宿主细胞，使病原体失去藏身之所。

各小组汇报讨论结果，教师组织全班学生互评。以病原体进入人体后的各种免疫途径为中心，厘清特异性免疫与非特异性免疫的关系，说明免疫系统的各种免疫反应机制。

教师提问：如果水痘病毒进入了体液，机体该如何应对呢？请同学们课后思考。布置三个问题，分小组准备。问题1：体液免疫中，针对水痘病毒起作用的是哪种物质？这种物质有什么特点？分布在哪里？问题2：构建体液免疫的模型。问题3：水痘是如何传染的？可以怎样预防？

呈现课外学习资源：免疫学信息网、37℃医学网、生物谷网、医学免疫学、绿谷生物网。

【巩固与拓展】

例：H_5N_1型禽流感病毒导致一人死亡，禽流感病毒是一种RNA病毒。下列有关叙述正确的是（　　）。

A. 组成禽流感病毒的含氮碱基有A、G、C、T、U五种

B. 禽流感病毒容易发生变异，给禽流感预防带来困难

C. 禽流感病毒主要攻击人体T细胞，感染者最终死于严重感染或癌症

D. 禽流感病毒专营细胞内寄生，体液免疫对其不起作用

参考答案：B

◆◇ 第❷课时 ◇◆

【教学目标】

生命观念：通过对体液免疫过程和免疫接种的学习，初步形成关爱生命、敬畏生命、珍惜生命的生命观。

科学思维：通过小组合作、自主学习，尝试模拟体液免疫过程、构建概念图，培养学生的动手能力和判断推理能力。通过对预习成果的组间分析讨论，增强学生的语言表达能力、观察能力和逻辑思维能力。通过体液免疫模型的构建，能概述体液免疫过程，培养学生的理性思维。

科学探究：通过课前分组学习，课堂分组构建模型，体验合作、探究、分享的学习意义。

社会责任：通过对水痘传播和预防的分析，能举例说出免疫接种的应用，并用于指导生活实践。

【学情分析】

在上一课时结束时，针对学生关于水痘的疑问，结合本课的重难点，布置了三个问题，请学生课后预习，分组完成。考虑到上一课时结束后，学生课后进行了分组角色扮演，构建细胞免疫模型，所以，本课时以学生的复习成果导入。由于每组学生课前都上交了预习成果，本课时在对预习成果逐一分析的基础上，展开了对抗体的特点与分布、体液免疫过程和免疫接种应用的学习。其中抗体知识比较抽象，因此，专门准备了抗体、抗原和成熟B细胞的模型用于教学，化抽象为形象。

【重点、难点】

重点：体液免疫与细胞免疫的过程。

难点：体液免疫与细胞免疫的过程。

【课前预习】

任务：体液免疫中，对水痘病毒起作用的是哪种物质？这种物质有什么特点？分布在哪里？

【教学过程】

1. 复习导入

教师讲述：水痘是我们都很熟悉的一种疾病，它是校园里的一种常见传染病，上节课我们以该病为例学习了细胞免疫的过程，课后，同学们也分组进行了角色扮演、构建模型。现在，请同学们上来为我们展示。

学生角色扮演构建细胞免疫过程图，教师评价。

教师讲述：图中靶细胞破裂后，水痘病毒就到了细胞外，人体会通过体液免疫来消灭它。

2. 学习新知

教师提问：体液免疫中对水痘病毒起作用的是哪种物质？这种物质具体是怎样产生的？该如何来预防水痘？这三个问题，同学们课前都有预习和分组完成，第一个问题是由第一组同学完成的，这是他们的预习成果，他们得出这种物质是抗体，并指出该抗体只能与水痘病毒相匹配。

教师准备两套抗体和抗原的模型，请第一组学生解释这种匹配关系。教师评价及讲述。

教师提问：抗体除了由效应B细胞又称浆细胞产生，还可以由什么细胞产生？请同学们阅读书本P53体液免疫第一段一直到第二段的第一行。

教师追问：抗体由成熟B细胞合成后分布于哪里？教师利用图片模型讲解抗体的特点。但是，大多数抗体是以游离状态分布于血浆等细胞外液中的，血浆细胞分泌的这种游离状态的抗体具体是如何产生的？又是怎样把水痘病毒消灭掉的？针对这个问题，第二组学生绘制了过程图。教师修改、完善。

分析B淋巴细胞的类型及特点。有成熟B细胞、效应B细胞和记忆B细胞，效应B细胞和记忆B细胞是由成熟B细胞分裂分化成的，成熟B细胞要分裂分化需要白细胞介素–2和致敏两个前提条件，哪个先发生呢？

教师利用图片模型讲解：现在一起来看下这个过程，成熟的B细胞在血液中循环流动，遇到和它表面受体相匹配的抗原分子后，便将该抗原锁定在相应的结合位点上，成熟B细胞便被致敏了。此时，它还需要活化的辅助性T细胞分泌的白细胞介素–2的刺激。此处辅助性T细胞被活化的过程与细胞免疫过程是完全相同的。在白细胞介素–2的刺激下致敏的成熟B细胞便会分裂分化，分裂得到大量的子代B细胞，一部分分化为效应B细胞，还有一部分分化为记忆B细胞。效应B细胞会分泌出大量的抗体，该抗体作用的对象是什么？学生回答：细胞外的病原体和毒素。

教师继续利用图片模型讲解：除此之外，还能刺激该抗体产生抗原分子，通过与该抗原的结合，使病毒不能进入寄主细胞，从而无法大量繁殖；还有中和细菌产生的毒素使其丧失毒性，还会使一些抗原凝聚在一起被巨噬细胞吞噬。记忆B细胞则会长时间潜伏在人体内，下次遇到相同的抗原后迅速分裂分化出大量的效应B细胞，分泌出许许多多的抗体，从而发挥比初次免疫应答更强的免疫效应。

这就是体液免疫的整个过程。接下来，再分组利用信封中的图片构建体液免疫过程图的同时，完成概念图。

学生分组活动：相互讨论共同构建体液免疫的过程图和概念图。

教师边巡查边指导，利用希沃授课助手软件手机拍摄上传，实时展示学生完成的概念图。

生生评价、师生评价，及时修正。

学生小组代表上台讲解体液免疫过程的概念图。

教师提问：哪些细胞能识别抗原？教师讲述：效应B细胞是通过分泌抗体来识别抗原的，在一次免疫应答中抗体不会用完，剩下的抗体会在血液中循环流动，所以可以通过检测血浆中的相应抗体，来判断某人是否曾受过相应病原体的侵袭，比如是否受到水痘病毒的感染。得过水痘的患者一般不会再出水痘，这是为什么？学生回答：因为有记忆细胞和抗体产生。

教师追问：没得过水痘的同学又该如何来预防该疾病？这是第三小组课前搜集的水痘的传播和预防知识。分析、讨论第三组的课前预习成果，结合视频和儿童免疫接种表学习免疫接种的应用。

教师提问：什么是免疫接种？免疫接种的措施除了接种疫苗，还有没有其他方法？

师生一起分析，并说明：接种抗体可以实现对相关疾病的紧急预防。由于抗体不是自身产生的，我们把它称为被动免疫。接种疫苗，抗体是自己产生的，我们把它称为主动免疫。

教师提问：疫苗又是如何被发现的？多媒体展示：播放疫苗的发现与起源的视频。教师讲述：随着科学与技术的发展，疫苗种类越来越多，现有疫苗可分为三类，刚才视频中提到的人痘、牛痘以及这里的水痘疫苗都属于减毒的、没有致病力的、活的微生物；灭活的微生物指的是死的微生物，如狂犬病疫苗；第三类是微生物成分及产物，乙肝疫苗就是利用转基因技术生产的乙肝病毒表面抗原。这些疫苗的使用，使人类制服了天花、鼠疫、霍乱等许多曾严重威胁人类健康的传染性疾病。

教师提问：疫苗为什么会如此有效？教师讲述：对一些危害比较大的传染性疾病，我们国家规定入学前的儿童必须接种相关疫苗。展示资料：儿童的免疫接种表。有些疫苗不止接种一次，为什么要多次重复接种？学生答：通过细胞免疫可以产生更多的效应细胞毒性T细胞和记忆细胞毒性T细胞，通过体液免疫可以产生更多的抗体和记忆B细胞。

3. 课堂小结

请学生尝试构建水痘病毒出细胞后的体液免疫过程，并与细胞免疫进行比较。体液免疫可以把细胞外的病原体和毒素消灭掉，防止其随血液循环而扩散，一旦病原体侵入人体细胞则会通过细胞免疫来清除它。正是由于这两者的相互配合、共同发挥正常功能，我们才会健康，一旦我们的免疫应答不正常，就会生病。

让学生总结与免疫反应有关的各种细胞的来源与功能，其中必须明确哪些细胞能识别抗原，哪些细胞能特异性识别抗原。

课后请学生调查免疫失调会引起哪些疾病并完成作业本P37～P38的内容。

【巩固与拓展】

例：下列关于免疫的说法，正确的是（　　）。

A. 效应B细胞和效应细胞毒性T细胞均能特异性识别抗原

B. 效应细胞毒性T细胞识别嵌有抗原-MHC复合体的细胞并消灭它

C. 成熟B淋巴细胞的增殖、分化不需要抗原的刺激

D. 局部炎症反应属于人体防卫的第一道防线

参考答案：B

第六节　免疫系统的功能异常

【教学目标】

生命观念：说出免疫功能的异常反应，通过对具体事例的判断，阐明免疫调节对人体的意义，明确生命的稳态观。

科学思维：说出引发艾滋病的病毒及其对人体免疫系统的影响，形成免疫调节过强或过弱都不好的辩证观点。

科学探究：讨论艾滋病的流行和预防措施，调查影响艾滋病传播的因素。

社会责任：养成正确对待艾滋病的科学态度，做到洁身自爱，并提醒身边其他人，不歧视艾滋病患者。

【学情分析】

免疫学的知识在初中就已经涉及，学生通过课本、报纸杂志、广播电视等途径已经知道一些诸如过敏反应、抗体、疫苗、计划免疫、艾滋病等生物学术语。"免疫系统的功能异常"的教学重点与难点都是艾滋病的病理及其预防。为此，教师在设计时可以艾滋病问题为切入口，围绕艾滋病问题的讨论而逐步展开。

【重点、难点】

重点：艾滋病的病理及其预防。

难点：艾滋病的病理及其预防。

【课前预习】

任务：

（1）细胞免疫过程主要依靠哪些细胞？

（2）体液免疫过程主要依靠哪些细胞？

【教学过程】

1. 情境导入

观看艾滋病的纪录片段以及关于艾滋病人的日常生活和采访。教师提问：艾滋病是如何感染并发病的呢？又有哪些传播途径呢？

学生思考并尝试回答问题。教师讲述：上节课我们已经学完了体液免疫和细胞免疫，那艾滋病是否与这两种免疫有关呢？首先我们来一起复习下我们已经学过的这两种免疫。

请学生上台画出两种免疫的过程图，其余学生仔细观察有没有错误。

通过回顾上节课的知识，使学生迅速进入学习状态，并将旧知识与新知识有意识地联系起来，最终达到融会贯通的效果。

2. 免疫失调引起的疾病

教师提出疑问，引发学生的思维冲突点，质疑：免疫系统的防卫功能是不是越强大越好呢？

图文介绍免疫失调引起的三类疾病，引导学生联系体液免疫和细胞免疫相关知识，分析三类疾病的病因和症状。

（1）自身免疫病

在某些特殊情况下，人体免疫系统对自身的组织发生免疫反应。自身免疫反应对自身的组织和器官造成损伤并出现症状，就称为自身免疫病，如类风湿关节炎、系统性红斑狼疮。

（2）过敏反应

已免疫的机体再次接受相同物质的刺激时所发生的反应，实质为二次免疫反应。特点是发作迅速、反应强烈、消退快；不破坏组织细胞，不引起组织损伤；有明显遗传倾向和个体差异。预防措施是找出致敏原和尽量避免再次接触该致敏原。

注意这里讲解一下致敏原和抗原的区别，帮助学生更好地理解基本概念。

小结：自身免疫病和过敏反应都是免疫系统过度敏感引起的，如果免疫系统功能不足，则引起免疫缺陷症。

（3）免疫缺陷症

免疫缺陷症指由于机体免疫功能不足或缺乏而引起的疾病。其根据起因不同划分为两类：由遗传或其他因素引起的先天性免疫缺陷病和由疾病和其他因素引起的获得性免疫缺陷病。前者如先天性无胸腺，后者如艾滋病。

（4）艾滋病的流行和预防

讲解艾滋病相关知识，着重引导学生阅读教材，关注其致病机理、传播途径和预防措施。

艾滋病又名获得性免疫缺陷综合征，是由艾滋病病毒（HIV）引起的免疫缺陷病。HIV攻击人体免疫系统，特别是能够侵入人体的T细胞，使T细胞大量死亡，导致患者丧失大部分免疫功能，各种传染病则乘虚而入。HIV是一种逆转录病毒，它侵入人体后能识别并结合辅助性T淋巴细胞表面的受体进入细胞。在辅助性T淋巴细胞中由于逆转录酶的作用形成DNA，并整合到辅助性T细胞的DNA中。经过长时间的潜伏后，辅助性T细胞被激活，前病毒复制出新的HIV，并破坏辅助性T淋巴细胞。HIV还可以感染体内其他类型的细胞，如脑细胞、巨噬细胞。

艾滋病主要通过性交、毒品注射、输入血液制品或使用未消毒的、病人用过的注射器等传染。HIV潜伏期为2～10年，患者一般两年内死亡。初期症状是全身淋巴结肿大，持续发热、食欲不振、精神疲乏，之后出现肝、脾肿大，并发恶性肿瘤，极度消瘦、心力衰竭、中枢神经系统麻痹，最终死亡。预防措施主要是切断传播途径。

3. 课堂小结

总结与比较各种免疫失调引起的疾病，进一步理解稳态的意义。

【巩固与拓展】

例："关于"人类免疫缺陷病毒"的叙述中，正确的是（　　）。

A. 常用MHC表示

B. 主要侵犯人体辅助性T细胞

C. 常用AIDS表示

D. 先使体液免疫功能严重缺损，继而影响细胞免疫

参考答案：B

单元七：生态观

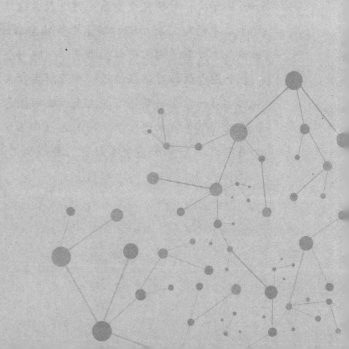

单元概述

　　从主体与环境关系的角度看，生态观是生态系统的重要观念，是生命观的有机组成部分。种群和群落是生态学中的重要概念，其中种群是物种的具体存在单位、繁殖单位和进化单位，群落是指一定空间内所有生物种群的总和。单元设计的第十一章内容属于浙科版高中生物学必修3"稳态与环境"模块的第四章和第五章。通过本章节的学习，学生将对种群的概念、特征及数量变动，群落的基本概念及结构有明确的认识，为生态系统、生物圈及人类与环境等生态学知识的学习奠定基础。通过对种群年龄结构、种群增长曲线及数量波动的学习，能使学生关注我国的人口状况和生物资源状况，培养珍爱生命、热爱自然的情感；通过酵母菌种群数量动态变化的模拟实验，能使学生亲身经历实验研究的过程，有助于学生提高实验操作的技能和科学探究的能力；通过对群落演替过程的学习和体会，能使学生认识事物发展的变化规律，从而深刻领悟辩证唯物主义的思想与观点。

　　生态系统是生物群落与无机环境形成的统一整体，是生命系统中的最高层次，对研究生态系统促进人类持续生存与发展具有重大意义。第十二章的内容属于浙科版高中生物学必修3"稳态与环境"模块的第六章。本章节的内容是学生沿着"细胞→个体→种群→群落→生态系统→生物圈"的学习路径，进一步理解生命系统中的不同层次。通过本章节的学习，学生将获得有关生态系统的概念、结构、功能以及生态系统的自动调节等方面的知识，同时也将在热爱自然、关爱生命、加强公民应具有的生态责任感等方面受到潜移默化的教育。本单元的教学设计见下表。

生态观单元的教学安排

第十一章 种群和群落

分 节	名 称	教学要求	课 时
第一节	种群的特征	1.举例说出种群的概念，列举种群的特征。 2.说出调查种群密度的标志重捕法。 3.识别种群的分布型，辨别种群的存活曲线。	1
第二节	种群的增长方式	1.区别种群的指数增长和逻辑斯谛增长两种方式。 2.通过"活动：探究培养液中酵母菌种群数量的动态变化"，概述数学建模的一般过程。	1
第三节	种群的数量波动及调节	1.简述种群数量的非周期波动和周期波动。 2.说出调节种群数量的因素，讨论人类活动对种群数量变化的影响。	1
第四节	群落的结构和主要类型	1.举例说出群落的概念，描述群落的各种结构。 2.举例说出主要的陆地生物群落类型。	1
第五节	群落演替	1.说出演替的概念和类型。 2.举例说出群落的演替。	1

第十二章 生态系统

分 节	名 称	教学要求	课 时
第一节	生态系统的营养结构	1.举例说出生态系统概念和组成成分。 2.举例说明食物链与食物网的概念。 3.尝试建构生态系统的结构模型，举例说明生态金字塔的概念。	2
第二节	生态系统中的生产量和生物量	举例说出生态系统中初级生产量、次级生产量和生物量的概念。	1
第三节	能量流动和物质循环	1.分析生态系统中的能量流动的过程和特点，分析生态系统中碳循环的过程和特点。 2.分析能量流动和物质循环的关系。	2
第四节	生态系统的稳态及其调节	1.简述生态系统稳态的概念。 2.举例说明生态系统的自我调节过程。	1
第五节	生物圈	1.描述生物圈的概念，指出人口增长对环境的影响。 2.关注温室效应、臭氧减少、酸雨、水体污染、物种灭绝等全球性生态环境问题。	1

第十一章 种群和群落

第一节 种群的特征

【教学目标】

生命观念：通过对种群的概念、特征及各个特征关系的认识，明确种群是物种的具体存在单位、繁殖单位和进化单位，认同生物的进化观。

科学思维：构建种群特征关系的概念图，运用种群特征的知识解释一些物种种群密度高或低的原因。

科学探究：感悟标志重捕法设计的巧妙之处和特殊要求，使用统计学的方法处理归纳实验数据，养成善于观察、科学探究的习惯。

社会责任：能用种群特征去描述身边的种群，并能对种群的研究提出有建设性的看法；关注人口问题、关注濒危动物群数量的变化及措施。

【学情分析】

学生在初中阶段在种群和群落等方面有一定的知识储备，并且在平时的生活和学习过程中也接触了一些关于物种、物种保护、生物多样性等方面的知识。在一定的知识背景和生活常识的铺垫下，学生若想进一步了解相关知识，用专业的学科知识来解决相关问题，就必须提高自身的知识水平，教师可以以此为切入点激发学生的求知欲。

【重点、难点】

重点：分析每种特征的具体特点。

难点：理解种群存活曲线的意义。

【课前预习】

任务：说说种群的概念及各种特征。

【教学过程】

种群特征是高中生物的核心概念之一，利用多媒体教学，将学生引入设计的教学情境。每一部分内容都有问题引领，使整个教学过程成为学生主动探究的过程。通过教师的适时引导，锻炼学生的信息获取能力、分析问题能力和语言表达能力。

1. 新课导入

播放一段《动物世界》的视频，请学生说出其中有哪些物种，引出物种、种群的概念。

举例让学生判断，以下描述的是种群吗？

A. 青衣江和大渡河的鲤鱼　　　　　B. 一片草地上的全部蛇

C. 池塘里所有的雄性蟾蜍　　　　　D. 峨眉山上全部的藏猕猴

引导学生分析A、B、C不能描述为种群的原因，归纳总结种群概念的要点：①一定自然区域；②同种生物构成；③全部个体的总和。最后总结种群的概念。

2. 种群特征及各特征之间的关系

小组活动一：结合书本P64～P65的内容，说说种群具有哪些特征？尝试合作构建种群特征的知识结构图。

多媒体展示：某市2010年第六次全国人口普查主要数据，让学生针对数据进行探讨，分别构建出该市的性别组成、年龄构成等种群特征。

3. 标志重捕法

小组活动二：请同学们阅读书本P68的内容，模拟用标志重捕法进行种群密度的调查。小组讨论：①本模拟实验中，所有黄豆代表什么，一粒黄豆代表什么？②第一步取豆标记后，放回瓶中要震荡摇匀模拟的是动物的哪一过程？③与其他组同学做比较，各组得到的数据是否有差异。造成本模拟实验出现误差的原因可能是什么？怎样做可以减少误差。④野外真正统计一个生物群落中的动物种群数量时，有一些原因会造成统计误差，造成统计误差的原因可能有哪些？⑤如果标记物容易脱落，会造成估算值出现何种偏差？（偏高、偏低、无影响）⑥如果标记物会影响动物的运动、更容易再次被捕捉或被天敌捕食，会造成估算值出现何种偏差？（偏高、偏低、无影响）

4. 种群的分布型

小组活动三：视频展示狮群的活动、蛾类的活动、蒲公英种子、路边种的树等，学生归纳总结种群的分布类型并列举典型实例。

5. 种群的存活曲线

小组活动四：见表11-1-1，展示马鹿的静态生命表，绘制马鹿种群的存活曲线，理解存活曲线的意义。

表11-1-1　马鹿的静态生命表

年　龄	1	3	5	9	11	13	16
存活数	1 000	778	610	181	51	34	9
死亡数	137	84	84	122	9	9	9

6. 课堂小结

总结种群的概念，并要求学生将各种种群特征构建成一个概念图。

【巩固与拓展】

例：下列生物属于种群的是（　　　　）。

A. 一片森林中所有的蛇

B. 一个池塘中全部的生物

C. 一块棉田中的全部幼蚜、有翅和无翅的成熟蚜

D. 一个池塘中全部成年的鲤鱼

参考答案：C

第二节　种群的增长方式

【教学目标】

生命观念：区分种群的指数增长和逻辑斯谛增长两种方法，举例说出环境容纳量的概念，能用进化观和生态观解释种群在自然环境中的增长情况。

科学思维：利用具体实例，比较各种群生活空间和资源情况，确定其环境容纳量，让学生初步尝试构建数学模型。

科学探究：体验数学模型的构建过程，寻找生活中的种群增长方式，培养学生分析问题、处理实验数据的能力，使学生养成科学探究的习惯。

社会责任：通过对具体种群数量的变化的分析，引导学生关注人类活动对生物种群数量变化的影响，使学生养成合理利用生物资源的价值观。

【学情分析】

通过前一节的学习，学生对种群及其特征有了初步了解，也熟悉环境中部分生态因素对生物种群的影响，这些都为探究种群数量变化提供了基础。学生已对运用数学解决生物学中的问题有了一定的认识，教学过程中可以对实验获取的数据进行分析并运用数学方法构建揭示生物学规律的数学模型。

【重点、难点】

重点：种群的增长方式和环境容纳量。

难点：两种种群增长方式形成的原因和特点，以及在生产实践中的应用。

【课前预习】

任务：区别指数增长与逻辑斯谛增长。

【教学过程】

1. 创设情境，导入新课

展示几个新闻报道：德国大闸蟹泛滥成灾、日本小龙虾成灾、澳大利亚野兔成灾。

教师提出问题：①利用种群特征分析这些种群泛滥成灾的原因。②除种群的内部因素，还有哪些外部因素也是导致上述种群泛滥成灾的原因？

创设情境，激发并提高学生的兴趣，引出主题——种群的增长方式，引发学生思考。

2. 指数增长曲线和逻辑斯蒂增长曲线

引导学生阅读课本细菌繁殖的例子，教师拓展：n个细菌，每20 min繁殖一代，在繁殖过程中不断更换新的培养液和增加培养瓶数量，繁殖t代后，大约有

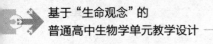

多少细菌？

请学生计算细菌的数量并绘制种群数量变化的曲线（横坐标为时间，纵坐标为种群数量的对数值），再明确细菌种群的增长率和增长速率。

学生绘制细菌种群数量增长曲线，并回答该种群的增长率和增长速率的变化情况。

教师讲述：再创设条件，若 n 个细菌在一个密闭的培养瓶中增殖，期间不更换培养液和培养瓶，请预测细菌种群增长情况，并在自己刚绘制的图中表示这一条件下的种群数量变化曲线。

学生分组讨论构建种群数量变化的曲线，归纳总结前者为指数增长（"J"形），分析指数增长发生的条件和增长特点。

教师追问：若在细菌培养过程中，不更换培养瓶，每次在培养液用完之前，重新注入适量新的培养液，如此反复进行，种群的数量如何变化？请在刚绘制的曲线图上进行绘制，指出哪种符合自然条件下种群的增长方式？

学生分组讨论构建种群的数量变化曲线，归纳总结后两种种群数量增长方式为逻辑斯谛增长（"S"形）：一种在封闭环境中增长，一种在开放环境中增长。教师归纳总结限制种群增长的因素，同时引出环境容纳量的概念。

3. 环境容纳量

教师对环境容纳量的概念进行总结，指出如何在生物学中利用环境容纳量来解决问题。举例并思考：

（1）鼠是繁殖力很强的有害动物，考虑应当采取什么措施来控制田鼠的数量？这些措施实际上是在影响种群增长模型的什么参数？

（2）请根据种群数量增长的相关知识，分析大熊猫种群数量锐减的原因，对濒危动物如大熊猫应采取什么保护措施？

（3）如果你是渔场主，你怎么让自己的渔场获得最大的收益，实现渔场的可持续发展？

（4）展示我国自1893—1990年以来人口统计数据，以上人口增长曲线符合哪种类型？按照此曲线发展下去将会出现什么状况，鉴于我国人口的现状应当采取什么措施？

学生对几个常见类型的生物种群进行分析讨论，结合种群增长的模型和环境容纳量的概念，提出解决方法。教师进行评价并总结归纳。

4. 课堂小结

列表比较两种种群增长方式。

【巩固与提升】

例：下列关于某动物种群数量的叙述中，正确的是（　　　）。

A. 出生率越高，种群数量越多

B. 只要保持替补出生率，种群数量就稳定不变

C. 性比率为1：1时，种群数量增长最快

D. 可依据年龄结构来预测种群数量的未来发展趋势

参考答案：D

第三节　种群的数量波动及调节

【教学目标】

生命观念：通过对种群数量的两种波动类型和内外源调节因素的学习，能用进化和适应观、生态观解释生命的存在与延续，领悟生物与环境构成统一的整体。

科学思维：根据数学曲线在生物学研究过程中的应用，尝试用坐标曲线描述各种种群的数量变化趋势。

科学探究：通过对种群非周期性波动和周期性波动的学习，使用数学曲线处理、归纳、分析实验结果，逐步形成用数学来分析与处理科学探究问题的能力。

社会责任：关注调节种群数量的因素，增强保护濒危物种的意识。

【学情分析】

通过前两节的学习学生已经有种群数量增长以及种群数量受相关因素影响的相关知识作为铺垫。本节课学生的学习难度不大，可以由学生自主讨论学习完成。教师围绕知识点提出问题，学生通过阅读课文，围绕问题进行小组讨论，能用自己的语言说出种群数量波动的类型和原因，说出调节因素。

【重点、难点】

重点：种群的数量波动，外源性调节因素和内源性调节因素。

难点：两种波动类型的区别，外源性调节因素和内源性调节因素的具体调节方式。

【课前预习】

任务：辨析种群的非周期波动与周期波动。

【教学过程】

1. 回顾复习

种群数量是如何增长的？种群的指数增长和逻辑斯蒂增长有什么不同？

学生回顾：温故知新，引导学生自主复习。

2. 新课导入

资料展示：20世纪初，人们将驼鹿引入美国密歇根湖的一个孤岛上。科学家跟踪研究了该种群从1915年到1960年的数量变化情况，见表11-3-1。

表11-3-1　驼鹿从1915年到1960年的数量变化情况

年　份	1915	1917	1921	1925	1928	1930	1934	1943	1947	1950	1960
驼鹿数量（只）	200	300	1 000	2 000	2 500	3 000	400	170	600	500	600

教师提问：①用曲线图表示该种群数量从1915年到1960年的消长情况，该种群数量有什么样的变化规律？②推测分析1930年前驼鹿种群为什么暴增，1960年后驼鹿的种群数量变化趋势是怎样的？③种群的数量为什么不可以长时间的稳定在环境容纳量左右呢？

学生讨论，充分陈述自己的观点。教师通过追问，引出课题并总结。

3. 种群的非周期性波动和周期性波动

教师展示学生绘制的驼鹿种群数量波动的坐标曲线图，并提问：

①什么是种群数量波动？②种群数量波动有哪些类型？③产生数量波动的原因是什么？学生自主讨论，分析总结。

展示资料：欧洲灰鹭种群的数量波动和旅鼠种群的数量波动。教师提问：

①两种生物的种群数量波动曲线各有什么特点？②非周期性波动和周期性波动的曲线有什么区别？③受什么因素影响会出现上述两种波动情况？

学生通过阅读课文，小组讨论并回答，引出非周期性波动和周期性波动的概念。通过看图说出两种波动的不同及发生的原因，认识到生物学中很多现象和规律可以用数学语言来表示。

小结：地球的环境容纳量是有限的，食物、水和空间是影响生物数量和增长率的限制因素。自然界中多数生物种群都已达到稳定期。总体上看，许多种群的种群数量一般不再增长，但是随着环境条件的变化，种数数量总是围绕着种群的平衡密度上下波动。

教师提出问题，组织讨论：①什么是种群的平衡密度？②为什么种群数量总是围绕种群平衡密度波动？

教师简略说明种群平衡密度的概念，学生自主讨论分析影响种群平衡密度的因素，引出种群数量的调节因素。

4. 种群的外源性调节因素

教师提出问题，组织讨论：①举例说出影响种群数量的外源性调节因素？②为什么会影响种群的数量变化？

学生阅读课文，说出实例并说明理由。

教师通过具体实例，加以分析，加深学生对种群数量的外源性调节因素的理解，明确波动的原因。

教师小结：影响种群数量的外源性调节因素有气候、食物、疾病、寄生和捕食等。

5. 种群的内源性调节因素

教师提出问题，组织讨论：①种群的内源性调节因素包括哪些？请举例说明。②内源性调节因素如何制约种群数量？

学生讨论分析，教师引导学生明确说出什么是内源性调节因素。

小结：内源性调节因素包括领域行为和内分泌调节。

6. 课堂小结

（1）总结种群数量波动的种类：非周期性波动、周期性波动。

（2）明确种群数量波动的影响因素：外源性调节因素、内源性调节因素。

【巩固与拓展】

例：下列关于种群数量波动叙述中，正确的是（　　　）。

A.内分泌调节属于影响种群数量的外源性调节因素

B. 领域行为不利于种群数量的增长

C.气候是对种群数量影响最强烈的外源性因素

D. 所有种群的数量都呈周期性变化

参考答案：C

第四节　群落的结构和主要类型

【教学目标】

生命观念：分析各种自然环境下的群落，尝试用进化和适应的生命观以及生态观来解释各种群落的组成、结构和类型。

科学思维：通过比较种群和群落在不同水平上的研究问题，掌握类比方法；举例说出一个群落中不同生物种群间的种间关系，区分群落的物种组成，判断不同种类的群落。

科学探究：通过小组讨论学习，养成科学探究的习惯和协作学习的精神，学会观察事物，把握评价事物的尺度。

社会责任：通过学习群落的结构、群落的类型，使学生学会从生态学角度认识生物界的现象和规律，建立生态学的基本观点，参与生态平衡的保护。

【学情分析】

学生在上一节的学习过程中，了解了什么是种群和种群的特征，同时也知道自然界中的生物不可能单独存在，总是因食物而存在复杂的关系，那么各种各样的生物如何共同生活在一起？由此引发学生学习的兴趣，进而引出群落的概念。同时学生已经具备一定的形象思维能力，本课通过图片、事例、模型的有机结合，并配以丰富的色彩，从而增强学生的兴趣和注意力。

【重点、难点】

重点：群落的结构特征、群落的主要类型。

难点：从结构和功能相统一的角度描述群落的结构特征。

【课前预习】

任务：明确群落的结构。

【教学过程】

1. 新课导入

展示资料：某池塘中生活着的多种生物。请学生观察并讨论：①这个池塘中至少有多少个种群？引导：关注池塘中的生物组成及其有序性，讨论池塘中的种群组成（群落结构），具体有多少个种群并不重要。可以从肉食性鱼、植食性鱼、浮游动物、浮游植物、微生物等方面举例。②这个池塘中的生物关系如何？③假如生活在该池塘中的肉食性动物大量减少，池塘中其他种群的数量将会出现怎样的变化？

引导学生关注池塘中生物之间的相互关系。池塘中的肉食性鱼大量减少，一些小鱼等小型水生动物因天敌减少，数量会大量增加，池塘中浮游动物、浮游植物以及其他一些水生植物数量会大量减少。随时间推移，植食性鱼类等生物也因食物来源减少而数量减少。

学生自主思考、小组讨论。教师总结引出群落的概念，并对群落的概念下定义。举例让学生进行判断，区别种群和群落。

2. 群落结构

教师结合课本插图，展示课前收集的图片，包括本校小山坡上植被类型的图片，引导学生阅读图片并思考：森林中植被在垂直空间上从上到下是如何分布的？受什么因素影响？植被在垂直空间上的分层现象对动物的分布有什么影响？对比森林和草原植被的垂直分层有什么不同？动植物种类数有何不同？水体中的植被和动物有没有垂直分布？受什么因素影响？学生看图，分组讨论总结群落的垂直结构的相关知识。

教师展示池塘和森林的图片，引导学生阅读图片，并思考：池塘岸边和池塘中心分布的植被类型一样吗？高大乔木树冠下和乔木之间的树缝间分布的植被类型一样吗？学生看图，分析讨论。学生小组讨论并分析总结群落的水平结构的相关知识。

教师展示一些典型生物及部分生物的生活习性的图片：蛾类、蝴蝶、老鼠、猫头鹰，鸟类的迁徙、马哈鱼的洄游等。学生分析讨论并总结群落结构的相关知识。最后，教师总结群落结构的意义。

3. 群落的主要类型

教师主要通过指导学生用列表等方法归纳各种生物群落的特点。通过列表等方法的训练，可以帮助学生更好地掌握本节的知识要点，还能在学习中练习比较、归纳的方法。为了使学生对各种类型的群落了解得更彻底，可以借助多媒体播放各种类型的群落视频。

4. 课堂小结

教师引导学生总结本节课的主干知识：①群落的概念：由动物、植物和微生物组成；②群落的结构：垂直结构、水平结构、时间结构；③陆地生物群落的主要类型：森林、草原、荒漠、苔原。

【巩固与拓展】

例：下列关于森林群落垂直结构的叙述，错误的是（　　　）。

A. 群落中的植物具有垂直分层现象

B. 动物在群落中的垂直分层与植物的分层有关

C. 群落中的动物具有垂直分层现象

D. 乔木层的疏密程度不会影响草本层的水平结构

参考答案：D

第五节　群落演替

【教学目标】

生命观念：通过裸岩演替、湖泊演替和弃耕农田的演替过程，用进化和适应观、稳态和平衡观来解释各种演替过程，概括演替的概念，比较原生演替和次生演替。

科学思维：根据原生演替和次生演替的异同点，判断任意群落的演替类型、进程和方向。

科学探究：通过对群落演替过程的学习，能用"动态发展"的观点来分析事物，养成仔细观察、全面独立分析问题的探究习惯。

社会责任：关注人类活动对群落演替的影响，拥护国家"退耕还林、还草、还湖，退牧还草"的政策方针。

【学情分析】

学生在前面已经学习了种群和群落的相关基础知识，对群落已经有一定的了解，而且对群落演替的现象并不陌生，但由于生活经历的简单和生活环境的差异，学生对演替现象仅停留在感性认识上，没有将概念和现象之间的联系建立起来。同时学生了解到的演替现象较少，且对演替的发展方向以及人在演替中的作用知之甚少。

【重点、难点】

重点：群落的演替过程。
难点：群落的演替过程。

【课前预习】

任务：比较并理解两种演替。

【教学过程】

1. 活动一

播放火山爆发的视频（或图片）资料并组织学生观察。阅读：1883年8月7日，印度尼西亚客拉客托火山爆发，炽热的岩浆滚滚而出，所到之处生物全部死亡，成了一片裸地。几年之后，地面上稀稀疏疏长出了小草，还出现了一种蜘蛛。到了1909年，已有202种动物生活在这块新的土地上。1919年，动物增加到621种，1934年增加到880种。在此期间植物逐渐繁茂起来，形成了小树林。由此引出演替的概念。

小组讨论：①光裸的岩地上首先定居的生物为什么不是苔藓和草本植物，而是地衣？②地衣为苔藓的生长提供了怎样的基础？为什么苔藓能够取代地衣？③在森林阶段，还能否找到地衣、苔藓、草本、灌木？

在教师的引导下，学生展开讨论，利用已有的知识层层深入地分析解决问题。

教师讲解归纳：①裸岩阶段。②地衣阶段。地衣首先在裸岩上定居。地衣分泌的有机酸可加速岩石风化形成土壤的过程。于是，土壤颗粒和有机物逐渐增多。③苔藓阶段。在地衣开拓的基础上，苔藓便能生长起来。苔藓比地衣长得高，于是就逐渐扩展。苔藓的生长会进一步使岩石分解，土层加厚，有机物增多，土壤中微生物的群落也越来越丰富。④草本植物阶段。在土壤能保持一定水分时，草本植物的种子就能够萌发生长。这时，各种昆虫和其他小动物开始进入到这个地区。在动植物的共同作用下，土壤中的有机物越来越丰富，土壤的通气性越来越好。⑤灌木阶段。灌木和小树木开始生长。灌木的生长起到了遮阳、避风的作用，同时提供了更为丰富的食物，于是成为许多鸟类的栖息地。物种的多样化使得群落的结构较为稳定，抵御环境变化的能力增强。⑥森林阶段。在灌木群落所形成的湿润土壤上，各种乔木的种子萌发出来。乔木比灌木具有更强的获得阳光的能力，因而最终占据了优势，成为茂盛的树林。树林的形成进一步改善了生物生存的环境，物种进一步多样化，于是群落演替到了相对稳定的森林阶段。对比湖泊的演替过程，总结原生演替的概念和特点。

2. 活动二

播放弃耕农田的演替过程图：农田被弃耕以后，很快就会长满一年生的杂草。在杂草的覆盖下，土壤条件会得到改善，一些多年生的杂草会接踵而至，土壤表层有机物质逐渐增多。几年后，一些小灌木便会生长起来，成为灌木丛。再经过一段时间，乔木开始出现。高大的乔木占据了更多的空间，乔木逐渐发展成林。

让学生对弃耕农田演替过程中的几个阶段，与火山爆发的原生演替进行比较，找出两种演替的相同点和不同点。然后师生一起归纳：次生演替的概念和特点及原生演替和次生演替的异同。

3. 活动三

观看图片：草地上的小路、过度放牧、过度砍伐、人工梯田、人工林、退耕还林、还草等。让学生讨论：①人类活动在演替过程中的影响；②除人为因素，是否还有其他因素也能影响演替的方向和进程？

教师总结：人类的活动会改变演替的方向和进程，自然灾害也会影响演替的进程和方向。

4. 课堂小结

（1）演替的概念。

（2）演替的类型：原生演替与次生演替的概念、实例与过程。

（3）人类活动对群落演替的影响。

【巩固与拓展】

例：某岛屿由海底火山喷发形成，现已成为旅游胜地，岛上植被茂盛，风景优美。下列叙述不正确的是（　　　）。

A. 该岛屿不同地段物种组成上的差异是群落水平结构的体现

B. 该岛屿形成后最初进行的群落演替属于次生演替

C. 旅游可能使岛上的群落演替按照不同于自然演替的速度进行

D. 该岛屿一定发生过漫长的群落演替过程

参考答案：B

第十二章 生态系统

第一节 生态系统的营养结构

第❶课时

【教学目标】

生命观念：举例说明食物链和食物网的概念，并说出其中的生物所处的营养级，学习用系统观与稳态观来看待生命系统。

科学思维：基于绍兴镜湖湿地生态系统的实例，运用理性思维解释现象并尝试构建生态系统的结构模型。

科学探究：通过观看绍兴镜湖湿地公园的系列视频，对特定的生物学现象进行观察和分析，逐步探究与领会生态系统的相关概念。

社会责任：通过生物放大知识的学习，体会人类活动对自然的巨大影响，认同保护环境、热爱自然的生物学道理。

【学情分析】

"生态系统"一词虽然学生在日常生活中多有耳闻，也见识过多种生态系统，但是对于其概念的具体内涵、生态系统的成分及相互关系、生态系统的结构等知识并不熟悉。此外，本节课概念知识众多，如果按照教材中每学一个知识点举一个实例，学生学起来未免有些吃力，且知识网络过于庞大，不够精练，缺乏实例之间的紧密联系，因此，教师在教学中应该尽量为学生寻找一个他们熟悉的生态系统，以此为依托，创设一系列教学情境，囊括所有的知识点，从而帮助学生快速深入地学习相关概念。在第一课时中，以"绍兴镜湖湿地生态系统"为实例，创设了三个不同情境，分别对应生态系统的概念、结构（食物链和食物网、营养级和生态金字塔）、人与生态系统的关系这三个教学内容，让学生在情境中自主地去研究和学习。

【重点、难点】

重点：生态系统的概念，生态系统的营养结构，包括食物链、食物网、营养级和生态金字塔等内容。

难点：生物量金字塔、能量金字塔、数量金字塔的比较。

【课前预习】

任务：明确生态系统的概念、类型、功能和成分。

【教学过程】

1. 情境导入，建构概念

关于生态系统的概念和成分，教材以池塘生态系统示意图为例进行讲解。但考虑到本校学生平时难以接触到池塘，倒是在每年远足时必去绍兴镜湖湿地公园，所以将课本中的池塘生态系统替换为绍兴镜湖湿地生态系统。在导入部分，先安排学生观看一段《绍兴镜湖湿地公园（1）》的录像片段，请学生注意观察和聆听湿地中的声、光、色及其生物之间千丝万缕的联系，以此理解生态系统的组成；接着再请学生从生态系统的概念出发，列举其他类型的生态系统。这种"具体—抽象—具体"的教学内容安排符合学生的思维发展模式。

请学生思考：①湿地中有哪些生物？②它们在代谢上有何特点？它们之间有什么关系？③你能否根据不同生物的作用和营养方式对它们进行归类？让学生小组讨论后，根据录像内容完成表12-1-1的填空。

表12-1-1　生态系统的组成成分

组成成分	动物类群及代谢类型	作　用	地　位

通过讨论，学生认识到生态系统中各种生物和非生物成分繁多且关系复杂，无法逐个研究它们在生态系统中的结构和功能，因此，将营养功能相同的生物类群看成一个整体结构，引入生产者、消费者和分解者的概念，进而归纳总结生态系统的组成成分、各成分在生态系统中的作用及关系，进一步形成生

态系统的整体概念，初步建立起"生态系统的结构"概念模型，如图12-1-1
所示。

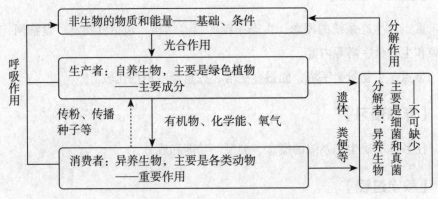

图12-1-1 生态系统的结构模型

2. 深入情境，层层推进

播放《绍兴镜湖湿地公园（2）》的录像，着重体现几种生物间的捕食关系，以实例为教学情境，提高学生的学习兴趣。教师提问：①录像中，虫与草、鸟与虫之间是什么关系？②什么叫食物链？帮助学生理解食物链的起点和终点分别是生产者和最高级的消费者。在明确了"草→虫→鸟"这条食物链后，让学生分析这些生物还可能吃什么，还可能被什么生物捕食，进而形成简单的食物网，再出示教材P102图6-4"草原生态系统的食物网示意图"，让学生数一数图中有几条食物链（让几名学生到黑板上各写出一条最长的食物链），明确食物网的概念。同时教师指出一个真正的生态系统中的食物关系比图中的更为复杂，如何研究错综复杂的食物网中生物间的物质和能量的关系呢？生态学家将处于不同食物链相同位置的生物进行归类，提出营养级的概念。结合食物网分析营养级与消费者级别的关系，同一动物在不同的食物链中营养级的变化，一种生物的变化对整个系统的影响等，明确食物链与食物网构成的营养结构是生态系统物质循环和能量流动的渠道。提出问题：为什么食物链的营养级一般不超过五个？为什么鸟的数量远比草或昆虫的数量少？为能量流动和建构数量金字塔的学习埋下伏笔。

因为学生对生物量金字塔和能量金字塔没有直观认识，先安排介绍学生更容易感知的数量金字塔。以先前"草→虫→鸟"这条食物链为例，标出个体数量，建立数量金字塔，随后列举草原生态系统中的数量金字塔。待学生对生态金字塔有较好的认识后，介绍另外两种金字塔，利用教材P103图6-6"生态金字塔"对三种金字塔进行比较，说明数量金字塔、生物量金字塔倒置的原因，再列表展示"草→虫→鸟"这条食物链中各个营养级蕴含的能量，总结出能量金字塔不会倒置的原因，顺利突破难点。

3. 升华情境，培育素养

播放《绍兴镜湖湿地公园（3）》的录像，着重体现几年前人类活动对湿地生态系统的破坏和整治情况，借助DDT（有机氯类杀虫剂）污染地球生物的实例介绍生物放大现象，说明杀虫剂和有害物质会沿着食物链移动和浓缩，进一步从人类生产活动对生态系统影响的方面去培养学生保护生态系统的意识，形成"人与自然和谐发展"的生态观，肩负起生态责任。

【巩固与拓展】

例：下列与生物放大及生态金字塔相关的叙述中，不正确的是（　　　）。

A. 杀虫剂与有害物质可沿食物链逐级积累和浓缩，从而在生物体内高度富集，造成生物放大

B. 若以杀虫剂与有害物质浓度大小衡量各营养级之间的数量关系，则所构成的金字塔应为正立的

C. 就数量金字塔而言，某些状况下可能呈现倒金字塔形

D. 就能量而言，天然生态系统的能量金字塔绝不会是倒置的

参考答案：B

第❷课时

【教学目标】

生命观念：认识到生态系统各个成分之间是相互联系，相互影响，密不可分的，认同生态系统的整体观与稳态观。

科学思维：通过对生态系统组成成分、作用和关系的分析，思考如何让生态瓶维持更长时间，并对实验的结果进行理性分析。

科学探究：通过制作微型生态瓶，理解生态系统各成分之间的关系和作用，并对实验结果进行合理预测、科学观察，学会探究方法。

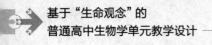
社会责任：关注人类活动对生态系统的影响，树立保护自然、保护生态系统的意识。

【学情分析】

"设计并制作生态瓶"选自浙科版高中生物必修3第六章第四节，考虑到生态瓶的制作活动对于学生理解生态系统的概念、成分具有重要意义，所以在教学设计时把这一活动提前，作为"生态系统的结构"第二课时的学习内容。此外，生态瓶的设计及制作活动能为后续学习生态系统的稳态及其调节提供事实依据，为学习活动的开展打下基础。

部分学生在小学时制作过生态瓶，接触过一些生态学知识，但对于生态系统的概念、不同成分的作用及相互关系等内容仍然有些模糊，仅仅停留在记忆的层面，因此，在知识的掌握上还存在很大难度。在教学设计中，以提高生态瓶的稳定性为切入点，讨论如何设计各种各样的条件满足生态瓶中生物生存的需要，以问题串的形式引导学生分析事实，经过从具体到抽象，从感性到理性的过程，最终形成概念。

【重点、难点】

重点：设计生态瓶的制作方案，并制作生态瓶。

难点：对实验过程进行科学合理的观察，并分析维持生态瓶稳定的相对条件。

【课前预习】

任务：小组讨论决定设计哪种类型的生态瓶，完成设计方案。

【教学过程】

1. 温故知新，激发兴趣

教师展示超市里经常看到的一条小鱼和少量水草的观赏瓶，并提问：这种观赏瓶是一个小型生态系统吗？其中的生产者、消费者、分解者、非生物环境分别是什么？小鱼能否存活很长时间？为什么？学生对以上问题思考后作答。教师提问：大家能不能设计并制作一个生态瓶，比比谁的生态瓶中的生物存活时间最久？由此激发学生的学习兴趣。

2. 小组合作，科学探索

小组活动一：分组设计各自的实验方案，挑选所需的材料，绘制成表格。

教师布置设计生态瓶的任务，并提出要求即每个小组生态瓶的大致体积要相同——以此来局限生态瓶的规模，便于后续的比较分析。学生利用已经收集到的材料以小组为单位设计一个小型的生态系统，重点思考如何让自己设计的生态系统维持更长时间？要注意哪些问题？将选择的实验材料填在表12-1-2中。

将不同小组的设计方案投影到大屏幕上，全班学生共同对其中的问题进行探讨。

表12-1-2　高二____班生态瓶设计方案

小组编号	生产者	消费者	分解者	非生物环境
1	水草1簇	小鱼1条	水中微生物	水、空气、光
2	水草1簇	螺蛳2个	水中微生物	水、空气、光
3	杂草1簇	—	蚯蚓、微生物	空气、光
4	杂草1簇	蜗牛1只	土壤中微生物	空气、光
…	……	……	……	……

主要探讨以下几个问题：①生态瓶中生物间的相互关系是怎样的？②生态瓶中植物和动物的数量如何控制？能否多放几条小鱼或小虾？③海水或淡水生态瓶中的水是否要加满？④为什么要加盖封口？⑤生态瓶为什么必须是透明的？生态瓶放在什么位置合适？为什么？⑥影响生态系统维持稳定的环境条件有哪些？分析维持某一生态系统的决定性因素。⑦对不同小组生态瓶的维持情况进行预估，指出生态瓶中寿命可能最短和最长的生物。

小组活动二：探究影响生态瓶维持时间的条件。

每组制作两个生态瓶，分别选取不同的影响条件进行对照，如是否照光、减少水草数量、不同动物或植物在同一环境下的生存能力等选择一个进行研究，设计对照组，尝试设计实验观察记录表，见表12-1-3。

表12-1-3　实验观察记录表

日　期	项　目	生态瓶1	生态瓶2
＿＿月＿＿日	光照时间		
	光　强		
	温　度		
	存放的植物种类		
	存放的动物种类		
	植物的存活情况		
	动物的存活情况		
	水体颜色		
	…		

3. 交流展示，能力提升

各小组按照设计方案制作生态瓶，特别要注意设法保证生态瓶能"与世隔绝"。对制作的生态瓶的运行情况进行观察记录，包括植物、动物的生活情况，水质情况（由颜色变化进行判别）及基质变化等。生态瓶制作完毕后，应该贴上标签，在上面写上制作者的姓名与制作日期。

两周后，各小组交流展示各组制作的小生态瓶，说明要探究的条件及各自作品的特点，根据观察记录，对系统能维持或破坏的原因进行分析：①为何有的瓶中小动物已死亡？②为何有的瓶中水质混浊？③为何有的瓶中生物能和谐生活？④各生态瓶中生物生活状态不同与瓶中成分设置的不同有何关系？等等。观摩其他组的作品，借鉴其他组的经验改进本组的作品。

教师展示自然界中生态系统遭到破坏或得到改善的例子，潜移默化中帮助学生树立起保护生态系统、维护生态系统稳定的观念。

【巩固与拓展】

例：某同学设计了一个小生态瓶，要想较长时间保持稳态，一定做到的是（　　　）。

①要有稳定的能量来源

②生产者、消费者、分解者的数量要搭配合理

③植物的光合作用能满足动物对氧气和养料的需求

④ 动物产生的CO_2能够满足植物光合作用的需求

⑤瓶底应放一些鹅卵石

A.①③④   B.①②③④

C.①③④⑤   D.①②③④⑤

参考答案：B

第二节　生态系统中的生产量和生物量

【教学目标】

生命观念：体会生态系统中的生产量和生物量的概念，明确生态系统中物质的生产与转换，认同生命的物质观与能量观。

科学思维：图解次级生产量的生产过程，尝试对图文信息进行转换和解说。

科学探究：以第二营养级的次级生产量的生产过程为原型，通过若干要素的改变，建立次级生产量的生产过程模型，并在此过程中体验团队合作的乐趣。

社会责任：领悟人类次级生产量的生产过程，认识节约粮食的意义。

【学情分析】

本节涉及的生产量、生物量等概念，对于学生理解生态系统的功能有重要的作用，是学习第三节生态系统的能量流动和物质循环的基础。本节的知识较为抽象枯燥，教师需要强调概念的准确，同时本节又涉及计算，所以有必要通过让学生做经典练习来当堂掌握所学内容。

本节课的总体思路是以"小麦→人"这条学生最熟悉的食物链为依托，逐步变式演化，讲解初级生产量、净初级生产量、次级生产量及其生产过程，然后通过"如何测量净初级生产量、次级生产量"这一问题引入生物量的概念，并对生产量和生物量概念进行区别。

【重点、难点】

重点：初级生产量、生物量和次级生产量，次级生产量的生产过程。

难点：次级生产量的生产过程。

【课前预习】

任务：梳理初级生产量的概念，包括总初级生产量、净初级生产量。

【教学过程】

1. 设置问题情境

展示农田生态系统的图片。首先讨论一个身边的问题：人们常说一顿不吃饿得慌。

问题1：我们为什么要吃粮食？答：要获取营养和能量。

问题2：为什么吃粮食能获取能量？答：能量蕴藏在能源物质中，如糖类、脂类、蛋白质等有机物。

2. 定性分析能量流动

（1）初级生产量、净初级生产量

设置核心问题：小麦如何获取能量？展开讨论：①小麦通过哪种代谢途径生产有机物？②植物生产的有机物能全部被用于植物的生长和繁殖吗？由此引入总初级生产量、净初级生产量、呼吸量，并把这些概念在问题情境中具体化：

总初级生产量（GP）=小麦通过光合作用所制造的有机物质或所固定的能量

净初级生产量（NP）=小麦的总初级生产量-小麦的呼吸量（R）

展示小资料一：从光合作用的影响因素和顶极群落成因的角度分析讨论热带雨林与北方针叶林NP不同的主要环境限制因素（见表12-2-1）。

表12-2-1　比较不同生态系统净初级生产量

生态系统	热带雨林	北方针叶林	温带草原	苔　原
净初级生产量（NP）	2 000 g/（m^2·a）	800 g/（m^2·a）	500 g/（m^2·a）	140 g/（m^2·a）

展示小资料二：海洋面积虽然比陆地面积大一倍，海洋的年净初级生产量之和（55.5×10^{12} kg）却只有陆地（107.1×10^{12} kg）的1/2。为什么？从光合作用影响因素的角度分析讨论，从而明确净初级生产量的影响因素。

（2）次级生产量

设置核心问题：小麦中的能量是怎样被人一步步利用的？利用教材P107图6-7分析次级生产量的生产过程。将核心问题配合PPT上的图进行分解：①小麦所制造的有机物全部可以被我们人类所利用吗？②麦田正在收割，整株小麦我们都可以利用吗？③人们能收获所有的麦穗吗？④麦穗都能被我们吃掉吗？⑤我们吃掉的面包、馒头，都会被人体消化吸收吗？⑥同化量能全部用于我们的生长、发育吗？在此过程中重点明确两个公式：摄入量=同化量+粪便量，同化量=次级生产量+呼吸量。

变式1：在"植物→鸡→人"这条食物链中，人（第三营养级）的次级生产量是如何生产出来的呢？能否以图12-2-1为基础，通过对其中的某些环节做改动来展示呢？这个问题有一定难度，建议以"小组讨论→展示小组讨论结果→全班共同研讨→达成共识"的方式进行。在讨论中，学生可能会把"可利用的、未收获的"去掉，教师可联系实际予以否认；学生也可能没有去掉"总初级生产量"，这时教师需要明确现在讨论的是第三营养级的次级生产量生产过程，其能量来源是第二营养级……师生共同研讨，最终明确图12-2-2。

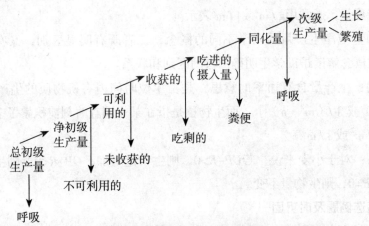

图12-2-1 人（第二营养级）次级生产量的生产过程

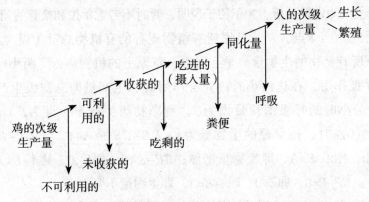

图12-2-2 人（第三营养级）次级生产量的生产过程

变式2：在"植物→虫→鸡→人"这条食物链中，人（第四营养级）的次级生产量是如何生产出来的呢？能否以图12-2-1为基础，通过对其中的某些环节做改动来展示呢？借助以上三个环节的活动，学生在变式中逐渐熟知次级生产量的生产过程，并理解次级生产量其实就是"净次级生产量"，师生最终总结，建立起次级生产量的生产过程模型。

展示小资料三：在海洋生态系统中，植食动物利用藻类的效率相当于陆地动物利用植物效率的5倍，所以海洋次级生产量比陆地要高得多。科学家根据次级生产量的转换效率测算人类每年最多能从海洋中捕捞的食用鱼量。通过小资料，帮助学生认识研究次级生产量、能量流动的意义。

（3）生物量

设置核心问题：在"小麦→人"这一条食物链中，如何测量小麦的净初级生产量？从而引入生物量这一概念。生物量实际上就是净生产量在某一调查时刻前的积累量，通常用g/m^2或J/m^2表示。

生物量与净生产量是两个不同的概念，二者既有明显区别，又有内在联系。通过概念解读帮助学生明确两者的区别和联系。

区别：生产量含有速率的意思，是指单位时间内有机物质的生产量［$g/(m^2 \cdot a)$或$J/(m^2 \cdot a)$］，而生物量是指在某一调查时刻前积累了多少有机物质（g/m^2或J/m^2）。

联系：对于小麦来说，若$GP-R>0$，则生物量增加；$GP-R<0$，则生物量减少；$GP-R=0$，则生物量不变。

3. 精选例题及时巩固

精选两个典型例题，分别对应植物、动物，通过例题将对能量流动问题的定性分析上升为定量分析。为了便于说明，暂时不考虑单位和换算的问题。

例题1：早上8点，一片草原所有植物现有的有机物总量（设为A）即为该片草原所有植物的生物量。早上10点，草原上的植物进行了两小时的光合作用和呼吸作用，在这两小时内光合作用的总生产量即总初级生产量（设为B），两小时的呼吸消耗量设为C，则净初级生产量（设为E）$=B-C$。那么早上10点时，该草原的生物量为$A+（B-C）$或$A+E$。若$GP-R>0$，即$E=B-C>0$，则$A+E>A$，即生物量增加；$GP-R<0$，即$E<0$，则$A+E<A$，即生物量减少；$GP-R=0$，即$E=0$，则$A+E=A$，即生物量不变。

例题2：早上8点，一群动物的有机物积累总量即为动物的生物量。经过两个小时，动物摄入了一定食物，从中同化了一定的有机物，其中除去动物呼吸消耗的有机物，剩下有机物就是动物的<u>次级生产量</u>。

【巩固与拓展】

例：关于生态系统中生产量与生物量的叙述，正确的是（　　　）。

A.用于植物生长和繁殖的生产量应为净初级生产量减去呼吸消耗量

B.净生产量实际上就是总初级生产量在某一调查时刻前的积累量

C.生物量与生产量的单位均可用g / m^2或J / m^2表示

D.若$GP-R=0$，则生物量不变

参考答案：D

第三节　能量流动和物质循环

第①课时

【教学目标】

生命观念：认同在能量流动的推动下，生态系统各组分紧密联系，形成一个统一整体。

科学思维：通过生态系统的实例、调查数据的分析、归纳等过程，引导学生用定性分析和定量计算某种能量的流动过程，培养学生分析、推理能力。

科学探究：通过实例分析生态系统能量流动的概念、过程和特点，建立能量沿营养级流动的模型。

社会责任：以能量流动的研究过程为契机，培养学生研究生态学和利用生态学知识解决实际问题的兴趣与意识。

【学情分析】

能量本身是一个抽象的概念，能量流动也是抽象的。这部分内容与细胞呼吸、光合作用、能量代谢等知识密切相关，在前面的学习中学生已掌握有机物可以氧化分解供能等具象知识，但是在本节中关于能量的分析还是比较抽象的，在学生原有的认知结构中，对于能量流动的过程和特点更是生疏，因而能量流动成为其认知上的难点。教学过程中教师可利用图解法帮助学生加深对能量流动的认识和理解。

【重点、难点】

重点：能量流动的过程和特点。

难点：能量沿营养级流动的模型的建立。

【课前预习】

任务：说明能量流动的含义及渠道。

【教学过程】

1. 联系实际，设疑导入

本节课内容较多，在导入阶段不宜花费太多时间，可用以下两个问题直接设疑导入：①俗语"一山不容二虎"是否正确，为什么？②作为发展中国家的消费者，在日常生活中如何调整饮食结构才能节约能源？

2. 能量流动

（1）定性分析：一条食物链的能量流动过程

以教材P109图6-8"植物→田鼠→鼬"为例，PPT配合展示表12-3-1，定性分析能量流动过程：①完成表12-3-1中空着的内容；②联系光合作用和呼吸作用等知识分析植物中的能量来源和去向；③田鼠同化量占植物净初级生产量的比例是多少？为什么效率如此低？

表12-3-1　密执安荒地中不同生物的 *GP*、*R*（单位：卡/顷·年）

生物种类	同化量	净生产量	呼吸
植　物	59.3×10^6		8.8×10^6
田　鼠	176×10^3	6×10^3	
鼬		0.13×10^3	5.43×10^3

针对问题③，学生联系上节课的内容，经过分析后认为植物净初级生产量除了转化为田鼠的同化量，还可能转化为未利用和分解者中的能量。教师继续出示图12-3-1，以验证学生的猜想。

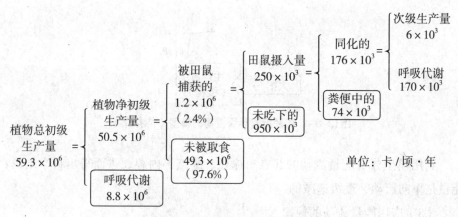

图12-3-1 植物净初级生产量的去路

分析植物总初级生产量的去向：①植物在维持生命活动的过程中，必不可少的是通过呼吸作用释放能量用于维持生命活动，同时一部分能量以热能的形式散失了；呼吸作用消耗后剩余部分的能量才能积累下来，用于植物生长，并形成各种组织和器官，这些能量才有可能被其他生物利用。②积累下来的能量一部分被田鼠取食后同化，一部分未被利用（未被取食、未吃下的），还有一部分随枯黄的叶片、田鼠的粪便等落入了土壤，最终被分解者利用。以此类推，分析田鼠所需能量的来源及去向、鼬所需能量的来源及去向。

（2）定量分析：赛达伯格湖沿营养级的能量流动过程

自然过渡：一个生态系统肯定不止一条食物链，如何简化错综复杂的食物关系？引入赛达伯格湖的实验，把食物链上升到营养级进行分析。根据教材P110图6-9的数据，完成表12-3-2的填空。

表12-3-2 赛达伯格湖能量沿营养级流动的定量分析

营养级	总能量	呼吸量	未利用量	分解量	传递量	传递效率	呼吸+未利用+分解+传递
生产者							
植食动物							
肉食动物							
总　计							

演示赛达伯格湖能量流动图的数据，重点应放在如何整理数据、分析数据上，通过计算得出能量传递效率大约为10%～20%。

以图12-3-2为基础，请学生边分析边画出能量沿营养级流动的模型。

图12-3-2 能量沿营养级流动的模型（待补充）

利用模型分析能量流动的起点、途径、终点等内容，进而得出科学结论：能量是单向流动、逐级递减的。

（3）应用能量流动的规律

回顾前面的问题，为什么"一山不容二虎"？怎样调整饮食结构才能节约能源？引导学生讨论回答，进一步提出研究能量流动的意义。

【巩固与拓展】

例：根据生态学原理，要使能量流经食物链的总消耗最少，又摄入较多蛋白质，人们应采用以下哪种食物结构（　　　　）。

A.以淡水养殖的鱼虾为主　　　　B.以谷物和植物蛋白为主

C.以猪肉等家畜的肉类为主　　　　D.以禽类、蛋类为主

参考答案：B

第❷课时

【教学目标】

生命观念：理解物质循环具有全球性，在无机环境中的物质可以被生物群落反复利用等特点，形成物质循环的系统观。

科学思维：通过建立碳循环的模型和对碳循环模型的变式应用，寻求辨析碳循环模型的规律，加深对碳循环过程的理解。

科学探究：通过以小组为单位创作和评价"碳先生的旅行"画作，训练学生的交流与讨论能力、对知识创新性使用的能力。

社会责任：关注碳循环平衡失调与温室效应的关系，渗透"人与自然和谐发展"的生态学观点。

【学情分析】

"生态系统的物质循环"的知识属于宏观范畴，相对于细胞、基因等微观知识，这部分知识更容易被学生接受和理解。但生态系统的物质循环具有全球性的特点，学生缺少相关的生活经验；同时，物质循环过程中气体的行为是不可见的，微生物的分解作用也不是具体有形的，需要教师在教学中采用具象化的手段帮助学生理解。"生态系统的物质循环"的重点是厘清碳循环的过程并构建模型，但是由于生态系统物质循环的过程较复杂，在以往的教学中教师不敢放手让学生构建，而是选择直接讲述的方法，学生被动地接受，机械地记忆，便产生了理解上的偏差。本节课以学生为主体，通过学生自主构建模型，对模型进行变式分析，对模型进行绘画式的表达，从而达成教学目标。

【重点、难点】

重点：厘清碳循环的过程并构建模型。

难点：分析能量流动和物质循环的关系。

【课前预习】

任务：梳理碳循环的相关概念。

【教学过程】

1. 新课导入

教师讲述并提问：生物圈中能量的源头是太阳能，而生态系统中的物质都是由地球提供的。地球为什么能源源不断地为生物提供各种物质呢？

2. 学习新知

（1）建立碳循环模型

教师讲述：这是因为在生物群落与无机环境之间，物质是不断循环的。这就是地球为什么能源源不断地为生物提供各种物质的原因。物质循环是生态系统的另一重要功能。此部分主要以碳循环为例说明物质循环的过程和特点。

教学中可结合学生的生活实际或碳循环失衡出现的温室效应进行讨论：①碳在大气圈和生物群落中的存在形式各是什么？②二氧化碳如何从无机环境进入生物群落？③在生物群落中以有机物形式存在的碳如何沿着食物链传递给

下一营养级？④生物群落中的碳以什么途径回归大气圈？确定碳的主要循环形式是二氧化碳后，教师在黑板上写出生产者、消费者和分解者及大气中的二氧化碳，学生讨论并画出几者之间的关系，并在箭头上标明作用类型。

教师提出生态系统中的碳循环在正常状态下是平衡的，但现在生物圈中碳循环是失衡的，产生温室效应的原因是什么？让学生总结归纳出碳循环过程的图解，进而引导学生探讨温室效应形成的原因、后果及缓解对策，并提出相应的建议。

根据碳循环的实际例子，分析不同阶段中碳的存在形式，并提问：能否说碳循环就是二氧化碳循环？为什么？从而明确物质循环的对象是元素，进而归纳物质循环的概念和特点。

（2）变式分析碳循环模型

考虑到有些学生在作答物质循环识图题时，由于对物质循环的过程不理解而机械地记忆，导致不能正确运用知识。因此在教学中通过展示以下变式图（见图12-3-3）予以突破。

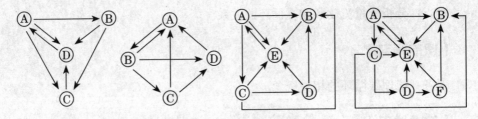

图12-3-3 碳循环变式模式图

请学生辨认各种变式图中A、B、C、D等名称，总结碳循环示意图的辨认规律和方法。

（3）灵活运用碳循环模型

在碳循环模型的基础上，绘制"碳先生的旅行"路线图。首先，教师设置情境：假如你在操场上运动，呼出了一个二氧化碳分子，想象一下，这个二氧化碳分子离开你后会开始怎样的旅行？请你绘制一幅画叫作"碳先生的旅行"的路线图。通过拟人化和绘画式学习增加学生学习的新鲜感，充分发挥学生的想象力，为知识的自主应用和综合应用打开一扇门，将本节课的学习推向高潮。

学生根据经验和已有的知识绘制"碳先生的旅行"的路线图，并以小组为单位进行分享和讨论。在小组讨论中，小组成员间相互讲述各自图画中"碳的旅行"。小组讨论后部分学生展示并讲述自己的作品，其他学生对此进行评价。

3. 分析能量流动和物质循环的关系

在图12-3-3和"碳先生的旅行"的基础上，在"消费者、生产者、分解者"之间的虚线方框内用虚线箭头表示出能量流动利用的图解，并完成表12-3-3的填写。

表12-3-3 能量流动和物质循环的比较

项　目	能量流动	物质循环
对　象		
形　式		
特　点		
范　围		
联　系		

运用列表、讨论的形式总结能量流动和物质循环的关系。

【巩固与拓展】

例：下列关于生态系统中物质循环和能量流动的叙述，正确的是（　　　）。

A. 富营养化水体出现蓝细菌水华的现象，可以说明能量流动的特点

B. 生态系统中能量的初始来源只有太阳能

C. 食物链各营养级中约有10%的能量会被分解者利用

D. 无机环境中的物质可以通过多种途径被生物群落反复利用

参考答案：D

第四节　生态系统的稳态及其调节

【教学目标】

生命观念：认同生物与环境是一个统一的整体，认识生态系统结构和功能的统一性，渗透人与自然和谐发展的生态观。

科学思维：通过对长白山自然保护区相关资料的分析，提高分析问题的思维能力，并归纳生态系统稳态的含义。

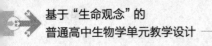

科学探究：通过观察和分析生态瓶中生物的生存状况，探索维持生态系统稳态的方法。

社会责任：通过对生态系统自我调节功能的学习，理解自我调节功能的有限性，树立重视生态效益和避免生态不良后果的意识。

【学情分析】

和人体进行生命活动需要稳态一样，生态系统得以维持并发挥正常功能也需要稳态。学生在此之前已经学过人体稳态，能够很好地理解这一知识点，为学习稳态的含义和意义打下基础。且在之前的学习中，学生已经学习了生态系统的结构和功能，对生态系统各组分间的关系比较了解，为反馈调节的学习打下了基础。为此，本节课应通过层层设问，步步引导学生自己分析、整理资料，并在此过程中理解稳态的含义及其调节方式。

【重点、难点】

重点：生态系统趋于稳态的特点，自我调节的主要机制（负反馈和正反馈）。

难点：负反馈调节机制。

【课前预习】

任务：说明稳态的含义。

【教学过程】

1. 情境导入，引发兴趣

播放鄱阳湖湿地生态系统的录像片段，欣赏鹤舞白沙、水天一色的自然景观，让学生感受自然之美。

2. 分析资料，理解"稳态"

教师提问：回顾生态瓶的制作过程，并结合以下资料分析鄱阳湖生态系统与上次我们自己制作的生态瓶成分有何区别和联系？为什么我们自己制作的生态瓶稳定性极差（小鱼死亡，水质浑浊，出现异味等），而鄱阳湖生态系统的稳定性却高得多？维持生态系统稳定存在的关键因素有哪些？

资料一：鄱阳湖古称彭泽，位于长江以南，是我国最大的淡水湖泊。鄱阳湖夏季雨水充沛，日照充足，温度适宜，孕育着丰富的动植物资源，冬季水位下降，露出的沙地中有丰富的植物根茎，为白鹤等冬候鸟的觅食、栖息提供了良好的条件。沙地中细菌、真菌丰富，可及时分解动植物的尸体、粪便等。湖区天然植物多样，有苦草、茭白、菖蒲等400多种，动物种类繁多，有各种鱼、虾、鸟等700多种。

学生分析回答：鄱阳湖生态系统和生态瓶成分一致，但每种成分从种类和数量上均比生态瓶要复杂。生态瓶内的生物成分结构单一，数量少，导致物质循环不通畅，因而难以维持稳态，而鄱阳湖区域大，生物种类繁多，物质能够畅通循环。光照、水、气体等非生物因素，植物、动物、微生物等生物因素都会对生态系统的稳定存在产生影响，各种资源丰富，生物种类繁多是维持生态系统稳定的关键因素。

3. 分析资料，找寻"方法"

教师提问：在稳定的生态系统中，各生物类群的数量变化有何联系？有人在鄱阳湖沙湖区域就白鹤数量和其主要食物苦草块茎做了长期研究，请对其研究数据进行分析整理，并推导联系。

资料二：2006年沙湖区域苦草块茎干重为17.88 g/m^2，2007年夏季由于鄱阳湖水位偏高，影响苦草块茎生长，干重仅为3.96 g/m^2，2008年为11.90 g/m^2，2009年为9.82 g/m^2，2010年为12.23 g/m^2。2006年冬季白鹤月平均数为103只，2007年为22只，2008年为70只，2009年为95只，2010年为80只。

学生收集数据并绘制曲线图。学生分析图形，并得出结论：白鹤数量与其食物苦草数量具有一定相关性。

教师提问：2007年由于大水导致苦草块茎重量和数量大量减少，假如当时沙湖白鹤数量仍和以往一样多且不愿离开，最有可能的结果是什么？学生思考回答：苦草块茎被啃食完，白鹤饿死，第二年不再有苦草长出，也不再有白鹤到来。

教师追问：那真是太可怕啦！好在当年白鹤数量比较少。请大家分析当年苦草和白鹤数量变化之间的关系是怎么样的？学生思考回答：苦草数量减少→白鹤数量减少→苦菜块茎得以保留。

教师继续追问：在这样的调节作用下，第二年苦草的数量又会如何变化？学生回答：苦草数量增多。

教师总结：苦草数量减少→白鹤数量减少→苦菜块茎得以保留→苦草数量增

多。我们可以发现，在这种调节作用下，最后的结果是最初的那个变化被抑制，我们把这种调节方式叫作负反馈调节。负反馈调节可以使生态系统保持稳定。

4. 分析资料，升华情感

教师提问：请再分析资料，思考自然界的其他反馈调节方式及生态系统自我调节能力的强弱。

资料三：随着工农业生产的发展、乡镇企业的崛起，江西全省农药、化肥施用量增加并排入鄱阳湖，导致鄱阳湖水中污染物增加，尤其是磷含量大量增加，导致部分区域水生植物大量繁殖后又急剧死亡，引起湖水的进一步污染。目前，鄱阳湖的红花子莲和白花子莲已基本灭绝，野生菱角也很少，对鱼类、蚌类等动物也产生了很大的影响。

学生分析回答：还有另一种调节模式，污染→动植物死亡→加重污染。最后的结果是最初的变化得到强化，是为正反馈调节。正反馈调节对生态系统有很大的破坏作用。因此，可以得出结论：生态系统的自我调节能力是有限的。

教师总结并布置作业：确实，生态系统的自我调节能力是有限的。当外来影响超过生态系统的自我调节能力，这个生态系统很有可能面临崩溃。还好，意识到这个问题的不只是我们。目前，国家已经采取很多措施开始挽救，作为一名中学生，我们又可以做些什么？请大家积极思考，并在课后收集资料，为维护我们的地球献计献力。

【巩固与拓展】

例：采取下列哪种措施能提高一个生态系统的稳定性？（　　　）

A. 减少捕食者和寄生者的数量　　　B. 使生产者和消费者的数量保持平衡

C. 增加适宜的物种数目　　　D. 限制群落的演替过程

参考答案：C

第五节　生物圈

【教学目标】

生命观念：认同生物圈是最大的生态系统，只有保证生物圈的稳定性，才能保证地球上的全部生物处于一个稳定的环境中。

科学思维：基于学生自行查找的环境污染问题的材料和教材内容，运用理性思维对温室效应、臭氧层变薄、酸雨、水污染和生物多样性下降等环境污染问题进行列表整理。

科学探究：通过水质调查活动，参与调查方案的制订和实施，能对实验结果进行合理分析。

社会责任：通过对"人类对全球环境的影响"知识的学习，提出防治措施，提高生态责任感，强化可持续发展观。

【学情分析】

本节内容与现实生活密切相关，对于高中生来说，通过阅读和思考可以掌握本节的重点知识，因此，本节课则可以留出较多的时间用于学生能力的培养。基于这一点，教学中安排了列表整理和水质调查两个学生活动。在第一个活动中，学生主要通过自行查找资料、分析资料、整理资料三个环节来学习温室效应、臭氧层变薄、酸雨、水污染和生物多样性下降等人类对全球环境的影响，旨在培养学生的信息综合处理与分析能力。在第二个活动中，考虑到教材中涉及的温室效应、酸雨、水体污染等环境污染现象都比较宏观，不容易引起学生的直接感悟，为了让学生对环境问题能从宏观的关注到具体的体验，应该尽量安排活动让学生了解身边的环境状况，提高环保意识。因此，在上课前可以组织学生开展"调查社区、村镇或学校附近一个淡水区域的水质"活动，将调查结果在课堂上进行汇报。该活动旨在培养学生的科学探究能力。

【重点、难点】

重点：生物圈的概念，温室效应、臭氧层变薄、酸雨、水污染和生物多样性。

难点：调查社区、村镇或学校附近一个淡水区域的水质。

【课前预习】

任务：简述生物圈的概念。

【教学过程】

1. 创设情境，建构概念

生物圈的概念比较抽象，采用视频呈现的方式比较容易让学生对生物圈有初步的认识。播放《生物圈》视频（此时视频重点介绍生物圈的概念、范围、特点等基本内容），教师提问：我们居住在一个美丽的蓝色星球上，它的名字叫作地球。是不是地球上所有的地方都适合生物的生存呢？学生讨论回答，明确生物圈的概念和范围。教师总结：我们把地球上适合生物生存的家园称为生物圈，引导学生认识生物圈是地球上最大的生态系统，它的范围最高可达到副生物圈带，最低可达到地下植物最深的根际处和深海地壳的热裂口。

2. 深入情境，展开讨论

"现在的地球还适合生物生存吗？地球面临着哪些环境问题？"以此作为过渡，教师继续播放《生物圈》视频（此时视频重点介绍人类对全球环境的影响）。教师选取具有代表性、能说明问题的实例，以图片的形式展示全球环境面临的严峻挑战。条件允许的情况下，也可以事先组织学生利用互联网查阅关于温室效应、臭氧层变薄、酸雨、水污染和生物多样性下降等方面的信息。教师重点引导学生分析以下两个问题：①人类对全球环境的影响主要表现有哪些？②不同环境问题形成的原因、危害和防治措施是什么？在课堂上，将教材内容和学生搜集的资料整理成表，见表12-5-1，以简明、直观的方式说明问题。

表12-5-1　人类对全球环境的影响

问　题	原　因	危　害	措　施
温室效应			
臭氧减少			
酸　雨			
水体污染			
生物多样性下降			

3. 升华情境，解决问题

在前一个环节中，学生立足于全球环境的研究来研讨人类活动的影响，立足点高，有助于形成全局观。在了解全球环境的同时，学生必然关心我国的国情、家乡的环境状况。"在目前城市环境普遍受到污染的大背景下，作为中学生的我们可以做些什么呢？"教师由此过渡到调查水质活动的成果汇报环节。

教师根据实际情况选择1~2个小组进行水质调查活动的现场成果汇报，其他小组则提交成果汇报的文本材料。现场参与汇报的小组需要事先准备好PPT，重点汇报以下几方面内容：任务分配、活动过程（可用文字结合图片、视频的方式进行介绍，具体包括水文状况、水样的来源和采集方法、水样的检测方法）、调查结果及分析、提出建议（如果调查结论是水体已经受到污染，小组讨论判断污染程度，提出改良水体的方案）。其他学生从水文介绍的清楚性、检测方法的合理性、实验操作的规范性、数据分析的科学性、调查结论的可靠性、改善建议的可行性几方面对汇报结果进行评价。如果有水体污染问题出现，教师引导学生根据食物链和食物网、生态系统的稳定性、种群增长方式、微生物代谢等生物学的相关知识，提出合理的水体改良建议，承担起社会责任。

【巩固与拓展】

例：大气中CO_2增加会通过温室效应影响地球的热平衡，使地球变暖。下列关于地球温度升高对中国环境影响的叙述，错误的是（　　　）。

A. 永冻土将融化　　　　　　　B. 海平面将下降

C. 植物的分布将发生变化　　　D. 北方干燥地区将更干燥

参考答案：B